ALBIN CHALANDON

DU MÊME AUTEUR

Histoire du gaullisme social, Paris, Perrin, 2021.

Pierre Manenti

ALBIN CHALANDON

Le dernier baron du gaullisme

Préface de Catherine Nay

PERRIN

92, avenue de France
75013 Paris
Tél. : 01 44 16 08 00

ISBN : 978-2-262-09527-7
Dépôt légal : avril 2023

Mise en pages : Peter Vogelpoel

PRÉFACE

Maintes fois, j'ai tenté de convaincre Albin de se lancer dans la rédaction de ses mémoires. Il avait vu, connu, participé à tant de choses, notamment la guerre et la Résistance, dont il gardait une blessure indélébile et un fond de mélancolie incurable.

Il avait rencontré tant de gens, travaillé avec trois présidents de la République : le général de Gaulle, Georges Pompidou, François Mitterrand. Il était le témoin d'un siècle. Des confrères s'étaient d'ailleurs proposés : il se raconterait sous forme de questions-réponses…

Une formule qui me semblait pour lui stimulante. Mais toujours il éludait : « Oh, tu sais, je suis devenu paresseux » ou encore « Je n'ai pas de mémoire ». Je n'en croyais rien… Je suis revenue à la charge, toujours en vain. Alors je n'ai plus insisté.

À mon grand regret, car Albin était un homme d'écriture ; je l'ai toujours vu un stylo à la main, devant son bureau, sur un coin de table à la campagne, en vacances, à l'hôtel, chez des amis. Partout, il avait ce besoin irrépressible de se mettre à l'écart pour écrire. Sa prose est une sorte de kaléidoscope.

Des textes politiques, des discours, des propositions de réforme, sa vision de l'économie, ses liens avec le général de Gaulle. Son étonnement à leur première rencontre : « Cet homme fascinant, à la stature imposante, avait une poignée de main molle », me disait-il.

Des portraits de ses amis, les barons du gaullisme. Mes préférés : ceux de ses proches. Sa mère, son père et la délicieuse grand-mère Lily. Beaucoup de réflexions métaphysiques aussi : la notion du temps, un thème qui accaparait beaucoup son esprit, et bien sûr l'amour, la mort, l'évolution de la société.

Il écrivait également des poèmes. Je le vois encore comptant sur ses doigts pour s'assurer qu'il y avait bien les douze syllabes nécessaires à un alexandrin. Il aurait aimé les publier. Interrogé, un ami éditeur lui avait répondu que cela n'intéressait plus personne.

Pendant la guerre, pourtant, on se réunissait entre garçons et filles pour faire des concours de poésie ! Il le raconte lui-même : « Pendant ces années-là, où le monde extérieur était comme un écran opaque, vide d'espoir, où la meilleure source de vie était à l'intérieur de soi-même, la poésie a été le langage commun d'une jeunesse qui mettait tout son espoir dans ses rêves. »

Ses écritures, il y en a des cartons pleins dans la maison à la campagne et aussi une pile de dossiers sur son bureau à Paris. J'aurais voulu qu'il y mette bon ordre. Il me rétorquait que sa nature de gémeaux ascendant balance y faisait obstacle. Façon de m'annoncer qu'il y renonçait. « Tu en feras ce que tu voudras », me disait-il. Lorsqu'il était en khâgne, un test d'évaluation avait conclu qu'il était le carré de base parfait, c'est-à-dire « bon en tout, donc excellent en rien », ironisait-il.

Albin ne parlait pas de lui. Il était un homme sans vanité. Quand nous traversions la France en voiture, il avait tout de même cette fierté : « Tu vois, quand je suis arrivé au ministère de l'Équipement, la France comptait moins de 500 kilomètres d'autoroute. Nous étions très en retard. C'est moi qui ai lancé tout le programme autoroutier », ou encore « De mon temps, on construisait 500 000 logements par an ».

Albin est donc parti sans écrire ses mémoires. Pierre Manenti a entrepris de retracer son itinéraire. Je veux lui dire toute ma reconnaissance et mon émotion. Grâce à son travail d'enquête, aux documents retrouvés, il souligne avec talent toute l'originalité du parcours d'Albin : une alternance de vie professionnelle dans le privé et d'engagement en politique.

Banquier, député, ministre, président d'Elf Aquitaine, garde des Sceaux, et pour finir industriel dans le textile. Des allers-retours qui ont suscité beaucoup de fantasmes, de jugements erronés et de calomnies. Son chemin de vie n'est pas une ligne ascendante continue. Il a, au contraire, connu une succession de sommets et de creux, accompagnés de moments d'exaltation et de tristesse.

Pierre Manenti dévoile aussi combien Albin était un visionnaire. Ainsi, en 1954, trois ans après la signature du traité instituant la Communauté européenne du charbon et de l'acier, qui regroupait six pays (la France, l'Allemagne fédérale, l'Italie, les Pays-Bas, la Belgique et le Luxembourg), lui, pour l'avenir, envisageait l'arrêt du charbon au profit de l'énergie nucléaire, une production à plusieurs, avec des accords entre ces six pays pour dynamiser leurs économies. Un demi-siècle plus tard, on prend conscience d'à quel point ce choix était judicieux.

Au moment où j'écris cette préface, je découvre l'un de ses poèmes. Je ne l'avais jamais lu. Une grande émotion m'envahit. Faut-il y voir un signe ? J'ai choisi de répondre à ses vœux en le publiant.

MEMENTO

Igor, ce beau gosse qui était avec nous
Te souviens-tu de lui ?
Avec son air un peu fou
Et la petite amie qui le rendait jaloux.
Eh bien il est mort cet hiver
Personne ne sait où ni comment.
Tout ce que l'on savait de lui,
C'est qu'il était partisan
Et qu'il nous avait quittés pour une guerre étrangère.
On ne l'avait pas revu depuis le porto des Rohan
Dire qu'il ne reste plus de lui
Qu'un petit tas de poussière !
Car il est bien mort, ce vieil ami,
Mort dans nos cœurs, mort dans nos pensées.
Et si nous parlons de lui une fois tous les quatre ans,
Ce n'est pas pour le ressusciter.
Il était cocu, disent les méchants.
Il aurait fait un bon notaire
Reconnaissent les autres, c'est dommage qu'il ait été imprudent.
Non, il est bon qu'il soit mort.
Il est bon que son corps disparu
Ait enclos à jamais son secret.
Mais son âme, qu'est-elle devenue ?
Est-elle restée, elle aussi, dans l'oubli ?
Ou bien est-elle là, quelque part aux aguets,
Plus ferme que jamais,
Sûre de ne plus être vaincue ?
Mon Dieu, il faudrait peut-être prier pour elle !

J'ai retrouvé, dans un autre texte, ce qu'il disait de l'inspiration du poète : « Boule de feu dans le pur azur qui, peu à peu, s'alourdit de nuages puis tout d'un coup, dans un fracas d'éclairs et de déchirement de soi, éclate en orage; alors se déverse la pluie des mots, des images, des rythmes, tantôt en rafale, tantôt rares. Cela dure quelques instants ou quelques jours, jusqu'à ce que le ciel se vide. »

Pourtant, Albin ne pouvait se résoudre à cette vie d'écriture : « Le poème est un travail. Il est d'abord un état de grâce... mais la poésie est une façon de vivre qui ignore l'action, l'argent ou le succès. On y accède comme on entre en religion et l'on y vit en état d'abnégation, de réclusion et de nudité. Le poète, depuis Platon, a été chassé de la cité. Je n'ai pu accepter de l'être. Ainsi me suis-je retrouvé, quelques années plus tard, dans la vie d'un banquier. »

Albin était un véritable écrivain, hélas caché. Parce que trop pudique sans doute. Il a choisi de laisser à d'autres le soin de parler de lui. Je remercie Pierre Manenti de l'avoir fait.

Catherine Nay

INTRODUCTION

À l'été 2020, le décès d'Albin Chalandon, ancien ministre du général de Gaulle, de Georges Pompidou, puis de Jacques Chirac, a fait l'objet d'une série d'hommages politiques dans les médias et sur les réseaux sociaux. « La France perd un de ses combattants de la Libération, la République un de ses grands serviteurs et le ministère de la Justice un de ses anciens Gardes », s'est ainsi ému Éric Dupond-Moretti, alors garde des Sceaux du gouvernement de Jean Castex. De son côté, l'ancien Premier ministre Jean-Pierre Raffarin saluait « un des meilleurs talents de la Cinquième République » ; Dominique Bussereau, « une figure élégante et un acteur déterminé » ; et Philippe Bas, « un chevalier du gaullisme, archétype du grand ministre, homme loyal, compétent, énergique et créatif ».

Personnification du gaullisme, Albin Chalandon en était surtout le dernier des barons, après les décès de Jacques Baumel, Pierre Messmer, Pierre Lefranc et Yves Guéna. Un an à peine après la mort de Jacques Chirac, sa disparition tournait aussi – et de manière définitive – la page des années gaullistes de la Cinquième République. Or, s'il a été si unanimement salué à sa mort, c'est surtout parce qu'Albin Chalandon a vécu mille vies en une.

En 1944, résistant à vingt-quatre ans, il combat avec courage dans le maquis de Lorris, en bordure de la forêt d'Orléans, et contribue à la libération de Paris. Devenu haut fonctionnaire après la guerre, il commence sa carrière professionnelle dans les cabinets ministériels de gauche, auprès de Léon Blum, Paul Ramadier puis René Mayer. En 1952, recruté comme banquier à trente-deux ans, il entame une carrière brillante dans les affaires, notamment auprès de l'industriel Marcel Dassault, figure emblématique de l'aéronautique française.

Ce parcours d'excellence se double rapidement d'un engagement politique intense auprès du général de Gaulle, notamment au sein de l'Union pour la nouvelle république (UNR), dont il est tour à tour le trésorier et le secrétaire général. Élu député gaulliste des Hauts-de-Seine en 1967, il devient ministre de l'Industrie et du Tourisme, puis ministre de l'Équipement et du Logement dans les gouvernements de Georges Pompidou, Maurice Couve de Murville et Jacques Chaban-Delmas.

Les politiques qu'il mène en faveur d'une modernisation de l'industrie hôtelière, d'une accélération de l'aménagement et de l'urbanisation du pays, de la promotion de la maison individuelle et du développement des autoroutes lui valent alors une réputation de libéral et de progressiste dans une France encore très conservatrice.

Cependant, le jeune et fringant ministre est freiné dans ses ardeurs par le scandale Aranda, du nom d'un de ses collaborateurs un peu trop zélé, Gabriel Aranda, qui s'était mis à accuser l'ensemble de la classe politique, gauche et droite confondues, de compromissions et notamment de pots-de-vin dans des affaires immobilières.

Malgré tout réélu député en 1973, Albin Chalandon est ensuite nommé président du pétrolier d'État Elf Aquitaine par Valéry Giscard d'Estaing en 1977. Inlassable négociateur, il prend son bâton de pèlerin pour obtenir des concessions pétrolières auprès de dignitaires étrangers et veille dès lors sur l'héritage de la Françafrique.

Au début des années 1980, son œuvre industrielle est toutefois entachée par l'affaire des avions renifleurs, un scandale pétrolier aux nombreuses ramifications financières et politiques, monté en épingle par la gauche au pouvoir. Revenu au Palais-Bourbon en 1986 comme député du Nord, il est nommé garde des Sceaux du gouvernement de cohabitation de Jacques Chirac et devient en conséquence le visage d'une politique de fermeté de la droite française. Garant de la tradition gaulliste, il cherche aussi à moderniser son ministère, quitte à en froisser les parties prenantes.

Les efforts d'Albin Chalandon en faveur de la privatisation du système carcéral et d'une réforme en profondeur du Code de la nationalité sont néanmoins freinés par le scandale de l'affaire Chaumet, célèbre joaillier de la place Vendôme chez qui le ministre détenait des comptes privés. Fragilisé politiquement et très affecté personnellement, il se retire de la vie politique après la réélection de François Mitterrand en 1988... pour se consacrer à une carrière d'industriel du textile, entamée sur le tard (à soixante-dix ans !).

Quatre fois ministre et trois fois député en vingt ans, Albin Chalandon est une figure centrale des différents partis gaullistes et chiraquiens de la Cinquième République. Son talent politique est incontestable, mais son parcours est aussi nimbé de mystères et sent parfois le soufre. En effet, les circuits financiers du parti gaulliste, les prétendues rétro-commissions sur des projets autoroutiers et immobiliers, le mélange des genres entre barbouzes, contrats pétroliers et réseaux de l'ex-empire colonial français nourrissent aujourd'hui encore de nombreux fantasmes sur le personnage.

Par ailleurs, on ne peut que regretter que les autres facettes de sa vie publique et privée soient moins connues du grand public. Auteur de deux manifestes politiques, *Les Joueurs de flûte* (1977) et *Quitte ou Double* (1986), poète à ses heures perdues, il est en effet un grand industriel français et l'un des derniers chevaliers du textile dans les années 1990.

Celui que la presse renomme rapidement « Le Bel Albin », en raison de son charme notoire et de son élégance en toute circonstance, est enfin un séducteur invétéré, écartelé entre son mariage avec la princesse Salomé Murat* et sa passion pour les femmes – au premier titre desquelles la journaliste Catherine Nay, qu'il épouse en secondes noces, au soir de sa vie.

Parce qu'il meurt à cent ans, le parcours d'Albin Chalandon est enfin le reflet d'un siècle de guerres et de mutations, où la petite histoire rencontre souvent la grande : né au lendemain de la Première Guerre mondiale, héros de la Résistance pendant la Seconde, acteur de la reconstruction nationale et de la modernisation du pays, il est indissociable de la Cinquième République.

Fruit de longues recherches, d'échanges riches avec ses collaborateurs, ses collègues et ses proches, ainsi que de la consultation d'archives publiques et privées (notamment les documents communiqués par Catherine Nay et Fabien Chalandon), cette biographie brosse le portrait d'un homme difficile à saisir. Ambitieux, grand tacticien

---

*Elle est la descendante de Joachim Murat, roi de Naples, et de Caroline Bonaparte, sœur de l'empereur Napoléon.

et fin politicien, Albin Chalandon est en effet prêt à sacrifier sa carrière sur l'autel de ses principes, car il est pétri de convictions et de valeurs humanistes. C'est l'une des énigmes de ce personnage peu commun, gaulliste libéral s'il en faut mais aussi défenseur farouche d'une action sociale de l'État.

Dès lors, comment comprendre la destinée de cet enfant de l'Ain, devenu parlementaire, ministre et grand patron d'entreprise ? Quelle est la place de l'argent, du pouvoir et des femmes dans son ascension politique ? Quel homme est-il dans la vie privée ? Quelle importance donner aux scandales politiques et financiers qui émaillent à la fois son parcours… et l'histoire du gaullisme ? Toutes ces questions trouvent leurs réponses dans le récit incroyable de sa vie, au croisement des univers bancaire, politique et pétrolier.

Ce n'est donc finalement que rendre justice à cet ancien ministre du général de Gaulle, dernier des barons du gaullisme et acteur incontournable de la droite française, que d'écrire sa biographie. À côté du récit de ses aventures politiques, nous évoquerons sans détour les nombreux scandales, y démêlerons le vrai du faux et tâcherons de mieux comprendre les choix de cet homme passionnant et passionné. Il s'appelait Albin Chalandon et voici son histoire.

1

La naissance d'un chef

Pour bien comprendre Albin Chalandon, homme aux mille facettes, il faut remonter à ses origines aindinoises et lyonnaises, afin d'étudier son milieu d'origine et ses sources d'inspiration. C'est en effet sous l'influence d'ancêtres prestigieux – un adjoint au maire de Lyon sous la Restauration, un capitaine bonapartiste et un évêque – qu'il aiguise son appétit pour la politique et les affaires du grand monde.

L'enfant de l'Ain

Paul Henri « Albin » Chalandon naît le 11 juin 1920 dans le hameau de Balmont, à Reyrieux, petite commune de l'Ain située sur les berges de la Saône. Il est le quatrième et dernier fils d'une famille de la bourgeoisie lyonnaise, implantée dans le département dans la première moitié du XIXe siècle.

À l'origine, les Chalandon viennent du Mâconnais, plus précisément des communes de La Chapelle-de-Guinchay et Saint-Symphorien-d'Ancelles – où une rue porte aujourd'hui encore leur nom. Spécialisés dans le négoce du vin, ils s'y sont enrichis au croisement des XVIIe et XVIIIe siècles, autour de la propriété familiale dite « Les Jeans Lorons », avant de s'orienter vers le commerce de la soie et du textile autour de 1750. Installé à Lyon au milieu du XVIIIe siècle, Jean Chalandon, chef de la famille et négociant en textile de Mâcon, y épouse Jeanne-Marie Fau, fille d'un banquier et petite-fille d'un échevin lyonnais*. Leur fils, Antoine-Élisabeth Chalandon, participe à la défense de la capitale des Gaules contre les révolutionnaires en 1793 et est décoré, à ce titre, de l'ordre du Lys par le comte de Précy en 1814. Arrière-arrière-grand-père d'Albin, Antoine-Élisabeth Chalandon, également négociant en soieries et adjoint au maire de Lyon sous la Restauration, devient ensuite le propriétaire du château de Grange-Blanche, à Parcieux, où a notamment vécu la poétesse Louise Labé à la Renaissance**.

Quant à son fils, Albin Chalandon, il est capitaine dans l'arme du génie sous la Monarchie de Juillet et le Second Empire, et épouse la sœur d'un député bonapartiste de la

*Une information erronée, répétée dans de nombreux livres, voudrait que Jean Chalandon ait été guillotiné par les révolutionnaires lyonnais en 1794. Il est pourtant bel et bien mort dans son lit, à soixante-quinze ans. L'erreur vient peut-être de ce que le beau-père d'Antoine-Élisabeth Chalandon, Jean-Baptiste Brossat, marchand-drapier à Lyon, a été guillotiné place des Terreaux, en décembre 1793, après avoir été identifié comme quartier-maître des rebelles et contre-révolutionnaires.

**En 1792, le peintre lyonnais Pierre-Toussaint Dechazelle fait l'acquisition du château de Grange-Blanche. À son décès, il lègue sa propriété aindinoise à Antoine-Élisabeth Chalandon, neveu par alliance, lequel l'offre à son tour à son fils, le capitaine Albin Chalandon. C'est ainsi que la famille lyonnaise s'implante dans l'Ain et fait sienne « La Belle Cordière » et ses quatre pavillons de chasse. Une branche de la famille y réside encore aujourd'hui et a su embellir le bâtiment d'une chapelle (1861) et d'écuries (1866).

Drôme, maire de Chabeuil, Pierre Lacroix-Saint-Pierre. Le capitaine est le premier membre de la famille à véritablement s'installer dans l'Ain. Il sert comme maire de Parcieux de 1865 à 1870 et contribue notamment à la reconstruction de la nef et de la façade de l'église communale. Surtout, il constitue une importante collection de plus de 300 « primitifs » flamands dans son château de Grange-Blanche – à l'époque plus importante collection d'Europe –, aujourd'hui dispersée entre différents musées du monde entier.

Quand ses trois fils lui succèdent, ils enracinent à leur tour la famille dans le département de l'Ain. L'aîné, Georges, d'abord chanoine de l'église de Metz, devient coadjuteur de l'évêque de Belley à partir de 1850. Il est lui-même évêque de la ville en 1852, puis archevêque d'Aix, Arles et Embrun en 1857. C'est une consécration familiale et ce parcours sera un modèle pour le jeune Albin. Le cadet, Emmanuel, grand-père du futur ministre du général de Gaulle, succède à son père à la mairie de Parcieux de 1870 à 1892. Il est également conseiller général de l'Ain de 1887 à 1892, pour le canton de Trévoux, posant ainsi les fonts baptismaux d'une lignée politique dans le département*.

Une « dynastie » règne ainsi des années durant sur cette petite commune de mille habitants, située sur les pentes du coteau de la Dombes, dans le sud-ouest de l'Ain. Après Emmanuel, son fils Henry (oncle d'Albin), son petit-fils Georges, puis son arrière-petit-fils Xavier

---

*Emmanuel Chalandon épouse Hélène Guérin, héritière d'une célèbre famille de banquiers lyonnais. Candidat malheureux à la députation sous les couleurs du comte de Chambord lors des législatives de 1889, il possédait les propriétés de Balzat et Roussières à Saint-André-de-Corcy et vivait entre Lyon et Paris.

sont maires de Parcieux pendant plusieurs décennies, et jusqu'aux jours les plus récents.

Les Chalandon comptent aussi des âmes plus artistiques, comme Georges Chalandon, neveu de l'évêque et du maire. Auteur d'une thèse sur Ronsard, il compose un recueil de poésie à mi-chemin entre mystique chrétienne et patriotisme, en bonne place dans la bibliothèque familiale. « La France de Clovis, sortant de ses ruines / S'avance à ses côtés, et sous votre étendard / J'aperçois les Croisés, nos vierges héroïnes / Et Jeanne et Geneviève, et Turenne et Bayard. / La France qui naquit sur les champs de bataille / Entre vos nobles mains a remis son drapeau / Le drapeau des Condés, des Dunois, des Xaintrailles / De Bonchamps, de Charrette et de Cathelineau[1]. »

Parallèlement, les Chalandon s'installent à Paris au milieu du XIXe siècle, rue de Lille et boulevard Saint-Germain, et y intègrent de grandes familles par le mariage. Plusieurs des fils d'Emmanuel y établissent leur domicile. Ainsi, Henry dirige la Caisse centrale des réassurances de Paris et contribue à fonder les Organisations agricoles libres du Sud-Est (ancêtre de Groupama), tandis que Ferdinand, archiviste et paléographe, y vit avec son épouse, fille du célèbre général de cavalerie Georges Humann et cousine par alliance de l'industriel François de Wendel.

Enfin, vient Pierre Chalandon, le dernier des fils d'Emmanuel et le père d'Albin. Rentier comme ses frères, il profite d'une vie mondaine au-dessus de ses moyens, pratique la course automobile, fréquente les grands salons lyonnais et délaisse sa famille. En 1905, il épouse Jeanne « Claire » Marguerite Cambon, fille de l'ingénieur lyonnais Victor Cambon, professeur à l'École centrale des arts et manufactures de Lyon et fabricant de colles et gélatines. Passionné par la question industrielle, Cambon est l'auteur d'une vingtaine d'ouvrages de grande renommée dans les cercles intellectuels républicains. Il est aussi un spécialiste de la question de la mécanisation du travail et un observateur attentif du développement foudroyant de l'industrie allemande. Dans les années 1910, Pierre et Claire Chalandon héritent du grand-père Cambon, négociant lyonnais en bonneterie, et acquièrent la propriété des Roches – une maison de maître située à Reyrieux (commune voisine de Parcieux), entourée d'écuries, de vignes et de prés. Le couple y vit plusieurs années de bonheur, à proximité de la demeure familiale de Grange-Blanche (où vit le père de Pierre). C'est là qu'Albin Chalandon voit le jour, dans ce milieu heureux de l'accueillir et fier de lui donner le nom d'un de ses ancêtres célèbres.

Associé des concessions automobiles Berliet et Pilain – où il laisse le souvenir d'un vendeur hors-pair –, Pierre devient maire de Reyrieux en 1920. La mort de son troisième fils, Alban, décédé à deux ans, à la veille de la Première Guerre mondiale, ainsi que l'horreur du conflit, l'ont assagi, mais la famille doit bientôt à nouveau subir ses frasques et composer avec les sommes importantes qu'il perd lors de parties de jeu au Cercle lyonnais de l'Union. Dans la première moitié des années 1930, la ruine partielle des Chalandon entraîne en conséquence la vente de la maison familiale et le départ définitif pour Paris.

Les années parisiennes

Après des études au lycée Ampère de Lyon, Albin Chalandon rejoint le lycée Michelet à Vanves, dans les Hauts-de-Seine, lorsque la famille arrive en région parisienne. En 1938, il s'y distingue de ses camarades en remportant le prix de philosophie Léonard-Constant, attribué par la Fédération des anciens combattants de la Rhénanie et de la Ruhr. Cette reconnaissance intellectuelle a tout du trait de famille puisque, près d'un siècle plus tôt, en août 1828, son arrière-grand-père et homonyme avait déjà été distingué par le prix de mathématiques et par le prix de philosophie du Collège royal de Lyon. À cette époque, les Chalandon habitent au 28, rue Chardon-Lagache, dans le très chic XVIe arrondissement de Paris. Albin y connaît les malheurs de l'exil, lui le Lyonnais déraciné, meurtri par la dépendance de son père aux jeux d'argent.

Élève studieux, il aime passer du temps avec ses frères aînés, Emmanuel et Gabriel, mais ce qu'il préfère par-dessus tout, c'est écouter sa mère chanter lorsque la famille reçoit des invités. Il apprécie aussi grandement la compagnie de sa grand-mère maternelle, Marie-Louise, qu'il appelle « Lily ». Née Roche de la Rigodière, elle est issue d'une vieille famille établie dans les alentours de Villefranche-sur-Saône. Il évoque leur relation avec beaucoup de nostalgie et de tendresse dans un texte écrit au début des années 1980 :

> Lilly allait sur ses soixante-dix ans lorsque j'ai commencé notre liaison. Nous nous retrouvions chez elle les jours de congés, parfois le dimanche, ou nous partions dans quelque coin perdu pour les vacances ou, plus tard, dans la maison de campagne dont elle avait hérité, sur les bords de la Saône. Incomparable Lily, quelle place as-tu occupée dans l'arbre généalogique de mon cœur ! […] Je me sentais en confiance avec elle, je la regardais avec plaisir, malgré son visage raviné, son accoutrement ridicule et le roulement monotone de ses yeux […]. J'avais envie de

> lui échapper, de la tromper, de lui jouer des mauvais tours, et en même temps de la faire souffrir. Elle était une proie désignée pour mes maléfices, trop naïve pour les imaginer, incapable de les écarter.
>
> Elle avait des yeux bleus dont la vie s'échappait comme la flamme d'un volcan. [...] Je l'ai aimée longtemps, même après sa mort, parce qu'elle avait du charme, le goût irraisonné de la vie, sans doute aussi de l'amour, parce que née bourgeoise entre les bourgeois, elle était excentrique dans sa façon de se vêtir, d'organiser son temps, de manger, d'être naïve et enthousiaste, de marier la bêtise et la subtilité. Se levant à 5 heures du matin, ou vidant la nuit les pots de confiture pour traverser le jour en jeûnant [...].
>
> Mais comme j'étais près d'elle lorsque, traversant les troupeaux pour cueillir les mousserons dans les prés de Haute-Loire, nous nous cachions notre frayeur, croyant déceler derrière chaque vache un troupeau, ou lorsque, assis devant son piano droit, nous jouions à quatre mains une symphonie de Beethoven ou un concerto brandebourgeois, moi plein de l'illusion de jouer, elle, venant combler les trous que creusaient dans le tissu des notes mes mains inexpertes, ou encore lorsque exaltée par la lecture de quelque grand auteur, elle m'en délivrait quelques bribes, m'insufflant à son insu et pour la vie, l'appel de l'imaginaire, l'attrait de la beauté et le goût indélébile pour l'écriture[2].

Entré en classe préparatoire au lycée Condorcet pour y réaliser une année d'hypokhâgne, le jeune Albin prépare le concours de l'École normale supérieure (ENS) de la rue d'Ulm. Il est admissible en 1939, après avoir échoué de justesse une première fois en 1938, mais il ne peut néanmoins se présenter à l'oral en raison d'une très mauvaise « jaunisse » (que l'on considérerait aujourd'hui comme une pleurésie), laquelle l'alite pendant plus de deux mois. Toute sa vie, il garda le regret de ne pas avoir fait ses études à l'ENS, lui qui vouait une si grande passion à la littérature et à la philosophie. Comme son frère aîné Emmanuel, Albin s'inscrit donc en faculté de lettres et prépare un diplôme d'études supérieures en philosophie à la Sorbonne, rédigeant notamment un mémoire sur la question du temps.

Les succès s'accumulent alors et la vie semble enfin sourire au jeune homme, mais le 10 mai 1940, le début de la bataille de France bouleverse cette tranquillité. Fin juin, la capitulation est signée et les Allemands entrent dans Paris, hissant la croix gammée au sommet de la tour Eiffel. C'est pourquoi, une troisième fois, il est empêché de se présenter au concours d'entrée de l'ENS. Avec l'Occupation, une vague de morosité étire son ombre sur la vie des Chalandon et sur le pays tout entier. Seule la devise familiale, empruntée à Mgr Chalandon, tient lieu de réconfort : *Noli timere, ecce ego tecum sum* (« Ne crains rien, car je suis avec toi* »).

Une fois diplômé en philosophie à l'été 1942, Albin Chalandon se décide à préparer le concours de l'inspection des Finances – exceptionnellement fusionné avec celui de la Cour des comptes au cours de l'année scolaire 1942-1943. Sa scolarité est cependant agitée par la nouvelle du débarquement des Alliés en Algérie et au Maroc, puis par l'invasion du sud de la France par les Allemands. Encouragé par son ami André Plagnol, élève en classe préparatoire au lycée Janson-de-Sailly, le jeune homme de vingt-trois ans rejoint alors les rangs de l'Organisation de résistance de l'armée (ORA) – une faction de la résistance militaire.

---

* Choisie comme devise par Mgr Georges Chalandon, évêque d'Aix, Arles et Embrun, cette phrase est un extrait du Livre d'Isaïe, chapitre 43.

À Paris, leur homme de confiance se nomme Henri de Montangon et a la charge de recruter dans les milieux étudiants. Ancien élève de Saint-Cyr, Montangon est lieutenant du 60e régiment d'infanterie de Besançon au moment de la Seconde Guerre mondiale. Fait prisonnier en juin 1940, il s'évade d'une colonne de détenus et retrouve secrètement sa famille à Fontaine-la-Guyon, en Eure-et-Loir. Membre de l'armée d'armistice puis affecté au Maroc, il effectue un stage à l'École nationale des cadres d'Uriage du capitaine Pierre Dunoyer de Segonzac en 1941. Cette école des cadres du régime de Vichy prend cependant progressivement ses distances avec le pouvoir en place, au point d'être dissoute et de voir ses chefs placés sous le coup de mandats d'arrêt.

En août 1942, Montangon est nommé instructeur à Saint-Cyr, à Aix-en-Provence, où l'école militaire a établi ses nouveaux quartiers après l'occupation de la partie nord du pays par les Allemands. Il y dirige une section de vingt-cinq élèves (appelés « cyrards ») mais, en novembre 1942, les Allemands envahissent la zone libre et, en décembre suivant, les cyrards sont placés en congé d'armistice. Montangon rentre donc à Fontaine-la-Guyon, puis à Paris. Il ne peut cependant se résoudre à l'inaction. Le 28 décembre 1942, il réunit en conséquence ses anciens élèves au restaurant des Ministères, rue du Bac, au cœur de la capitale, afin d'organiser la résistance. En février 1943, Montangon renoue avec le capitaine Dunoyer de Segonzac – entre-temps entré dans la clandestinité – et rallie l'ORA.

Sous les ordres du général Verneau et du commandant Cogny, les cyrards deviennent ainsi des agents de liaison de l'ORA à travers le pays et ses maquis. Autour de Jacques de Barry, Jean Duhil de Benaze,

Bertrand Pierre-Duplaix, Michel Noël du Payrat et Jean de Sesmaisons, un groupe « Du Guesclin » est créé au mois de mai 1943 et s'organise depuis la propriété du lieutenant de Montangon à Fontaine-la-Guyon.

C'est à cette époque qu'Albin Chalandon intègre le réseau avec pour mission de l'étoffer en recrutant de nouveaux hommes dans les classes préparatoires parisiennes, où il a ses entrées. Les Chalandon ont alors déjà prêté main-forte à la résistance parisienne, notamment en cachant Max Stern, un jeune cyrard juif, ami d'Albin. Converti au catholicisme par son entremise, il est fait prisonnier en mai 1940 et se réfugie ensuite à Lyon*.

Les raisons de l'engagement d'Albin Chalandon dans l'ORA et le groupe « Du Guesclin » restent encore relativement floues quatre-vingts ans après les faits. L'intéressé est en effet resté plus ou moins volontairement discret sur les modalités de son recrutement dans la Résistance. Ses fils évoquent néanmoins le rôle clé d'une amie de la famille, « Madame de Mortemart », qui pourrait être Solange de Rochechouart de Mortemart, née d'Harcourt[3]. Héritière d'une vieille famille de barons et de marquis normands, elle épouse le comte Louis de Rochechouart de Mortemart, rentier parisien et fils de François de Rochechouart de Mortemart, prince de Tonnay-Charente, pilote émérite de la Première Guerre mondiale. Au début des années 1940, la veuve de Mortemart, séduite

---

*Étudiant en histoire à Lyon en 1942, frère prêcheur dans un couvent à Toulouse en 1943, Max Stern rejoint ensuite les Français libres à Alger. Parachuté en France pour former les maquisards de l'Ain et du Vercors, il participe à la libération d'Annecy puis de Chambéry. Il recroise la route d'Albin Chalandon dans les années 1950 (à la Banque commerciale de Paris), puis dans les années 1960-1970 (au ministère de l'Équipement et du Logement).

par le jeune étudiant, prend sous son aile ce voisin du XVIe arrondissement.

Or, à l'époque, toutes ces familles se fréquentent pour avoir donné plusieurs générations de cyrards et de combattants des deux guerres mondiales : feu le comte Louis de Rochechouart de Mortemart était diplômé de la promotion « Mangin »; le lieutenant de Montangon de la promotion « Soldat inconnu », etc. En 1942, à Aix-en-Provence, Montangon a d'ailleurs pour élève Louis d'Harcourt, cousin de Solange de Mortemart et futur résistant. Le père de ce jeune cyrard, le vice-amiral Armand d'Harcourt, commandant de la marine française au Maroc, a d'ailleurs été forcé de prendre sa retraite en 1942 pour « incompatibilité politique » avec le régime de Vichy, tandis que son oncle, Emmanuel d'Harcourt, sert d'officier de liaison entre les services secrets français de Londres et des personnalités politiques cachées dans la région de Narbonne (dont le capitaine Dunoyer de Segonzac).

En octobre 1943, un coup de filet de l'Abwehr (le service de renseignement allemand) mène à l'arrestation brutale de nombreux chefs de l'ORA partout en France. Près de cinquante officiers sont ainsi faits prisonniers, ce qui conduit à une réorganisation interne du mouvement de résistance. En mars 1944, Montangon est donc chargé de l'ensemble de la région de Paris et de la représentation de l'ORA dans les Forces françaises de l'intérieur (FFI).

Le 3 juin 1944, alors qu'il tient une réunion avec Pierre Lefaucheux, chef des FFI parisiens, la Gestapo surprend l'assemblée et se saisit de l'ensemble des présents. Albin Chalandon lui échappe *in extremis* en raison de sa mauvaise habitude d'arriver systématiquement en retard aux rendez-vous. Dans la foulée, plusieurs dizaines d'agents franciliens de l'ORA sont arrêtés, déportés, voire exécutés sommairement. Montangon échappe de justesse à une exécution mais est déporté à Buchenwald en août 1944.

Adjoint de ce dernier depuis quelques mois et nouveau chef proclamé à la suite du coup de filet du 3 juin 1944 – certains l'accusent alors d'en être l'origine ! –, Albin Chalandon quitte Paris dans la précipitation et se réfugie en forêt d'Orléans, dans le Loiret, sur la recommandation de son ami Alain d'Anterroches. D'abord caché à la ferme « Les Barnabés », en lisière de la forêt, il bénéficie du soutien de la famille belge Élise, avec laquelle il continue de correspondre longtemps après la guerre. Déterminé à poursuivre le combat, il prend attache avec un garde forestier local, M. Arrighi, qui le met en contact avec la résistance loirétaine. Le 5 juin, il rejoint ainsi le maquis en cours de formation sous la houlette du lieutenant-colonel Marc O'Neill, délégué militaire régional de la Résistance, responsable des maquis de la zone nord du pays et héritier irlandais d'une longue lignée d'officiers de marine.

Le résistant du Loiret

Les vingt-trois cyrards du groupe « Du Guesclin » sont évidemment de la partie et viennent immédiatement dans le Loiret à l'appel de leur nouveau chef. Albin Chalandon installe son poste de commandement à Lorris, dans le Gâtinais, au lieu-dit « Les Aulnottes », dans la partie la plus orientale de la forêt d'Orléans. Désormais, ses camarades de combat le connaîtront sous le pseudonyme de « Don Albin ». Le capitaine Benjamin Passet (nom de code « Albert »), vingt-quatre ans lui aussi, adjoint d'O'Neill pour le Loiret et son homme de confiance, prend formellement le commandement du maquis, tandis que le lieutenant Chalandon se voit confier la direction d'une compagnie. Dès l'origine, une rivalité s'installe donc entre les deux hommes*.

Courant juin 1944, les gardes-forestiers, MM. Arrighi et Boussogne, sont mobilisés pour grossir la troupe et recruter des résistants dans les villages environnants de Montereau, Moulinet, Nogent-sur-Vernisson, Noyers ou encore Vieilles-Maisons-sur-Joudry. Les cyrards d'Albin Chalandon sont alors répartis entre les maquis existants : huit au maquis de Vitry-aux-Loges (quartier général du lieutenant-colonel O'Neill et du capitaine Passet), trois au maquis de Chambon-la-Forêt et le reste entre les différentes fermes de la région[4].

En lien avec André Plagnol, Albin Chalandon organise également le ralliement des aspirants parisiens à Saint-Cyr entrés à l'ORA. La plupart d'entre eux ont en effet été secrètement réunis par le lieutenant de Montangon en forêt de Rambouillet en avril 1944 afin de prêter serment devant une levée des drapeaux. Au carrefour d'Orléans, le lieutenant Chalandon accueille ainsi jour après jour, par groupe de deux ou trois personnes, les anciens des réseaux de Montangon. D'une dizaine d'hommes, le maquis de Lorris compte bientôt une centaine d'engagés volontaires, auxquels Londres se met à livrer des armes et de l'équipement militaire. Ils sont progressivement rejoints par des

*Officier en Algérie française, le capitaine Passet est par la suite impliqué dans les activités de l'OAS en 1961-1962. À la suite de son arrestation et de sa condamnation, plusieurs des anciens du maquis de Lorris sollicitent l'intervention d'Albin Chalandon, alors figure de la majorité gaulliste, pour amoindrir sa peine, mais ce dernier s'y refuse. Les deux hommes s'évitent dès lors soigneusement lors des commémorations de la Résistance.

membres de réseaux de résistance franciliens, auxquels Radio-Londres a donné consigne, en juin 1944, de quitter la capitale et de se cacher à la campagne afin d'accompagner le débarquement allié en Normandie.

En juillet 1944, Albin Chalandon encadre une compagnie de près de 150 hommes, soit l'équivalent d'un escadron militaire. Plus grand que la moyenne, les cheveux bruns impeccablement brossés en arrière, le regard de marbre renforcé par deux épais sourcils, le jeune chef a su gagner l'estime de la troupe. Il est flanqué d'un adjoint, Jacques Brodu, dit « Willy », un ancien étudiant parisien, et dirige six sections de combat. En dépit de son très jeune âge, c'est un combattant respecté, à l'autorité naturelle et auquel les maquisards prêtent rapidement des qualités d'héroïsme et de romantisme.

Formés à l'exercice militaire, les cyrards de la compagnie Albin font quant à eux office d'instructeurs et sillonnent les campements et villages pour dispenser des rudiments de tir ou de sabotage aux soldats du maquis. Albin Chalandon et Benjamin Passet s'en disputent régulièrement l'autorité, ce qui génère quelques passes d'armes verbales… mais contribue aussi à la réputation de ce chef, né de la guerre[5].

Durant l'été, Jacques Brodu, promu chef de groupe, conduit l'évacuation de ses hommes à la ferme de By, sur la commune de La Ferté-Saint-Aubin, dans le Loiret. Toutefois, dénoncés à la Gestapo, la plupart des jeunes gens sont arrêtés et exécutés[6]. Repliés sur la ferme de la Tabardière, les survivants s'associent alors à Albin Chalandon. Devenus des soldats du maquis, ils contribuent à empêcher le passage de trains allemands sur le trajet Orléans-Montargis et font régulièrement sauter les lignes téléphoniques du département. En effet, pendant tout l'été 1944 et grâce au concours des Eaux et Forêts, la résistance loirétaine peut non seulement s'équiper et se cacher dans les sous-bois de chênes et de pins de Lorris, mais elle contribue également activement à empêcher l'acheminement de renforts allemands vers la Normandie.

Le 17 juillet, après l'évacuation du maquis voisin de Vitry-aux-Loges, Albin Chalandon replie son campement sur le lieu-dit du Ravoir afin de pouvoir héberger les dizaines de nouveaux venus. Menés par leur chef, les cyrards tendent alors une embuscade à l'ennemi au pont des Bordes, détruisant deux véhicules allemands. La nouvelle se répand rapidement et Albin Chalandon est acclamé en héros. Le 6 août, le maquis de Chambon-la-Forêt est évacué à son tour, conduisant au regroupement de plus de six cents hommes autour du maquis de Lorris, sous le commandement d'O'Neill, Passet et Chalandon.

La compagnie Albin est alors de tous les combats, y compris de l'affaire Solterre. Le 7 août 1944, le capitaine Passet, Jacques Brodu et six cyrards sont en effet missionnés pour enlever le Feldkommandant Paul von Uckermann, l'officier allemand responsable de la région d'Orléans[7]. Partis au petit matin du camp du Ravoir, les hommes lui tendent un piège au château de Solterre, près de Montargis, à trente kilomètres de là. Berné grâce à une fausse invitation de sa maîtresse, l'officier allemand est arrêté par les résistants, mais un malheureux concours de circonstances mène à son exécution et à l'avortement de la mission. Albin Chalandon en repart toutefois avec une voiture rutilante, qui contribue à la construction de sa légende romanesque dans la résistance locale*. Les

*Il disposait déjà d'une Buick, entrée en possession du maquis en juillet 1944, après son abandon par un groupe de résistants de

représailles allemandes, elles, sont sanglantes, mêlant arrestations, exécutions et prises d'otages dans toute la région.

Au cours du même mois, les échauffourées sont nombreuses et violentes autour de Fay-aux-Loges et Tigy. Après avoir attaqué un convoi allemand à Chicamour le 12 août – pour récupérer des véhicules nécessaires à la libération d'Orléans –, le maquis de Lorris est attaqué lourdement deux jours plus tard. Plusieurs dizaines d'hommes du camp du Ravoir sont faits prisonniers par les Allemands et finalement exécutés au carrefour d'Orléans. Pris en tenaille par des unités de Sicherungstruppen de la Wehrmacht, le maquis de Lorris subit les assauts répétés du Sicherungs-Regiment 1010, basé à Chilleurs-aux-Bois*. Éparpillés en plusieurs groupes, les hommes de Chalandon et Passet parviennent néanmoins à repousser les unités ennemies au dernier moment et à reformer le maquis quelques jours plus tard, au nez et à la barbe des Allemands. Le 17 août, déterminée à prendre sa revanche, la compagnie Albin participe à la libération de Châteauneuf-sur-Loire, puis entre dans Orléans. Elle est menée par son chef, reconnaissable à l'épais bandeau blanc qui entoure sa

---

Montargis. Il s'en servait comme voiture de liaison, mais il avait dû l'abandonner lors d'une échauffourée avec les Allemands, dont il s'était dégagé, seul et à vrai dire de manière héroïque, à la grenade. Cet épisode lui vaut une citation à l'ordre de la division au titre FFI, signée du général Jacques Chaban-Delmas, et l'attribution de la croix de guerre avec étoile d'argent, le 15 février 1945.

*Contre une légende tenace, entretenue par certains anciens du maquis, les hommes de Lorris affrontent un régiment de Sicherungstruppen, c'est-à-dire une section chargée du maintien de l'ordre rattachée à la Wehrmacht, et non un régiment de Waffen-SS, la branche militaire de la Schutzstaffel (SS).

tête, conséquence d'une blessure survenue lors d'un accident au volant d'une traction dérobée*.

Ces succès militaires ne doivent cependant pas cacher la face sombre du maquis, parfois faite d'exécutions sommaires, y compris contre des traîtres français à la Résistance, ainsi deux hommes (un père et son fils) à l'origine de l'attaque du camp du Ravoir du 14 août 1944. Albin Chalandon en fait le récit, corroboré par d'autres témoins, dans un texte bouleversant :

> Au nom de la Patrie, de l'ordre, du droit et de la justice, j'ai dû commettre l'acte à mes yeux le plus odieux et le plus injuste de ma vie : l'exécution avec un de mes lieutenants de deux miliciens, [...] un père avec son fils, que nous avions capturés alors qu'ils fuyaient en route vers l'Allemagne. [...] L'exécution devait se faire après deux jours de combat pendant lesquels les hommes n'avaient guère pu dormir. Repliés dans un lieu de fortune, en pleine forêt, ils n'avaient entraîné avec eux, en guise d'intendance, que des barriques de bière ravies aux Allemands, qu'ils avaient rapidement consommées. La plupart d'entre eux étaient ivres. [...]
>
> Ils confondaient le goût de tuer et le devoir de justicier. Avant que je n'arrive au camp, ils avaient déjà forcé les prisonniers à creuser ce qui leur tiendrait lieu de tombe. Je trouvai dans leur regard l'envie malsaine de tuer jusqu'au plaisir déjà savouré d'avoir bientôt à le faire, je ne voulus pas leur donner cette jouissance. Le sadisme n'avait jamais inspiré nos actes qui devaient rester purs. Aussi décidai-je

---

*Blessé à la tête par un tir allemand selon certains témoignages, victime d'un accident de voiture en état d'ébriété selon d'autres (notamment Bernard Chalopin, l'un des deux derniers survivants du maquis), Albin Chalandon apparaît ainsi le crâne bandé sur la seule photographie de lui conservée de cette époque. À l'issue de la guerre, il présente deux blessures par balle distinctes : l'une au front, l'autre à la cuisse.

de me faire avec l'un de mes adjoints l'instrument de la sentence[8].

En tout point – et comme en attestent les derniers survivants du maquis de Lorris –, Albin Chalandon accomplit son devoir avec loyauté et rigueur, se substituant à ses hommes lorsque l'honneur le commande. Une ligne de conduite qui n'en rend pas moins durs les actes à accomplir au service de la France, dont il garde longtemps le souvenir pénible :

> Ce jour m'a fait devenir un autre, écrit-il quarante ans plus tard. Outre la tranquillité du sommeil, qui m'a fui pour de nombreuses années, j'ai perdu celle de ma conscience. Tout ce que l'on m'avait appris être important a cessé de l'être. Après cette table rase, n'est resté dans mon esprit que le poids de la mort, de la dignité et du sentiment[9].

Le 23 août 1944, sur ordre du lieutenant-colonel O'Neill, les hommes du maquis de Lorris sont sommés de partir pour Paris, où les efforts alliés se concentrent. Depuis quatre jours, la capitale française est en effet en proie à une insurrection populaire. En conséquence de quoi, contre la volonté initiale des Anglais et des Américains de contourner Paris, de Gaulle a obtenu qu'on la libère.

Sous une pluie battante, les hommes de Lorris rejoignent Étampes, où leurs rangs sont grossis par les troupes des maquis d'Eure-et-Loir. Après une nuit à Morangis, la jonction est enfin faite avec la 2e division blindée (2e DB) du général Leclerc. Le 24 août, le commandant d'Aboville, adjoint d'O'Neill, prend contact avec le colonel Noiret, commandant du 12e régiment de cuirassiers de la 2e DB. Des unités sont formées sur le tard pour accompagner les chars français s'élançant sur la route nationale 158 en direction de Paris[10].

Le 25 août, deux compagnies du maquis de Lorris sont chargées de prendre l'École militaire de Paris. De son côté, Albin Chalandon doit former des têtes de pont sur la rive droite de la Seine, du pont de l'Alma à celui de la Concorde, avant de s'attaquer à l'hôtel des Invalides et à l'Assemblée nationale. Prise d'assaut à 11 h 45, la garnison allemande de l'École militaire se rend à 15 heures. Parallèlement, en début d'après-midi, alors qu'Albin Chalandon et ses hommes avancent prudemment vers le ministère des Affaires étrangères – où les Allemands se sont repliés –, ils subissent une lourde attaque de la Wehrmacht… et des FFI parisiens, qui pensent avoir affaire à une colonne de miliciens. Huit hommes perdent la vie au cours des hostilités sur le pont de la Concorde et sur le pont Alexandre-III. Les combats parisiens prennent fin à 17 heures, avec la capture de près de quatre cents prisonniers allemands par les hommes du maquis de Lorris. Le jour même, la capitulation des troupes allemandes est signée à la gare Montparnasse tandis qu'Albin Chalandon, épuisé, s'endort dans la chambre personnelle du ministre des Affaires étrangères, réquisitionnée par ses hommes.

Le 26 août, malgré leurs faits d'armes, Albin Chalandon et les hommes du maquis de Lorris se voient refuser de participer au défilé du général de Gaulle sur les Champs-Élysées et y assistent donc dans le public avec beaucoup d'amertume. Motif? O'Neill étant monté à Paris sans ordre, ses soldats n'ont pas droit aux honneurs militaires et sont forcés de défiler clandestinement, le soir tombant, à bord de leurs camions.

Le commissaire de la République pour la région d'Orléans, André Mars, leur donne en outre l'ordre de rentrer le plus rapidement possible dans le Loiret afin de défendre les positions militaires des Alliés. La Loire sert alors de ligne de démarcation entre le Nord libéré et le Sud occupé par les armées allemandes. Dans leur course vers l'est, les Américains ont en effet confié aux forces françaises le soin de libérer le sud du département. La situation locale exige donc la présence pressante de renforts armés.

Ainsi, le 30 août, appelés au secours des maquis de Sologne, les hommes de Lorris se dirigent vers les bois de Chevaux et Marcilly-en-Villette – où ils sont pris en embuscade par les Allemands. Les compagnies Albin et Paul sont ensuite mobilisées en direction de Briare, dans le sud du Loiret, où l'ennemi s'est regroupé. Croisant la route du 4e Special Air Service (4e SAS) du colonel Pierre-Louis Bourgoin, régiment français intégré dans une brigade britannique, une partie des hommes de la compagnie Paul s'y engage pour renforcer les rangs clairsemés par les affrontements de Bretagne.

Emportés par les combats et sous le commandement du capitaine Passet, les hommes restants prennent la route du Cher et de la Nièvre jusqu'au 10 septembre, date à laquelle les Allemands se rendent officiellement aux Américains. Le maquis de Lorris est finalement dissous cinq jours plus tard, à la demande du général de Gaulle, et ses hommes se voient offrir le choix entre l'engagement militaire ou le retour dans leurs foyers.

Au même moment, début septembre, Albin Chalandon disparaît brusquement et étrangement pendant près de quinze jours. D'après l'un des derniers survivants du maquis de Lorris, Bernard Chalopin, il serait parti à Paris pour y passer un concours[11]. Lequel ? Mystère. D'autres évoquent plutôt l'hypothèse d'une jolie femme, dans les bras de laquelle il aurait cherché à oublier les deux traîtres qu'il avait exécutés peu avant… Albin Chalandon réapparaît au milieu du mois comme attaché militaire auprès de Philippe de Vomécourt, un des chefs des maquis de Sologne. Quant à savoir s'il est alors en mission au nom d'O'Neill, de Bourgoin, de Passet ou de sa propre initiative, l'histoire ne le dit pas. Pour ses faits d'armes, il obtient la croix de guerre 1939-1945 et la Légion d'honneur à titre militaire.

Dans sa nomination du 16 octobre 1945, le général de Gaulle, président de la République, et André Diethelm, ministre de la Guerre, saluent « un officier énergique et courageux » :

> Après avoir formé lui-même ses cadres, a constitué une magnifique unité, à la fois disciplinée et manœuvrière. L'a commandée dans les opérations qu'il a menées, se dépensant sans compter. A exécuté de jour et de nuit, pendant trois mois, plusieurs dizaines d'opérations de sabotage et d'attaques de convois. S'est particulièrement distingué au pont des Bordes, le 22 juillet 1944, et à Chicamour, le 12 août 1944, où avec 150 hommes et après six heures de combat, il a contraint au repli un ennemi supérieur en nombre et mis hors de combat plus de 50 Allemands. Seul avec son unité a réussi à Paris, le 24 août 1944, la prise du ministère des Affaires étrangères, où il a obtenu après un dur combat, la reddition de plus de 400 Allemands[12].

Les carrefours de la Libération

À la fin de la guerre, l'engagement militaire et résistant d'Albin Chalandon honore bien sûr sa famille, mais il la protège aussi dans cette période trouble de la Libération, où l'épuration vise les grands corps de l'administration.

Le frère aîné d'Albin, Emmanuel, a en effet brièvement été associé au régime de Vichy. Reçu premier au concours de la Cour des comptes en 1933, il a été chargé de mission au cabinet de Paul Marchandeau, ministre des Finances (1938), puis garde des Sceaux (1938-1939). Tandis que Marchandeau poursuit sa carrière sous le régime de Vichy comme maire de Reims et président de l'association des maires de France, Emmanuel Chalandon intègre le cabinet d'Yves Bouthillier, secrétaire d'État aux Finances (1940-1941), puis celui de Paul Charbin, secrétaire d'État au Ravitaillement (1941-1942), tous les deux ministres du maréchal Pétain.

Mis en disponibilité en 1942, Emmanuel Chalandon prend des fonctions plus neutres et moins visibles à l'Office des changes, mais à l'heure de la Libération, l'aide de son frère paraît indispensable pour éviter un procès infamant – auquel ses anciens ministres, eux, n'échappent pas*. Il peut aussi compter sur l'appui de sa belle-famille : en 1936, il a en effet épousé Cécile Treuille, fille du comte Marcel Treuille, descendant d'une vieille famille de la Vienne, et en 1937, il s'est entremis pour permettre le mariage de sa belle-sœur, Élisabeth Treuille, et d'un camarade de promotion, Philippe Le Conte. Le père de ce dernier, Édouard Le Conte, premier président de la Cour

*Arrêté par la Gestapo et déporté en Allemagne en 1944, Yves Bouthillier est condamné à trois ans de prison en 1947. Il se défend pourtant en affirmant avoir eu un rôle purement administratif et technique dans la collaboration. Quant à Paul Charbin, éloigné de Vichy par l'arrivée au pouvoir de Laval à partir de 1942, il est condamné à dix ans d'inéligibilité nationale en 1946, avant de bénéficier de mesures de grâce en 1948 et 1949, puis d'une amnistie en 1954.

des comptes de 1939 à 1940 – pendant l'exil de la Cour à Saumur – puis de 1945 à 1948, veille en conséquence à mettre en sécurité l'aîné de la famille Chalandon. Il ne fera finalement l'objet d'aucunes représailles.

En même temps qu'il s'inquiète du sort de son aîné, Albin Chalandon veille aussi sur le parcours de son puîné, Gabriel, resté à l'écart des combats en raison d'une mauvaise tuberculose, dont il souffrit toute sa vie. Plus jeune des trois frères, le jeune résistant du Loiret est donc devenu l'ange gardien de la famille grâce à ses titres de guerre.

En 1940, Gabriel Chalandon a épousé Simone de Garnier des Garets, fille et petite-fille de brillants officiers français, propriétaires du château d'Ars-sur-Formans, près de Parcieux, dans l'Ain. Albin Chalandon lui est reconnaissant de lui avoir présenté son cousin, Alain d'Anterroches, grâce auquel il a miraculeusement pu s'enfuir de Paris et se réfugier en forêt d'Orléans à l'été 1944. À la Libération, blanchi de tout soupçon, Gabriel Chalandon entame une brillante carrière militaire dans l'armée de l'air, comme ingénieur, sous l'œil attentif et bienveillant de son cadet. Dès cette époque, les deux frères partagent en effet une passion pour l'aéronautique, qui encourage Albin à introduire Gabriel dans les milieux de la résistance militaire et structure leurs rapports futurs.

L'expérience de la guerre a donc travaillé le clan Chalandon : Emmanuel, l'aîné brillant, passé par les cabinets ministériels mais compromis par ses années vichystes, reste un modèle pour Albin, qui rêve de nouveau des concours de la haute fonction publique et de la vie politique. Gabriel, lui, souffre de la prépondérance de son cadet et de son immixtion dans sa vie personnelle et professionnelle, mais l'art du commandement a transformé Albin. C'est un homme nouveau, animé par l'ardeur de réussir là où il a échoué avant-guerre et déterminé à agir en chef de famille incontesté.

Le 23 février 1945, Albin Chalandon se porte donc une nouvelle fois candidat à l'inspection des Finances, concours qu'il prépare aux côtés de deux camarades, devenus des amis, Maurice de Ponton d'Amécourt* et Simon Nora**. Les trois jeunes hommes vivent alors dans le XVIe arrondissement de Paris, chez Ponton d'Amécourt, lequel a épousé, quelques années auparavant, la fille d'un ancien député de Vendée.

Albin Chalandon intègre l'inspection des Finances le 21 avril suivant (il est reçu cinquième sur huit admis), au titre du contingent réservé aux candidats ayant accompli des services dans les Forces françaises de l'intérieur. Après-guerre, l'inspection recrute en effet huit nouveaux membres au concours normal et sept membres supplémentaires au concours spécial pour remplacer les cadres visés par l'épuration à la Libération. Pour Albin, c'est une chance inouïe de faire ses classes dans un nouvel univers et d'y fréquenter de futurs cadres de l'administration française.

Beaucoup de ses camarades de promotion formeront plus tard les rangs du gaullisme, comme Maurice Pérouse, conseiller de Michel Debré, Premier ministre, ou Jacques

---

*Maurice de Ponton d'Amécourt est fils et petit-fils d'officiers de carrière. Son grand-père, cyrard, est le beau-frère du général Lyautey. En 1940, il épouse Jacqueline de Suzannet, fille de Jean de Suzannet, député de la Vendée de 1936 à 1938. Devenu diplomate, il est le père de Jean de Ponton d'Amécourt, ambassadeur de France en Afghanistan de 2008 à 2011.

**Résistant dans le Jura et dans le Vercors, Simon Nora est énarque et inspecteur des Finances. Conseiller de Pierre Mendès France, puis de Jacques Chaban-Delmas, il a été directeur général du groupe Hachette, puis directeur de l'ENA dans les années 1980.

Morette-Bourny, directeur de cabinet de Raymond Triboulet*. À l'inspection des Finances, le jeune résistant du Loiret franchit donc une nouvelle étape de son parcours politique. À vingt-cinq ans, l'univers des cabinets et des ministères s'ouvre à lui après des années de combat dans l'ombre.

***

Dès son plus jeune âge, Albin Chalandon a été habité par une passion pour le pouvoir et la politique, empruntée à ses ancêtres illustres. L'installation de la famille à Paris et son entrée dans les cercles préparatoires et estudiantins ont contribué à forger ses réseaux et affiner son esprit d'analyse.

Sa participation à la Résistance lui a conféré des lettres de noblesse essentielles à la Libération et lui a permis de protéger sa famille, notamment ses frères, après la guerre. L'entrée à l'inspection des Finances en 1945 constitue le dernier acte de ce parcours initiatique dans la vie politique française, préfaçant un passage dans les cabinets ministériels sous la Quatrième République.

---

*La promotion 1945 de l'inspection des Finances compte également quelques autres noms célèbres : Jean Guyot, collaborateur de Robert Schuman et Jean Monnet, puis associé de la banque Lazard; Aymar de Courson, maire et conseiller général de la Marne, père du député Charles de Courson, inamovible député de la Marne depuis 1993; et Jacques de Chalendar, père de Pierre-André de Chalendar, actuel PDG de Saint-Gobain.

2

L'expérience des cabinets ministériels

Désormais jeune fonctionnaire de l'inspection des Finances, Albin Chalandon aborde la période de l'après-guerre avec une certaine ambivalence. Tour à tour collaborateur de ministres radicaux et socialistes, puis figure du gaullisme militant, il continue de construire sa notoriété dans les réseaux politiques parisiens avec patience et sérieux. Il n'en demeure pas moins que, baron de la droite gaulliste sous la Cinquième République, Albin Chalandon est d'abord l'homme de la gauche du gouvernement de 1947 à 1950, faisant ses premières armes à l'hôtel de Matignon.

Pionnier de l'aéronautique moderne

Après le départ du pouvoir du général de Gaulle en janvier 1946, Félix Gouin puis Georges Bidault se succèdent aux affaires pendant une année. Toutefois, le 28 novembre, le gouvernement Bidault tombe et, le 16 décembre, un nouveau est formé par Léon Blum, à la tête d'une équipe de socialistes de la SFIO. Le 1er janvier 1947, l'inspecteur des Finances Albin Chalandon est appelé au cabinet du dernier président du gouvernement provisoire de la République française.

Marqué par le début de la guerre d'Indochine, ce gouvernement socialiste est de très courte durée, puisque l'élection de Vincent Auriol à la présidence de la République, le 16 janvier 1947, précipite sa démission et la mise en place d'une nouvelle équipe sous les auspices du socialiste Paul Ramadier, le 22 janvier suivant. Il s'agit alors du tout premier gouvernement de la Quatrième République. Chargé de mission pour les questions économiques et financières au cabinet de Léon Blum, Albin Chalandon poursuit ses fonctions auprès de son successeur. Dans ce gourvernement tripartite, unissant des socialistes de la SFIO, des communistes du PCF et des démocrates-chrétiens du MRP, il est plus spécifiquement chargé de la réorganisation de l'industrie aéronautique à Matignon.

En réalité, le nouveau gouvernement a été formé afin de poursuivre le dessein du précédent, notamment en mettant en œuvre le Plan de modernisation et d'équipement, pensé pour assurer le relèvement du pays et la modernisation de son économie. Le secteur aéronautique y tient une place importante et Albin Chalandon devient rapidement un homme incontournable à l'hôtel de Matignon, à la porte duquel se pressent hauts fonctionnaires et patrons d'entreprise.

Au même moment, le 1er février 1947, son frère Emmanuel est nommé contrôleur d'État de l'agence Havas et de la Société nationale des entreprises de presse. Sa nomination, due à l'entregent de son cadet et à son retour en grâce à la Cour des comptes, enflamme la gauche communiste. L'extrême gauche y voit l'influence des grandes familles françaises (par l'entremise de sa belle-mère, née Darblay, du nom des magnats de la presse, patrons avant-guerre de l'agence Havas). Pour s'en défendre, Albin et son frère vont jusqu'à s'exprimer dans les journaux afin de prouver leur bonne foi[1]. Constante des rapports familiaux d'après-guerre, les frères Chalandon avancent désormais groupés.

À Matignon, le président Ramadier est un travailleur acharné et a choisi ses collaborateurs avec la plus grande précision pour mettre en œuvre son programme économique et social. Son état-major est ainsi composé de son propre fils et d'amis de longue date. Boulimique de travail, il est « un homme du soir et un homme de la nuit » :

> « Il fallait le voir [...] dans sa robe de chambre marron à parements écossais, raconte André Boulloche, son directeur de cabinet, futur ministre du général de Gaulle. Avec ses pantoufles devant sa table de travail chargée de papiers, même surchargée de papiers, il y avait tout un arsenal de fumeur. [...] Mais ce qui importait, c'était lui, c'était sa présence, c'était cet homme massif, lent, avec un regard extraordinairement intelligent et malicieux, avec ces yeux qu'il avait, qu'il a eu relativement tôt un peu bouffis et qui lui donnaient un peu une allure chinoise[2]. »

Pendant près d'une année, dans les couloirs de la rue de Varenne, Albin Chalandon fait donc ses classes politiques au chevet d'un géant, député depuis vingt ans et maintes fois ministre sous la Troisième République. Secoué par la grève des usines Renault d'avril 1947, le gouvernement Ramadier doit en même temps composer avec la création du Rassemblement du peuple français (RPF) – mouvement fondé par le général de Gaulle le 7 avril – et sa victoire aux élections municipales d'octobre suivant.

Le 21 octobre 1947, un second gouvernement Ramadier est donc mis en place pour prendre en compte le nouvel échiquier politique, mais le 19 novembre, l'aventure s'arrête net après la défection des communistes. Le 24 novembre, le centriste Robert Schuman forme en conséquence un nouveau gouvernement composé de démocrates-chrétiens du MRP, de socialistes de la SFIO et de radicaux.

Fin novembre 1947, remercié de Matignon, Albin Chalandon est nommé chargé de mission au cabinet de René Mayer, ministre radical des Finances. Ce dernier, homme d'affaires avant-guerre, a suivi le dossier de la réorganisation du charbon et du ferroviaire à la fin des années 1930 ; l'aéronautique est son nouveau combat. Giraudiste pendant la Seconde Guerre mondiale, élu député en 1946, c'est un libéral, réputé défenseur des intérêts des Français d'Algérie. Le 29 janvier 1948, à la demande de son ministre, Albin Chalandon remet un important rapport sur l'industrie aéronautique et ses défaillances. Il constituera une pièce essentielle des débats à venir.

Ce « rapport Chalandon » a été souhaité en réaction à une initiative parallèle de l'ingénieur Marcel Pellenc, polytechnicien et directeur de cabinet d'André Maroselli, ministre de l'Air (1947). Pellenc sait la très grande fragilité du secteur et présente, début janvier 1948, un rapport sans concession à l'Assemblée nationale, dénonçant à la fois l'incompétence des dirigeants, les erreurs de gestion des entreprises publiques mais aussi la très forte politisation des employés.

À seulement quelques jours d'intervalle, le rapport Chalandon n'est pas plus tendre. Il préconise en effet une réduction drastique du nombre de sociétés nationalisées dans le secteur aéronautique et une remise à plat des politiques publiques en la matière. Surtout, à l'aube de la guerre froide, il pointe du doigt la très forte dépendance militaire de la France à l'égard du matériel aéronautique américain et anglais.

En février 1948, choqués par le coup de Prague et l'invasion soviétique de la Tchécoslovaquie, l'état-major de l'armée de l'air et le ministère de l'Air décident de donner suite aux deux rapports sur la crise du secteur : l'industriel français Marcel Bloch-Dassault, personnalité incontournable de l'aéronautique dans l'entre-deux-guerres, est désigné pour dessiner et faire produire, sous un an, un avion de chasse tricolore. Ce sera l'*Ouragan*, testé pour la première fois le 28 février 1949.

Dans la foulée, un comité interministériel pour la réorganisation du secteur aéronautique est mis sur pied, avec Chalandon et Pellenc comme rapporteurs. Chargé de définir de nouvelles orientations stratégiques, d'organiser la réforme des entreprises du secteur et de régler la question de la fixation des prix, ce comité réunit notamment Henri Ziegler, directeur général de la compagnie Air France, et le général Marius Guyot, héros de la France libre.

Pavé dans la mare pour les uns, condition *sine qua non* de l'apurement du secteur aéronautique pour les autres, ce comité a en tout cas le mérite d'engager une réflexion en profondeur sur le fonctionnement des entreprises publiques. « Seuls les naïfs s'indigneront des accablants détails révélés par les rapports Pellenc et Chalandon, conclut le professeur de droit Maurice Duverger. Les autres s'étonneront plutôt que le désordre n'y fût point pire, étant donné l'atmosphère générale où s'est développée la nationalisation[3]. »

Le général Pierre-Marie Gallois, à l'époque attaché auprès du général Charles Léchères, chef d'état-major de l'armée de l'air, raconte sa première rencontre avec Albin

Chalandon dans ses mémoires et l'impression très forte que lui fait le jeune inspecteur des Finances :

> C'est à l'hôtel Lancaster, rue de Berri, qu'Albin Chalandon me reçut. Sans doute y habitait-il. Accueil courtois quoique compassé d'un homme jeune, mais conscient de l'autorité que lui conféraient ses fonctions au ministère des Finances. Je remarquais une élégance vestimentaire encore assez rare dans cette France de l'immédiate après-guerre : flanelle grise, pantalon aux plis rigides, chaussettes de laine rouge, mocassins[4].

La bataille contre les « rouges »

Devenu expert du dossier aéronautique, Albin Chalandon est chargé de préparer le projet de loi relatif au statut provisoire de la Société nationale d'étude et de construction de moteurs d'avions (SNECMA), aujourd'hui connue sous le nom de Safran. Créée en mai 1945, la SNECMA est constituée par la nationalisation de la société Gnome et Rhône, spécialisée dans la production de moteurs d'avions depuis la Première Guerre mondiale. Elle est renforcée par le rattachement de la division moteur de Caudron-Renault en 1946, après la nationalisation du groupe, et par celui de la Société nationale de construction de moteurs d'Argenteuil. Pourtant, la production reste « archaïque, inadaptée et chaotique » et la direction, « jugée trop proche du parti communiste », est écartée pour incompétence dans le courant de l'année 1947[5].

L'offensive Chalandon-Mayer contre la mainmise communiste sur le secteur aéronautique est donc lancée, mais elle n'est pas sans opposition. Le 18 mars 1948, les députés communistes Henri Lozeray et Marcel Cherrier, ainsi que le sénateur René Cherrier (frère du précédent) publient une tribune au vitriol, rendant à la fois hommage à l'action de Charles Tillon, ministre communiste de l'Air de 1944 à 1945, et dénonçant la liquidation de cet héritage par le gouvernement en place :

> Notre Parti communiste a toujours dénoncé avec vigueur le sabotage de l'œuvre entreprise avec tant de sérieux et de vaillance par Charles Tillon, ministre de l'Aviation, dont le nom est associé à la renaissance des ailes françaises. [...] Les rapports de MM. Pellenc et Chalandon, tout comme vous, nous ont alarmés. Le discrédit qu'ils se sont efforcés de jeter sur les sociétés nationales vise à leur porter un coup mortel. Mais MM. Pellenc et Chalandon ne sont pas seuls, ils sont en fait les exécutants de toute une politique de démission nationale qui conduit la France à l'assujettissement économique à l'étranger[6].

En juin 1948, aux côtés de son ministre, Albin Chalandon est aux premières loges (à l'Assemblée nationale puis au Conseil de la République) pour défendre l'avance gouvernementale de 600 millions de francs à la SNECMA en échange d'une réforme de ses statuts : création d'un comité consultatif sur les orientations stratégiques, validation des grandes décisions par les ministres intéressés, communication périodique du bilan et des dépenses au gouvernement, etc.

Le 29 juin 1948, au palais du Luxembourg, le sénateur communiste René Poirot, ancien dirigeant parisien de la CGT-Métallurgie, prend Albin Chalandon directement à partie, compte tenu de son implication personnelle dans les arbitrages politiques rendus à Matignon et au ministère des Finances :

On a dit également qu'à l'usine d'Argenteuil, de nombreux hauts cadres étaient communistes. En effet, il y en a quelques-uns et nous en sommes fiers. […] Mais par communiste, on entend peut-être tous ceux qui sont syndiqués à la Confédération générale du travail [CGT] et approuvent l'action de la grande centrale syndicale? […] MM. Pellenc [et] Chalandon […] n'ont pas fait de politisation, eux, quand ils ont soigneusement questionné certains représentants de la CFTC et de FO et monté en épingle leurs déclarations[7] !

Quelques instants plus tard, le sénateur communiste Louis Dupic, lui aussi ancien permanent de la section parisienne de la CGT-Métallurgie, abonde :

En réalité, ce que l'on veut, c'est livrer au secteur privé, sous prétexte d'économies, certaines usines aéronautiques, les rendre aux *trusts* qui ont été les éléments les plus déterminants de la livraison de la France à Hitler. […] C'est ce que veut le gouvernement de M. [Robert] Schuman [au pouvoir de novembre 1947 à juillet 1948] en livrant les usines aéronautiques au vu du simple rapport d'un homme, qui s'illustre par une parfaite méconnaissance du sujet, je nomme M. Chalandon, inspecteur des Finances, qui, en la circonstance, a bien rempli le rôle que le gouvernement et les *trusts* attendaient de lui. [Applaudissements à l'extrême gauche[8].]

Le sénateur communiste Corentin Le Contel, ancien syndicaliste des chantiers navals de Saint-Nazaire, conclut avec dureté :

C'est que trop souvent, à notre avis, le gouvernement fait appel à des personnes n'ayant aucune connaissance spéciale dans l'industrie aéronautique, et je citerai en

> exemple les rapports faits par MM. Pellenc et Chalandon. Ces rapports n'auraient pas les mêmes conclusions si ces personnes avaient eu quelques connaissances techniques dans l'aviation. Nous aimons mieux faire confiance à la valeur et à la conscience professionnelle de ceux qui se placent uniquement sur le plan technique[9].

En fait, le duo Chalandon-Mayer tente l'impossible en recapitalisant la SNECMA contre quelques aménagements organisationnels. À la Libération, les gouvernements successifs ont multiplié les commandes de matériel extra-aéronautique pour improviser une reconversion industrielle du secteur et en sauver les emplois : bicyclettes, cuisinières, glacières, réfrigérateurs, etc. Faute de crédits et devant l'échec du développement de nouveaux prototypes français (comme le *SO 6000 Triton*), les sociétés nationales ont cependant dû couper dans la masse salariale, passant de 71 000 employés en 1947 à 57 000 en 1948[10].

À bout de patience, le gouvernement Schuman demande à l'ingénieur Frédéric Surleau, ancien administrateur des chemins de fer d'Alsace et de Lorraine, de produire un troisième et dernier rapport sur la question de l'avenir du secteur aéronautique. Rendu public en mars 1949, le « rapport Surleau » achève l'opposition à la restructuration du secteur. Le 29 juin, au Palais-Bourbon, Paul Ramadier, devenu ministre de la Défense nationale, s'en fait le chantre : « Perdre de l'argent pendant des années sous prétexte de faire vivre des ouvriers, c'est défier le bon sens. Je veux une industrie aéronautique viable[11]. »

Accusé de vouloir couler l'industrie aéronautique française au profit des modèles d'avions américains et mis en cause par les communistes Maurice Thorez et André

Marty dans *Où en est l'aviation française?*[12] (1948), mais aussi par le polémiste Georges Soria dans *La France deviendra-t-elle une colonie américaine?* (1948), Albin Chalandon descend dans l'arène pour laver son honneur et se prête à des déclarations publiques sur l'état critique du secteur et son impérieux besoin de réforme :

> Il n'y a jamais eu autant de grèves que depuis la nationalisation des entreprises et les grèves ne sont ni aussi violentes, ni aussi fréquentes dans le secteur privé que dans le secteur public[13].

La loi du 2 août 1949 remet finalement de l'ordre dans le fonctionnement des sociétés nationales de l'aéronautique suivant les principes posés par Pellenc, Chalandon, puis Surleau. Quatre d'entre elles mettent la clé sous la porte et sont absorbées par des concurrentes.

Pour apaiser les esprits inquiets d'une liquidation du secteur, le gouvernement joue alors la carte de la concentration des efforts en faveur de l'émergence de grandes structures tricolores. Plus que jamais, l'avion a en effet prouvé son rôle dans l'actualité internationale, notamment en permettant aux États-Unis, au Royaume-Uni et à la France de vaincre le blocus soviétique sur Berlin par un pont aérien organisé de manière continue entre juin 1948 et mai 1949.

À titre d'épilogue, à l'instigation d'Albin Chalandon, un plan quinquennal de constructions aéronautiques est adopté par le Parlement français le 19 août 1950, quelques semaines après son départ du cabinet de René Mayer (entre-temps devenu garde des Sceaux dans le gouvernement de Georges Bidault). Il témoigne de cet engagement volontariste du gouvernement français en faveur d'une production aéronautique nationale, fixant d'importantes commandes pour l'armée de l'air et l'aéronavale.

Après avoir commis quelques modestes rapports pour l'inspection des Finances, notamment des travaux de vérification des services de receveurs à Aix-les-Bains et La Motte-Servolex en Savoie, notre jeune inspecteur poursuit sa carrière comme directeur de la Banque nationale pour le commerce et l'industrie (BNCI) – groupe bancaire nationalisé à la Libération et ancêtre de la Banque nationale de Paris (BNP). Passion de prime jeunesse, l'aéronautique ne va pourtant jamais vraiment le quitter, comme le montre la suite de son parcours.

Le chantre du gaullisme ouvrier

Tandis qu'il œuvre dans les cabinets ministériels radicaux et socialistes, Albin Chalandon intègre aussi les réseaux du gaullisme militant et politique. En 1947, le général de Gaulle organise en effet son propre parti, le Rassemblement du peuple français (RPF), afin de faire entendre sa voix sur la scène nationale et de proposer une alternative aux mécaniques parlementaires de la Quatrième République.

En 1948, pour s'adresser au monde ouvrier et ralentir la propagation du communisme dans les usines, il fonde l'Action ouvrière, aile gauche du RPF, mouvement politique et syndical dirigé par Jacques Baumel, ex-député de la première puis de la seconde Assemblée constituante. Brillant économiste et valeureux résistant, Albin Chalandon en est nommé numéro deux dès sa création. Structurée en comités départementaux, l'Action ouvrière est le fer de lance du gaullisme social dans les territoires. Doublement conduite par la fidélité au général de Gaulle et par le souci d'aider les plus nécessiteux, elle est dotée d'un hebdomadaire politique, *L'Étincelle ouvrière* (plus tard, *Le Rassemblement ouvrier*).

L'Action ouvrière développe alors un discours à la fois anti-élites et anti-rouges dans un pays en pleine reconstruction économique et politique. Elle prêche en faveur d'une meilleure répartition des ressources économiques et financières, et de davantage de justice sociale, se fondant notamment sur le discours prononcé par le général de Gaulle à Oxford, le 25 novembre 1941. Il y avait en effet présenté sa vision de la France libérée, bâtie sur la liberté de chacun, sur la sécurité de tous, mais aussi (et peut-être même surtout) sur la dignité des hommes dans une société transformée par la mécanisation du travail[14].

L'Action ouvrière bénéficie alors de porte-paroles emblématiques comme Jean Nocher, normalien, partisan d'une économie collectiviste et polémiste limogé de la radio publique française après une émission sur les dangers du nucléaire en 1946. Elle s'enorgueillit aussi de la participation de Jacques Debû-Bridel, ancien membre de l'Action française. Converti aux thèses phalanstériennes de Charles Fourier dans l'entre-deux-guerres, il est devenu le défenseur à la Libération d'un nouveau Front populaire, allant des communistes jusqu'aux gaullistes. Les compagnons de route d'Albin Chalandon sont donc multiples et les amitiés tiennent plus souvent du compagnonnage de la Résistance que de l'adhésion à une même ligne politique. Gaulliste pragmatique plus que gaulliste social, il ne laisse d'ailleurs pas de trace impérissable de son passage à l'Action ouvrière, mais cette entrée en matière joue indéniablement un rôle dans la suite de son parcours politique.

À partir du printemps 1948, le jeune homme participe également aux réunions du comité national d'études du RPF, un cercle de réflexion dédié à la préparation d'un programme politique d'alternance en vue du retour au pouvoir du général de Gaulle. Toutes les semaines, le comité d'études se réunit au 22, place Vendôme, puis au 69, rue de l'Université, à Paris, sous les auspices de Gaston Palewski, directeur de cabinet du Général à Londres, à Alger puis à Paris, entre 1942 et 1946. S'y retrouvent l'écrivain Raymond Aron, le sénateur Michel Debré ou encore l'ancien ministre André Malraux – c'est-à-dire le premier cercle des penseurs du gaullisme politique. La patte littéraire du jeune Albin Chalandon est perceptible dans plusieurs des documents de ce comité, comme le « Programme pour la construction d'un système autoritaire et cohérent[15] » et quelques autres notes datées de 1948[16].

À travers le comité d'études du RPF, Albin Chalandon approche également pour la première fois l'homme du 18 Juin et son entourage le plus intime. Gaston Palewski en est le pivot central et la raison de l'importance donnée à ce cercle de réflexion dans l'écosystème du RPF. De 1931 à 1939, il a été le collaborateur puis le directeur de cabinet de Paul Reynaud, plusieurs fois ministre et président du Conseil des ministres au moment du déclenchement de la Seconde Guerre mondiale.

À la Libération, Reynaud est élu député du Nord et accepte même d'être ministre des Finances dans l'éphémère gouvernement d'André Marie, de juillet à septembre 1948. Il est alors une figure importante de la droite républicaine, et Palewski joue le rôle d'officier de liaison entre la droite d'avant-guerre et la droite gaulliste d'après-guerre.

Par ailleurs, Palewski a gagné ses galons de gaulliste dans l'organisation administrative et politique de la France libre. Directeur des Affaires politiques à Londres, puis directeur de cabinet du général de Gaulle, il est un homme de confiance et de réseaux, bien connu des Français libres et des anciens combattants.

En outre, son frère Jean-Paul Palewski, cyrard, résistant en France pendant la Seconde Guerre mondiale, devenu député MRP de Seine-et-Oise en 1945, contribue à assurer sa position en lui servant de porte d'entrée dans les milieux parlementaires – cette fois comme trait d'union entre démocrates-chrétiens du MRP et gaullistes du RPF.

En novembre 1947, exclu du MRP en raison de ses accointances gaullistes, Jean-Paul Palewski participe à la création du groupe des Républicains populaires indépendants de Jacques Furaud à l'Assemblée nationale, nouveau cénacle des parlementaires gaullistes. De 1947 à 1950, il est d'ailleurs un parlementaire très actif sur la question aéronautique.

Quant à dire si Albin Chalandon l'aide dans l'élaboration de ses dossiers et le vote de ses amendements, il n'y a qu'un pas. En effet, un faisceau d'indices important se dégage et explique pour partie la présence du jeune inspecteur des Finances dans les cercles gaullistes de l'époque, notamment auprès des frères Palewski.

Jean-Paul Palewski est enfin le beau-frère de Christian Fouchet, aviateur des Forces françaises libres et envoyé du CFLN à Moscou en août 1944, mais surtout membre du comité directeur du RPF à partir de 1947 et un des futurs barons du gaullisme. Avec de tels alliés, il a donc parfaitement réussi son entrée dans le monde du gaullisme politique.

Dans cette nouvelle famille, les réseaux d'Albin Chalandon sont autant des amitiés politiques et professionnelles que des solidarités issues de la guerre et de la Résistance. Au RPF, il fréquente en effet Jean de Sesmaisons, ancien de l'ORA et cyrard du groupe « Du Guesclin », dont le père, Olivier de Sesmaisons, est une figure importante de la droite parlementaire d'après-guerre*. Député de Loire-Inférieure, adhérent du RPF à partir de février 1948, Olivier de Sesmaisons ne se prive pas d'exprimer des positions contradictoires à la ligne du parti, allant jusqu'à voter la confiance au gouvernement d'Antoine Pinay en 1952, première étape de la désagrégation du parti gaulliste. Le diplomate Étienne Burin des Roziers, membre du cabinet militaire du général Catroux, puis officier d'ordonnance du général de Gaulle à Londres, complète ce paysage et appartient, lui aussi, à l'entourage d'Albin Chalandon dans la seconde moitié des années 1940. Il a en effet épousé Élisabeth d'Oilliamson, cousine de Solange de Rochechouart de Mortemart – son très probable point d'entrée dans l'ORA en 1943.

Pourtant, Albin Chalandon ne prospère pas vraiment dans l'aventure gaulliste. Il s'y ennuie profondément et prend progressivement ses distances avec le parti d'opposition. Au Conseil national du RPF de Vincennes, les 20-22 mai 1949, il participe certes aux travaux sur l'avenir du pays et y présente une motion sur la politique

---

* Jean de Sesmaisons, cyrard, est arrêté par la Gestapo en février 1944. Torturé, déporté à Buchenwald, il s'en évade en avril 1945. Il est tué à Ninh Hòa, en Indochine, en janvier 1948, à vingt-trois ans, alors qu'il dirigeait, sous l'uniforme de la Légion étrangère, une section de combat du 2e régiment étranger d'infanterie.

économique et financière à mettre en œuvre en cas de conquête du pouvoir, mais peu d'autres mentions de son engagement nous sont parvenues[17].

Sa trace disparaît progressivement des archives du RPF à partir de l'été 1949 et son retour dans l'univers bancaire, en 1950, semble signer une mise entre parenthèses de son engagement politique. Ses réseaux gaullistes restent néanmoins d'importants relais à son action personnelle et professionnelle tout au long des années 1950, notamment dans les chambres parlementaires. Son grand retour sur la scène politique, au moment de la création du parti gaulliste en 1958, témoigne ainsi du lien étroitement entretenu et gardé avec ses camarades de combat pendant cette décennie de changements et de turpitudes politiques, conclue par la guerre d'Algérie et la promulgation de la Cinquième République.

Les réseaux familiaux et financiers

Tout au long de la période 1947-1951, Albin Chalandon enrichit aussi ses réseaux personnels et familiaux au gré de ses évolutions professionnelles. Son frère Emmanuel reprend une carrière ministérielle en tant que directeur de cabinet de Robert Bétolaud, secrétaire d'État aux Anciens Combattants de septembre 1948 à octobre 1949, puis de Maurice Petsche, ministre des Finances et des Affaires économiques, d'octobre 1949 à février 1950.

Albin et Emmanuel se retrouvent donc régulièrement dans ce haut-lieu des solidarités résistantes, où se fréquentent anciens des FFI et Français libres de Londres – mais aussi et bien sûr fidèles du gaullisme. Chez Petsche, figure de la Troisième République et ministre de l'Économie et des Finances de façon quasi continue de 1948 à 1951, les deux frères enrichissent ainsi leur carnet de contacts et sympathisent avec l'épouse du ministre.

Parallèlement, Gabriel prospère dans l'armée de l'air – domaine étroitement suivi par Albin à Matignon, aux Finances puis à la Défense nationale – et se fait connaître en signant plusieurs papiers dans la revue *Forces aériennes françaises*. Les trois frères avancent ainsi en bloc sur la scène publique et dans l'univers militaire, se prêtant main-forte en cas de besoin.

En 1950, après trois années épuisantes en cabinet ministériel, Albin Chalandon rejoint la banque publique BNCI (anciennement Banque nationale de crédit). Depuis 1940 et pendant toute la période de la guerre, son directeur général, Alfred Pose, a contribué à bâtir un grand réseau bancaire en Afrique, avec des antennes à Alger, Casablanca, Saint-Louis-du-Sénégal ou encore Tunis. Bientôt nommée BNCI-Afrique (BNCI-A), elle absorbe des banques locales ou régionales en difficulté.

Mis en disponibilité de l'inspection des Finances, Albin Chalandon est chargé de développer cet empire banquier au Maghreb et ses entrées dans la communauté des Français d'Algérie. Depuis son bureau du 17, boulevard Baudin, dans la capitale algérienne, le banquier aindinois est alors sous l'autorité de Gustave Mercier. Fils de Jean Mercier, maire et conseiller général de Constantine, Gustave Mercier est aussi le frère aîné d'Ernest Mercier, fondateur de la société Alsthom (1928) et de la Compagnie française des pétroles (1929), personnalité éminente des milieux économiques et financiers de l'entre-deux-guerres. Auprès des frères Mercier, Albin Chalandon découvre l'industrie pétrolière et profite des réseaux de René Mayer, son ancien patron aux Finances et à la Défense, par ailleurs député d'Algérie française, pour lier des amitiés fécondes auprès de chefs d'entreprise locaux et d'élus des départements algériens.

Le séjour algérien d'Albin Chalandon est aussi l'occasion de poser les bases d'une camaraderie fructueuse avec Ludovic Tron. Polytechnicien, inspecteur des Finances, engagé volontaire dans la première armée française en 1943, il est ensuite directeur de cabinet d'André Philip – ministre de l'Économie nationale et des Finances (1946-1947) pendant le très bref passage de Chalandon au cabinet Blum à Matignon. Président de la BNCI de 1947 à 1957, vraisemblablement à l'origine de l'arrivée de Chalandon à la BNCI-A, Tron est plus tard élu sénateur socialiste des Hautes-Alpes de 1957 à 1968, puis président du conseil départemental des Hautes-Alpes de 1960 à 1968, ce qui montre la persistance des amitiés de gauche du jeune banquier, bien longtemps après son départ des cabinets ministériels et son entrée dans la famille gaulliste*.

L'aventure est toutefois de courte durée puisque, saisi par le mal du pays et victime d'une très sérieuse crise d'amibiase, Albin Chalandon quitte bientôt ses fonctions algériennes pour revenir en métropole, ne gardant à l'esprit que le souvenir des paysages magnifiques

---

*L'autre hypothèse sur le recrutement d'Albin Chalandon à la BNCI-A est le canal gaulliste. Comme l'ont montré les travaux de l'historien Hubert Bonin, Alfred Pose fut en effet l'un des membres importants de l'Union privée pour l'aide à l'action nationale du général de Gaulle, une association de financement du RPF dirigée par Claude Guy, l'aide de camp du Général, puis Roger Frey et Jacques Foccart, avec la sénatrice Eugénie Éboué-Tell, veuve de Félix Éboué, comme présidente, et René Fillon comme trésorier.

de l'Atlas saharien et de Kabylie, qu'il aimait encore contempler dans les dernières années de sa vie*.

La mission algérienne d'Albin Chalandon n'aura cependant pas été vaine puisque, fin 1950, lors d'un séjour en France, il fait la connaissance de la princesse Salomé Murat, arrière-arrière-petite-fille du banquier parisien Antoine Stern. Il la rencontre en effet lors de vacances à la montagne et tombe sous le charme de cette skieuse hors pair au patronyme prestigieux et à la beauté exceptionnelle (immortalisée notamment par des photos de Man Ray).

D'origine allemande, la famille Stern a fondé, à Paris, la célèbre banque A.J. Stern & Cie en 1832. Sa lointaine descendante, la marquise Magdeleine de Chasseloup-Laubat, est l'épouse du prince Achille Murat et la mère de la princesse Salomé Murat. Outre cette ascendance illustre, la jeune princesse a également pour arrière-grand-père maternel le marquis Prosper de Chasseloup-Laubat, comte d'Empire, ministre de la Marine et des Colonies en 1851, puis de 1859 à 1867, sous Napoléon III, illustre parlementaire de la Charente-Maritime.

Malheureusement, pendant la Seconde Guerre mondiale, les Chasseloup-Laubat et les Stern ont maille à partir avec le régime de Vichy. En juin 1942, le maréchal Pétain instaure en effet le port de l'étoile jaune pour les personnes de confession juive. Sitôt la décision prise, il s'en émeut cependant auprès des autorités allemandes,

---

*Ce retour précipité en France métropolitaine pourrait également être lié à la rupture de ses fiançailles avec la princesse Elena Poniatowska, cousine de Michel Poniatowski, futur maire, député, puis sénateur UDF, ministre de la Santé de Georges Pompidou (1973-1974), puis ministre d'État, ministre de l'Intérieur de Valéry Giscard d'Estaing (1974-1977).

demandant trois exemptions nominatives pour des personnalités juives converties au catholicisme pour lesquelles il craint des représailles : Marie-Louise Stern, épouse Chasseloup-Laubat (grand-mère de la princesse Salomé Murat), sa sœur Lucie Stern, épouse Girot de Langlade, du nom d'un baron originaire du Puy-de-Dôme, et Jeanne Franck, épouse de Brinon, du nom de l'ambassadeur de Vichy auprès des Allemands en 1940[18].

Pétain souhaite alors aider les deux sœurs Stern parce qu'il a fréquenté leur famille pendant la Première Guerre mondiale, se rendant régulièrement dans leur propriété de Cuts, dans l'Oise, pour y chasser ou se reposer. De plus, il a été le témoin de mariage de plusieurs membres de la famille, notamment les deux filles de Marie-Louise de Chasseloup-Laubat : ainsi, en 1923, lors de l'union de Magdeleine de Chasseloup-Laubat et du prince Achille Murat; puis, en 1927, lors du mariage de Yolande de Chasseloup-Laubat, sa sœur cadette, avec le capitaine de cavalerie Fernand de Seroux, ancien officier des services de renseignement dans les colonies auprès du maréchal Lyautey.

En janvier 1944, les deux sœurs Stern sont arrêtées par les Allemands. La princesse Salomé Murat, alors âgée d'à peine dix-sept ans, se rend en urgence à Vichy pour tenter d'obtenir du maréchal Pétain la libération de sa grand-mère. Marie-Louise de Chasseloup-Laubat est finalement sauvée grâce à l'intervention du chef de l'État, mais sa sœur Lucie Girot de Langlade n'a pas la même chance. Elle est déportée à Auschwitz et gazée dès son arrivée, car les Allemands disposent bien d'une exemption pour une baronne Girot, mais pas pour une baronne de Langlade.

Après la guerre, une partie de la famille Chasseloup-Laubat reste proche du vieux maréchal, compte tenu de son soutien pendant le conflit. François de Chasseloup-Laubat, fils de Marie-Louise et oncle de Salomé, est ainsi le dernier visiteur du prisonnier de l'île d'Yeu, en Vendée. En 1947 et 1948, il continue même de se rendre au pied du fort pour rendre hommage au maréchal Pétain, en présence de son épouse, la maréchale, mais la famille ne récupérera jamais les biens spoliés par l'État français sous l'Occupation*.

Du côté de son père, la princesse Salomé Murat est aussi, comme son nom l'indique, l'arrière-arrière-arrière-petite-fille de Joachim Murat, roi de Naples et beau-frère de l'empereur Napoléon Ier par son mariage avec Caroline Bonaparte. Son arrière-grand-père, Achille Murat, est, par son mariage, prince héritier de Mingrélie, en Géorgie.

La jeune femme porte d'ailleurs le nom de son arrière-grand-mère géorgienne, Salomé Davidovna Dadiani, qui avait épousé Achille Murat en 1868, au terme d'un mariage d'État, scellant un rapprochement franco-géorgien, avec comme témoin de mariage l'empereur Napoléon III lui-même.

Son grand-père, Lucien Murat, a pour sa part épousé Marie de Rohan-Chabot, femme de lettres française, à laquelle la princesse Salomé a consacré deux livres au cours de sa vie. Enfin, son père, Achille Murat, engagé volontaire comme pilote pendant la guerre franco-syrienne de 1920, s'est uni avec Magdeleine de Chasseloup-Laubat. Le couple a neuf enfants : Salomé (1926), Lucien (1927), Thamar (1929), Pauline (1931), Anne-Marie (1936),

---

*Athlète, explorateur en Malaisie, dans le Sahara puis dans la région du Tchad, François de Chasseloup-Laubat s'est retiré dans son château de La Gataudière, en Charente-Maritime, après la défaite de 1940. Il adopte ensuite son neveu, le prince François Murat, qui porte en conséquence le titre de marquis de Chasseloup-Laubat depuis 1968.

Marie-Célie (1938), Philippe (1941), François (1942) et Alain (1943).

Malgré son âge déjà avancé et la charge de cette famille nombreuse, le prince Achille Murat s'engage à nouveau comme volontaire pendant les combats de 1940, avec une dispense spéciale signée par Albert Lebrun, président de la République. Avec son peloton d'automitrailleuses du 8e régiment de cuirassiers, il détruit notamment une colonne de blindés allemands près d'Arras, ce qui lui vaut la croix de guerre puis la Légion d'honneur. La princesse Salomé a donc de qui tenir !

En effet, outre sa courageuse plaidoirie à Vichy face au maréchal Pétain pour tenter de sauver sa grand-mère et sa grand-tante de la déportation en 1944, la princesse s'illustre à la Libération en tant qu'infirmière, en aidant au rapatriement des Alsaciens-Lorrains vers la France. Ainsi, en 1945, à la mort de sa mère décédée des suites d'un long cancer, et malgré la responsabilité de l'éducation de ses huit frères et sœurs, elle se rend à Berlin avec son père pour identifier les Alsaciens-Lorrains enrôlés de force dans les rangs allemands (les « malgré-nous »), alors retenus prisonniers dans plusieurs camps russes, dont celui de Francfort-sur-Oder en zone russo-allemande.

Russophone, le prince Achille parcourt au péril de sa vie la zone d'occupation russe, bardé d'une médaille de la Garde de Staline – décoration qu'il a obtenue du maréchal russe Vassili Sokolovski à l'issue d'un concours de boisson pendant lequel le « camarade prince » s'est vu menacer de déportation en Sibérie ! Cette décoration facilite grandement ses démarches auprès des officiers russes pour libérer des prisonniers français et lui sert en conséquence de laissez-passer. Accompagnés du commandant Léon de Rosen, un baron russe émigré en France au moment de la révolution de 1917, père et fille prêtent main-forte aux victimes de guerre, avec le concours de la Croix-Rouge française. Ils s'y lient d'amitié avec Claire Mauriac, fille de l'écrivain François Mauriac, dont le séjour berlinois est si bien raconté dans le livre de sa petite-fille Anne Wiazemsky, *Mon enfant de Berlin* (2009).

Quelques années plus tard et après l'avoir éconduit une première fois en raison de sa charge familiale (notamment l'éducation de ses cadets mineurs), la princesse Salomé Murat se fiance finalement avec Albin Chalandon. Les deux jeunes gens se marient le 6 juillet 1951, en la cathédrale Saint-Louis des Invalides, avec René Mayer, à l'époque garde des Sceaux, comme témoin de mariage.

Cousine de la branche principale des chefs de la maison Murat et aînée de la branche cadette, la princesse n'en est pas moins sensible au destin de son parent, le prince Joachim Murat, sixième chef de la famille, sous-lieutenant FFI de l'ORA, tué par une patrouille allemande dans l'Indre en juillet 1944.

Son mariage avec Albin Chalandon, ancien résistant de l'ORA et figure de la libération de Paris, ne peut donc qu'être apprécié par la famille bonapartiste des Murat. En raison du très jeune âge du prince Joachim Murat, septième chef de la maison (né en 1944), la famille est alors dirigée par ses deux oncles : le prince Charles Murat, officier militaire installé au Maroc, et le prince Paul Murat, président de la Ligue de protection des oiseaux (LPO). Or, les princes Murat ne sont pas complètement étrangers au secteur aéronautique et donc au parcours et aux positions d'Albin Chalandon sur la question. Le prince Paul Murat et son fils Louis travaillent en effet pour la société américaine Atlas Constructors au début des années 1950.

Par un accord secret du 22 décembre 1950, les gouvernements américain et français sont convenus de la construction de trois aérodromes militaires sur le sol marocain afin de disposer de moyens d'action dans le nord de l'Afrique[19]. D'un montant de 160 milliards de francs, ces travaux titanesques ont été confiés à un consortium de cinq entreprises américaines du nom d'Atlas Constructors, dont les Murat assurent le conseil. L'organisation polémique du chantier déclenche toutefois une enquête du Congrès américain en 1952, sans que des sanctions soient finalement prises, bien que des accusations et des interrogations multiples aient longtemps entouré le projet aéronautique[20]...

Quant au prince Charles Murat, frère de Paul et combattant héroïque de la Première Guerre mondiale dans l'Argonne et dans les Dardanelles, il crée une entreprise de transports à Fédala, au Maroc, après la guerre. Président du premier aéro-club marocain en 1919, il effectue une mission aéronautique au Brésil, entre 1924 et 1928, pour travailler à améliorer la ligne aérienne postale entre la France et l'Amérique du Sud. Installé à Casablanca, il y fréquente les frères Mercier, membres du conseil d'administration de diverses sociétés d'énergie et de transport.

Chalandon, Mercier, Murat se croisent de temps à autre à la direction marocaine de la BNCI-A, au 26, place de France, à Casablanca, lorsque le banquier aindinois y mène ses tournées, ce qui a contribué à l'introduire auprès de l'héritière de la famille Murat. Très présents dans la vie politique algérienne et marocaine, les princes Murat accueillent donc dans la famille un nouveau venu connu, inspecteur des Finances, ancien conseiller ministériel à la Libération, témoin de l'état de tension du nord du continent africain.

***

Entré en politique dans les gouvernements radicaux et socialistes de 1947 à 1950 et affilié au gaullisme de 1948 à 1949, Albin Chalandon a non seulement fait un pas de géant dans sa carrière professionnelle et politique à la Libération, mais aussi dans sa vie personnelle.

Les amitiés nouées comme les réseaux nouveaux dans l'univers bancaire concourent à son mariage, en 1951, avec la princesse Salomé Murat, l'une des plus belles femmes de Paris, l'héritière d'un nom prestigieux, mais une conjointe sans fortune.

Épouse aimante, femme de principes et de traditions, dotée d'une intuition politique affutée et d'un franc-parler à la fois déstabilisant et ravageur, elle introduit son jeune mari dans de nouveaux cercles de notabilité, prérequis indispensable à la suite de sa carrière dans les univers bancaires et politiques.

3

Le temps des affaires

Ancien résistant passé par les cabinets ministériels, Albin Chalandon aborde les années 1950 avec plusieurs cordes relationnelles à son arc. Banquier de l'aéronautique, il entretient ses réseaux économiques et financiers jusqu'à devenir le grand argentier de l'Union pour la nouvelle république (le parti gaulliste créé en 1958) au moment du retour au pouvoir du général de Gaulle. La période 1952-1958, à la fois confirmation de ses compétences professionnelles et réorientation de son parcours politique dans le sillage du gaullisme, constitue ainsi un tournant de sa carrière.

Le banquier de l'aéronautique

En février-mars 1952, l'industriel Marcel Dassault achète la banque Robert Josse, Arthur Lippens & Cie*.

*Victor Josse, père de Robert Josse, fut notamment président de la Banque française de l'Afrique et fondateur de la Banque commerciale africaine, tandis qu'Auguste-Lucien Lippens, frère d'Arthur Lippens, était administrateur de sociétés minières en Amérique du Sud, en Côte d'Ivoire et en France. Tombée en déshérence, la banque Josse,

Elle prend alors le nom de Banque immobilière et commerciale. Copropriété de l'ingénieur Henry Potez, ancien président de la Chambre syndicale des industries aéronautiques dans l'entre-deux-guerres, elle est notamment financée grâce aux indemnités issues de la nationalisation des sociétés aéronautiques à l'époque du Front populaire.

Conseillés par leur banquier, Abel-François Chirac, père de Jacques Chirac, les deux hommes veulent alors profiter du succès de leurs derniers modèles d'avions pour disposer de fonds propres en vue d'aventures industrielles futures. Dassault termine en effet les tests du *Mystère II*, un des premiers avions français à réaction, tandis que son acolyte travaille à la réalisation du *Potez 75*, avion d'attaque au sol, finalement abandonné faute d'intérêt de l'armée.

Très rapidement renommée Banque commerciale de Paris (BCP), la banque Dassault-Potez se dote d'un état-major d'experts et de financiers pour en assurer le succès et liquider les actifs « douteux* ». Marcel Dassault suggère immédiatement le nom d'Albin Chalandon comme directeur général, compte tenu de leurs relations historiques et de sa notoriété dans le secteur aéronautique**. Potez n'y est pas opposé puisqu'il a pu tester la résistance

Lippens & Cie, « vieille maison appartenant à deux familles, dont la vie ne tenait plus qu'à un souffle, […] n'avait guère plus de clients et perdait de l'argent. […] L'entreprise ne comportait plus guère que douze ou quinze personnes, dont presque la moitié était directeurs ». (Albin Chalandon, *Quitte ou Double*, Paris, Grasset, 1986, p. 149.)

*Albin Chalandon se sépare ainsi de René Laniel, sénateur de l'Orne, frère de Joseph Laniel, député du Calvados, président du Conseil des ministres de 1953 à 1954, criblé de dettes.

**Dans ses mémoires, Albin Chalandon raconte avoir choisi, en accord avec Dassault, d'être rémunéré sous la forme d'une participation aux bénéfices. Le succès de la Banque commerciale de Paris le du jeune inspecteur des Finances en 1948, lorsqu'il dirigeait de manière provisoire la SNECMA ; de même que Chirac qui, passé par la BNCI de 1934 à 1937, a eu de bons échos de son séjour algérien par des amis.

L'affaire est donc entendue. Albin Chalandon sera le directeur général de la banque, moyennant une ultime exigence de Marcel Dassault : que son banquier offre des chéquiers en peau de crocodile aux clients de la BCP. « Leur coût est beaucoup trop élevé pour une banque qui n'a pas encore pignon sur rue[1] », s'insurge le nouveau directeur général. La drôle d'idée est donc rangée dans un tiroir mais marque les débuts chaotiques de la relation entre l'avionneur et l'inspecteur des Finances.

> Mes relations avec Marcel Dassault n'ont pas toujours été faciles, reconnaît ainsi Albin Chalandon bien des années plus tard. Il ne connaissait pas le fonctionnement d'une banque, ni même le langage bancaire. J'étais cartésien, il était irrationnel. [...] Il me paraissait parfois incohérent, incompréhensible. Je n'ai vraiment perçu et compris son mode de raisonnement qu'avec l'âge[2].

En 1986, questionné sur son passage dans le secteur bancaire, il ajoute :

> Dassault m'a toujours dérouté : je ne l'ai jamais vraiment compris, en ce sens qu'il était vraiment différent des autres. Il était sûrement génial, mais son système de pensée n'était pas le même, sa démarche différente de ceux qu'on appelle les gens intelligents[3].

---

met à l'abri du besoin pendant de nombreuses années, après la vente de ses parts, en 1967.

Bien qu'il soit devenu banquier et homme d'affaires, la passion aéronautique ne quitte pas Albin Chalandon pour autant. En juillet 1952, il remet ainsi un important rapport sur la mission et la réforme souhaitable de l'arsenal de l'aéronautique. En outre, son frère Gabriel est alors considéré comme un expert national des moteurs à réaction, ce qui en fait un interlocuteur tout désigné du groupe Dassault et des autres géants du secteur.

À son bureau du 7, rond-point des Champs-Élysées, Albin Chalandon fréquente en conséquence des grands noms du monde aéronautique, parmi lesquels Paul Dassault. Frère aîné de Marcel, gouverneur militaire de Paris à la Libération, il est inspecteur général de l'artillerie anti-aérienne depuis 1948. En outre, le mandat parlementaire de Marcel Dassault, député RPF des Alpes-Maritimes de 1951 à 1955, le tient à proximité des cercles gaullistes et du traitement politique des questions aéronautiques. Tout au long des années 1950, Albin Chalandon sert donc de trait d'union entre la Banque commerciale de Paris et la Générale aéronautique Marcel Dassault (GAMD).

Après la guerre, la GAMD a racheté différentes usines à Boulogne, Saint-Cloud ou encore Talence, et créé des filiales pour assurer leur gestion. La *holding* Dassault a grandi sur la base du succès de prototypes aéronautiques nouveaux, comme le *Flamant* en 1947, l'*Ouragan* en 1949 puis le *Mystère* en 1951. Preuve de son succès, de 20 *Mystères* en 1951, la GAMD parvient à obtenir une commande publique de 150 avions de ce modèle en 1953. Pour réaliser ses objectifs dans les temps, Dassault sous-traite une partie de la production à d'autres sociétés françaises, comme la Société nationale des constructions aéronautiques du Sud-Ouest (SNCASO) ou la Société nationale des constructions aéronautiques du Sud-Est (SNCASE).

Dès 1950, la GAMD est par ailleurs devenue un pourvoyeur international d'avions de chasse. Avec le début de la guerre de Corée, les États-Unis passent en effet commande de 150 *Ouragans* en 1950, puis de 100 *Mystère II* en 1952[4]. Par ailleurs, en juin 1953, l'Inde commande 113 *Ouragans* et Israël 24 autres[5]. Ces avions sont alors prélevés sur la dotation de l'armée française et ainsi remplacés par des modèles plus récents de type *Mystère II*.

À partir de 1951, sous la direction du colonel Auguste Le Révérend, qui remplace Marcel Dassault désormais député, la GAMD se dote d'une direction électronique et d'un département consacré à la production de réacteurs aéronautiques. En 1954, la GAMD produit le *Mystère IV*, premier appareil français à franchir le mur du son, mais la SNCASO lui arrache des mains le contrat de l'armée de l'air avec son *Vautour**.

Le succès international du *Mystère IV* n'est cependant pas nul : Israël achète 59 appareils en décembre 1955, suivi par l'Inde avec 110 appareils début 1956[6]. En octobre 1958, l'armée de l'air commande, à son tour, 100 appareils à la GAMD. Début 1956, la société passe entre les mains de Benno-Claude Vallières. Elle produit alors un avion multi-rôles, de conception entièrement européenne : le *Mirage*. Ce modèle sera très largement commercialisé en Europe et dans le reste du monde au cours des années suivantes.

Parallèlement, la GAMD développe un nouvel avion d'attaque au sol, l'*Étendard,* utilisable pour équiper les porte-avions de la marine tricolore. En dépit d'une certaine

---

*Le *Vautour* disposait en effet d'une autonomie plus grande, en raison de la capacité de ses réservoirs. Son rayon d'action était environ le double de celui du *Mystère IV*.

tiédeur initiale de l'armée, l'*Étendard IV* réalise son premier appontage à bord du *Clemenceau* fin 1960. Par la suite, la marine en commande plus de 90 exemplaires entre décembre 1961 et mai 1965.

Pendant ce temps, au-delà de son suivi des affaires aéronautiques de la GAMD, Albin Chalandon gagne ses premiers galons à la Banque commerciale de Paris en organisant le rachat de la banque Goüin. Fondée à Tours au début du XVIIIe siècle, cette banque familiale a notamment été dirigée par Eugène Goüin, maire de Tours, député puis sénateur d'Indre-et-Loire sous la Troisième République. Sous son empire, la banque Goüin a participé à la création de la Banque de Paris (1869), devenue Banque de Paris et des Pays-Bas (1872), aujourd'hui BNP-Paribas. Elle dispose d'intérêts importants en France métropolitaine et dans l'empire colonial, ainsi au sein de la Société de construction des Batignolles, du Crédit mobilier, du Crédit foncier de France, de la Société générale ou encore de la Compagnie des chemins de fer Bône-Guelma.

En 1948, à la mort d'André Goüin, fils d'Eugène, la direction de la banque est partagée entre son frère (Émile) et ses gendres (Jean Ariès et Philippe Jodot). Face aux difficultés de gestion et aux prémices d'une situation de crise, Henri de Foucaucourt, gendre d'Émile, est nommé directeur de la banque familiale. Ce cyrard, fils, petit-fils et arrière-petit-fils d'officiers de carrière, a servi dans les rangs de l'ORA pendant la Seconde Guerre mondiale, avant de participer à la campagne d'Italie. Antigaulliste au soir de sa vie, Foucaucourt rêve surtout de nouvelles aventures internationales*. Il vend donc ses parts de la banque

*Après son passage dans la banque familiale, Foucaucourt voyage en Amérique du Sud puis vit avec les Eskimos du pôle Nord. Revenu

Gouïn à la Banque commerciale de Paris par l'intermédiaire d'Albin Chalandon, ex-camarade de la Résistance. En cela, même s'il ne cultive pas de réseau résistant à la Libération, Albin Chalandon sait toutefois utiliser les solidarités de la guerre dans l'univers des affaires.

Quant à la BCP, si nombre d'informations demeurent aujourd'hui encore confidentielles, il est toutefois indéniable qu'elle a su progressivement s'installer comme la sixième banque commerciale de France et l'une des plus importantes banques d'affaires parisiennes. Elle est ainsi citée au même titre que la Banque de Paris et des Pays-Bas, la Banque de l'Indochine, la Banque de l'Union parisienne et la Banque de l'Union européenne. Elle côtoie même des établissements célèbres comme les banques Dreyfus, Lazard, Rothschild, Schlumberger, etc. Lentement mais sûrement, Albin Chalandon se fait donc un nom dans ce milieu.

Les réseaux Chalandon

Parallèlement, dans les années 1950, Albin Chalandon renforce sa notoriété dans le secteur financier et dans les milieux gaullistes grâce à son épouse et sa famille. Désormais trentenaire, le jeune banquier volage semble avoir laissé place à l'époux fidèle et au père de famille. De son mariage, il a trois fils : Fabien en 1953, Aurèle en 1956 et Emmanuel en 1959.

---

en France, il est moine bénédictin à l'abbaye de Solesmes, avant de diriger le monastère de Keur Moussa, dans le Sahel sénégalais. À la fin de sa vie, il publie *Naissance du mythe gaulliste* (1984). Il est par ailleurs le parrain d'un des fils d'Albin Chalandon.

En janvier 1952, il est particulièrement affecté par la disparition de son frère Emmanuel, aîné brillant, à la fois mentor et protecteur, décédé de manière brusque d'une maladie incurable, la maladie de Charcot. Le clan Chalandon perd son membre le plus important, mais il se reconstitue rapidement autour d'Albin, désormais figure de proue incontestée de la famille.

En 1954, sa belle-sœur, la princesse Thamar Murat, épouse le banquier parisien Antoine de Boissieu. Il est le fils de Charles-Albert de Boissieu, polytechnicien, inspecteur des Finances et président de la Banque de l'Union européenne depuis 1941. Personnage aux airs mystérieux, ce comte vieillissant est aussi le propriétaire du château de Varambon, dans l'Ain, vieille demeure seigneuriale située à une quarantaine de kilomètres à l'ouest… de Reyrieux, la commune de naissance d'Albin Chalandon. Tour à tour inspecteur de la Compagnie générale transatlantique, directeur des établissements Skoda de Prague puis des établissements Schneider en France, Charles-Albert de Boissieu a épousé la fille du vicomte Hélie de Durfort-Civrac de Lorge, descendant d'une vieille famille de Dordogne, établie dans le Loir-et-Cher sous la Restauration. C'est un seigneur dont l'ombre s'étend désormais sur la famille Chalandon-Murat.

Or, en 1954, il dirige l'une des plus grandes banques d'affaires de la place parisienne : la Banque de l'Union européenne (BUE). Créée en 1920 par la famille Schneider pour contrôler ses participations bancaires et industrielles à l'étranger, la BUE détient des biens en Autriche, en Hongrie, en Pologne et en Tchécoslovaquie. D'ailleurs, l'initiative de création de cette banque dans le contexte de réorganisation de l'Europe après la Première Guerre mondiale n'était pas sans lien avec les intérêts français à l'étranger. La BUE fait ainsi l'objet d'intenses négociations diplomatiques et financières dans l'entre-deux-guerres[7]. En 1943, en plein milieu de la Seconde Guerre mondiale, elle absorbe la Banque des pays du Nord, propriété de la famille suédoise Wallenberg, confortant son assise économique en Europe. À la Libération, pour en faire une banque d'affaires de renommée internationale, Charles-Albert de Boissieu a recours aux services d'un nouvel homme, désormais central dans le dispositif : le comte Jean Terray.

Cet ancien directeur général de la Société nationale des constructions aéronautiques pendant la guerre – autre exemple, donc, des ponts entre l'aviation et le secteur bancaire –, descendant de l'abbé Terray, a été secrétaire général au Travail et à la Main-d'œuvre du régime de Vichy de 1941 à 1942. Il est le gendre de Melchior-Louis de Vogüe, grande figure française du catholicisme social, président de l'Union centrale des syndicats agricoles puis régent de la Banque de France.

Terray est aussi le beau-frère de Robert-Jean de Vogüe, président de Moët & Chandon de 1930 à 1972, surnommé le « Marquis rouge » en raison de son engagement intense en faveur du droit du travail et des accords d'entreprise. Mise en difficulté après la guerre, la compagnie de champagne est finalement sauvée de la ruine par Boissieu et Terray, grâce à l'intervention inattendue mais salvatrice de la BUE.

Le beau-frère d'Albin Chalandon et son père deviennent ainsi rapidement des accélérateurs de sa pénétration dans les milieux bancaires et dans l'aristocratie parisienne et provinciale des années 1950 : Boissieu, Schneider, Terray, Vogüe, etc. Son mariage avec la princesse Salomé Murat est donc un élément trop souvent négligé dans l'explication de cette notabilité nouvelle, alors même qu'il contribue, par bien des aspects, à donner des lettres de noblesse importantes au banquier de Dassault*.

À travers le réseau des Boissieu, Albin Chalandon fait également la rencontre d'Henri Lafond, polytechnicien, ancien administrateur de la banque protestante Mirabaud & Cie et président de la Banque de l'Union parisienne – deuxième banque d'affaires française. À la Libération, ce banquier d'origine modeste a contribué à la création du Conseil national du patronat français (CNPF), ancêtre du MEDEF et syndicat des patrons d'entreprises, dirigé d'une main de fer par Georges Villiers de 1946 à 1966. Comme Boissieu, Lafond et Villiers jouent le rôle de portes d'entrée d'Albin Chalandon dans les milieux économiques et financiers, dont ils sont par ailleurs (et pour beaucoup) des administrateurs : Société des phosphates de Gafsa, Société de l'Ouenza, Compagnie française des pétroles (de Mercier), Ateliers de Saint-Nazaire, Pechiney, Électricité de France, etc.

En 1953, Lafond organise la fusion de la Banque de l'Union parisienne et de la banque Mirabaud & Cie, créant un consortium bancaire de première importance dans les domaines miniers et pétroliers, en particulier sur le continent africain. À l'époque, le nouveau groupe exerce notamment son influence sur la Compagnie algérienne, banque de la colonisation devenue l'une des principales

---

* Quelques années plus tard, les familles Murat et Vogüe se lient par l'intermédiaire de Robert de Nicolaÿ, conseiller référendaire à la Cour des comptes, arrière-arrière-petit-fils de Melchior-Louis de Vogüe, et de Nathalie Murat, arrière-petite-fille du prince Joachim Murat, cinquième chef de la famille. Leur frère et beau-frère, le comte Louis-Jean de Nicolaÿ, est aujourd'hui encore sénateur Les Républicains de la Sarthe.

banques de crédit du Maghreb[8]. Pape du corps des Mines, prince des polytechniciens, Lafond fréquente alors tous les grands banquiers de l'empire colonial : Edwin Poilay, directeur du Crédit foncier d'Algérie et de Tunisie de 1931 à 1955 ; Jean Pallier, directeur puis président directeur général de la Compagnie algérienne de 1934 à 1965 ; Paul Gannay, directeur général adjoint de la Banque de l'Indochine de 1947 à 1952, etc.

Par ses relations avec Lafond, Albin Chalandon développe aussi ses réseaux à l'inspection des Finances, ainsi en fréquentant Jean Watteau, gouverneur de la Banque de l'Algérie et de la Tunisie de 1952 à 1962 ; François de Flers, directeur général puis président directeur général de la Banque de l'Indochine de 1952 à 1974 ; ou encore François Bizard, directeur de la Banque d'État du Maroc de 1957 à 1964.

Les banquiers de l'empire comptent également quelques éminents gaullistes comme Émile Minost, directeur du Crédit foncier égyptien de 1923 à 1945, rallié au général de Gaulle pendant la Seconde Guerre mondiale, animateur d'un comité de la France libre au Caire, devenu président de la Banque de l'Indochine de 1945 à 1960. Albin Chalandon ne manque évidemment pas d'évoquer avec eux son bref passage dans l'aventure du RPF, ce qui lui permet de tisser des amitiés fécondes. Lafond lui-même est d'ailleurs un gaulliste convaincu, résistant à partir de 1943, quittant ses fonctions au ministère de la Production industrielle pour éviter la compromission. À la Banque de l'Union parisienne, il a recruté Pierre de Gaulle, le frère du Général, pour en faire l'un de ses plus proches collaborateurs. Quant à ses protégés au sein de la République, il veille notamment sur la carrière de Wilfrid Baumgartner, gouverneur de la Banque de France de 1949 à 1960, gendre d'Ernest Mercier, le magnat du pétrole, que Chalandon a bien connu, ainsi que son frère, pendant son séjour algérien.

Le réseau des banquiers d'empire est donc une véritable carte de visite professionnelle et politique pour Albin Chalandon. C'est aussi l'époque à laquelle il se lie d'amitié avec Edmond et Guy de Rothschild (qui tentent de le débaucher), Jean Forgeot, inspecteur des Finances, secrétaire général de la présidence de la République sous Vincent Auriol, puis proche du baron Empain, ou encore Jean de Beaumont, ancien député de la Cochinchine et gendre du fondateur de la célèbre banque Rivaud, dont l'épouse, Paule (née Rivaud de la Raffinière), restera très longtemps une de ses amies les plus chères[9].

En 1955, ces rencontres multiples le conduisent à prendre la décision de quitter ses fonctions d'inspecteur des Finances et de démissionner du public pour se consacrer entièrement à l'univers bancaire. C'est un choix de coquetterie mais c'est l'expression de son souci de disposer d'une liberté de parole. En cela, Albin Chalandon fait montre d'une vraie audace : désormais, s'il échoue dans le secteur privé, il n'y aura pas de possibilité de retour dans le public pour lui. Il est donc bien décidé à brûler ses vaisseaux.

En décembre 1955, *Le Monde* lui ouvre ses colonnes pour une série de cinq papiers sur les grandes mutations du pays et la révolution énergétique du nucléaire. Partisan d'une « révolution de l'atome », « l'énergie [qui] supplantera toutes les autres formes d'énergie actuellement connues », favorable à une fin du monopole nucléaire et du « circuit fermé entre le CEA et l'EdF », il défend une politique européenne de l'atome, qui seule pourrait empêcher « la dispersion ou le chevauchement des efforts »[10].

En économiste assuré et en banquier expérimenté, il conclut ses propos par une réflexion critique sur les politiques de nationalisation, reposant sur « une conception devenue classique dans notre pays selon laquelle il existe une opposition irréductible entre le secteur public et le secteur privé[11] ». Cri du cœur libéral d'un ex-fonctionnaire ou solde de tout compte de sa guerre contre les entreprises publiques du secteur aéronautique ? Il n'en est pas à son coup d'essai. Sous le pseudonyme de « Don Albin », il s'était en effet déjà livré à la critique de la nationalisation des banques dans la revue *Esprit* à la Libération… mais sans succès véritable.

Le retour du Général

À la même époque, Albin Chalandon s'intéresse aux questions internationales, participant notamment aux travaux du Centre des hautes études sur l'Afrique et l'Asie moderne. Dans ce cercle de formation des cadres coloniaux, il retrouve son compagnon de guerre André Plagnol, ancien du maquis de Lorris, devenu cyrard à la Libération. Salarié de la Société générale puis de la Banque du Canada, Plagnol s'y est lié au général Pierre Rondot, directeur du centre de 1955 à 1967. Au cours de cette brève aventure, Albin Chalandon publie notamment un papier sur les positions américaines en Corée et dans le Pacifique[12].

Car la seconde moitié des années 1950 est en effet le théâtre de changements profonds dans l'organisation du monde, et elle est notamment marquée, dans le bassin méditerranéen, par la guerre d'Algérie. Après la Toussaint rouge en novembre 1954, une insurrection populaire a saisi les trois départements algériens et provoqué la chute de plusieurs gouvernements métropolitains*. Mendès France, Faure, Mollet puis Bourgès-Maunoury se sont succédé aux commandes du pays sans parvenir à enrayer le conflit et la fracturation de l'opinion publique sur l'avenir de ce territoire.

Après la parenthèse d'un bref gouvernement Gaillard, le mois d'avril 1958 s'ouvre sur le refus de deux personnalités pressenties – Georges Bidault et René Pleven – de conduire le gouvernement national au regard de la situation algérienne. Une crise politique saisit alors l'ensemble du pays et s'apprête à mettre fin aux jours de la Quatrième République. Le 9 mai 1958, Pierre Pflimlin est approché par le président de la République, René Coty, pour former un gouvernement. Ses positions favorables à l'ouverture de négociations avec les indépendantistes algériens mettent le feu aux poudres à Alger. Le 13 mai, le général Jacques Massu fonde en conséquence un Comité de salut public, appelant au retour au pouvoir du général de Gaulle pour maintenir l'Algérie française et protéger ses ressortissants.

Le 15 mai, de Gaulle lui répond publiquement en se disant prêt à assumer les pouvoirs que la République française voudra bien lui conférer. Quatre jours plus tard, le 19 mai, depuis l'hôtel de la gare d'Orsay, il confirme ses intentions politiques, tout en refusant de donner caution à l'armée dans ce qui pourrait prendre l'apparence

---

*La Toussaint rouge désigne une série d'attentats commis par les indépendantistes algériens le 1er novembre 1954. Elle est considérée comme le début de la guerre d'Algérie.

d'un coup d'État. Le 24 mai, faisant monter la tension, les putschistes algériens lancent une opération aéroportée sur la Corse. Le 26 mai, un second Comité de salut public est créé à Ajaccio par le colonel Jean-Robert Thomazo. Les putschistes émettent alors un ultimatum adressé au gouvernement français, menaçant de prendre Paris d'assaut si le pouvoir républicain n'est pas transféré au Général. Le 28 mai, enfin, le gouvernement Pflimlin démissionne et le président de la République fait appel au général de Gaulle. Le 1er juin, l'Assemblée nationale investit son gouvernement par 329 voix, avant de lui accorder, le 2 juin, les pleins pouvoirs pour une période de six mois.

La crise de mai 1958 a posé les germes d'une refonte politique du régime constitutionnel français : vote de la nouvelle constitution de la Cinquième République par référendum le 28 septembre, création d'un parti gaulliste le 1er octobre, élections législatives organisées les 23 et 30 novembre (donnant une majorité parlementaire aux gaullistes), enfin élection du général de Gaulle à la présidence de la République le 21 décembre. Les fonts baptismaux de la République gaullienne viennent d'être posés.

S'il ne figure plus dans les organigrammes du RPF depuis 1949, Albin Chalandon n'en a pas pour autant été absent de la séquence du retour au pouvoir du Général. Tout au long des années 1950, le banquier d'affaires a en effet soigné ses réseaux gaullistes. Ainsi, à la BCP, il s'est lié d'amitié avec Édouard Corniglion-Molinier, député RPF des Alpes-Maritimes de 1951 à 1958 (comme Dassault), ministre des Transports, garde des Sceaux puis ministre du Sahara de 1955 à 1958. Pilote de guerre, général de brigade aérienne à la tête des forces aériennes de l'Atlantique en 1944, Corniglion-Molinier est un passionné d'aéronautique et a même établi un record de vitesse à bord d'un *Mystère IV* de Dassault sur le trajet Paris-Nice en juin 1955, alors qu'il était ministre. Albin Chalandon apprécie la compagnie de ce baron local, séducteur aux nombreuses conquêtes, les cheveux gominés, « moustachu, très fin de siècle, fort aimable au demeurant, ami de Malraux[13] ».

Au cours de la même période, il s'est rapproché de Pierre de Bénouville, ancien de l'Action française et des Camelots du Roi, résistant et député RPF d'Ille-et-Vilaine de 1951 à 1956. Parrain de Dassault au moment de sa conversion au catholicisme en 1950, Bénouville est un parlementaire très actif sur les questions de défense, et donc un interlocuteur apprécié d'Albin Chalandon. Partisan d'un maintien des forces armées françaises en Indochine et opposant à la décolonisation du Maroc, il poursuit son militantisme à travers les journaux *L'Oise libérée* (dont il est le directeur à partir de 1954) et *Jours de France* (hebdomadaire féminin créé par Dassault en 1954).

De son côté, pendant la crise de mai 1958, Albin Chalandon joue un rôle méconnu. En effet, le 14 mai, en pleine crise, le gaulliste Jacques Soustelle (ancien secrétaire général du RPF de 1947 à 1951 puis gouverneur général d'Algérie de 1955 à 1956) décide de se rendre à Alger pour soutenir les insurgés. Pressentant l'effet dévastateur d'une telle arrivée, le gouvernement Pflimlin fait fermer les aéroports métropolitains. Pour échapper aux contrôles de la police française, Soustelle se rend secrètement à Genève en automobile, « couché sous une couverture », espérant prendre un avion de Suisse « avec un chèque en blanc de Dassault »[14]. Or, si Soustelle parvient à s'enfuir, c'est grâce au concours du général de Bénouville (sous le prétexte d'un faux reportage pour *Jours de France*) et avec la mise d'Albin Chalandon dans la confidence, en tant que responsable de la Banque commerciale de Paris.

Toutefois, malgré son implication dans le voyage de Soustelle, Albin Chalandon reste à distance des initiatives politiques lancées en faveur du retour du général de Gaulle au pouvoir, qu'il s'agisse de l'Association nationale pour l'appel au général de Gaulle dans le respect de la légalité républicaine de Jacques Foccart et Pierre Lefranc, ou du Comité républicain pour l'appel au général de Gaulle de Jean Sainteny. Il ne figure pas non plus dans les rangs du Centre de la réforme républicaine – un collectif des gaullistes de gauche créé en juillet 1958 et réunissant la plupart des anciens de l'Action ouvrière du RPF. En fait, il n'investit le gaullisme politique qu'à la fin de l'été 1958. À ce moment, il est en effet emporté dans le tourbillon du Comité de coordination des mouvements gaullistes, structure chargée d'unifier les factions, mouvements et partis nés du retour au pouvoir du Général.

Dans les coulisses de l'UNR

Courant septembre 1958, à Matignon, deux des plus proches collaborateurs du général de Gaulle, Jacques Foccart et Olivier Guichard, s'activent pour mettre en place des comités d'investiture en vue des élections législatives de novembre. Ancien du RPF et banquier parisien, Albin Chalandon est naturellement désigné comme membre du comité d'investiture de la Seine, aux côtés de

Jacques Chaban-Delmas, Michel Debré, Léon Delbecque, Roger Frey et Edmond Michelet[15].

Le 1er octobre 1958, à l'initiative de Jacques Soustelle, sept formations gaullistes s'unissent au sein de l'Union pour la nouvelle république (UNR), choisissant Roger Frey comme secrétaire général… et Albin Chalandon comme trésorier, compte tenu de ses réseaux bien connus dans le monde de la finance. « Il a l'argent dans le sang[16] », écrit le journaliste de gauche Louis Guéry, dans *Les Maîtres de l'UNR* (1959). C'est là, comme l'a bien identifié Jean Charlot, qu'il devient véritablement l'homme central des réseaux gaullistes, de leurs circuits financiers et une figure incontournable du parti[17]. Le 15 novembre 1958, à l'occasion de l'une des premières conférences de presse de l'UNR, Albin Chalandon doit cependant reconnaître que les caisses du parti sont bien vides et que les ressources dont dispose l'UNR proviennent essentiellement de sacrifices consentis par les militants. À lui, donc, la tâche si importante de trouver des moyens durables de subsistance au parti.

Début 1959, il crée en conséquence la Société d'édition et de diffusion nouvelles (Sédino). Officiellement chargée d'éditer le journal gaulliste *Le Courrier de la République* et de démarcher des entreprises pour en remplir les pages publicitaires, la Sédino devient rapidement un canal de financement occulte du parti gaulliste, assurant d'un regard bienveillant des autorités les demandes de bailleurs privés engagés dans le financement de l'UNR. Pierre Figeac, trésorier adjoint de l'UNR, est l'homme de l'ombre de ce système et le demeure pendant près de deux décennies auprès des différents partis gaullistes. Philippe Madelin l'évoque avec force détails dans *Les Gaullistes et l'Argent* (2001) :

Qui se souvient aujourd'hui de Figeac, l'un des personnages les plus secrets de la grande époque du gaullisme, un homme qui déteste apparaître au premier plan ? [...] Il fut l'apparatchik sans lequel le gaullisme politique n'aurait sans doute pas survécu. Un homme solide, carré, sûr de lui et néanmoins modeste. Toujours droit et souple comme le judoka qu'il fut dans sa jeunesse, ceinture noire, quatrième dan. Sa famille est originaire de Narbonne. Son père était ingénieur en chef à la RATP. Lui-même ingénieur de formation, il travaille dans la construction aéronautique, chez Morane-Saulnier [entreprise rachetée par Potez en 1962 !], puis dans les produits pétroliers, chez Shell. [...] Il a tout vu, tout su, servi sans état d'âme une cause à laquelle, au soir de sa vie, il reste profondément attaché[18].

Albin Chalandon lui-même ne nie pas ce rôle et l'évoque dans un entretien avec l'historien Jérôme Pozzi en février 2002 :

J'étais là pour amener de l'argent à l'UNR. [...] Certes, les besoins financiers pour une campagne électorale à l'époque n'étaient pas aussi importants qu'aujourd'hui. Toutefois, je dois dire que nous recevions des enveloppes du patronat, des chambres professionnelles et des grandes entreprises. Le financement pour les législatives de 1958 fut donc obtenu rapidement et facilement[19].

Toutefois, le trésorier du parti refuse de se satisfaire de ce poste de collecteur des impôts. En juin 1958, pour surmonter la crise algérienne, le Général forme un gouvernement transpartisan, nommant le centriste Antoine Pinay au ministère des Finances et des Affaires économiques, sans réel enthousiasme politique et plutôt dans l'optique de « rassurer les milieux économiques et financiers[20] ». À Matignon, il fait venir à ses côtés l'inspecteur des Finances Roger Goetze comme conseiller chargé des affaires économiques et financières, avec la tâche de surveiller l'action de Pinay. Directeur de cabinet de Pierre Mendès France, ministre de l'Économie nationale en 1944, et directeur du Budget de 1949 à 1957, Goetze connaît bien Albin Chalandon, qui, par le passé, lui a même proposé de rejoindre son équipe à Matignon auprès du président Ramadier[21].

Courant juin 1958, un énième polytechnicien et inspecteur des Finances entre dans la danse : Jacques Rueff. Chargé de mission auprès de Raymond Poincaré et expert dans différentes institutions internationales, Rueff plaide pour une réforme en profondeur de l'économie et de la fiscalité françaises. Contre l'avis de Pinay mais avec le soutien de Goetze, une commission Rueff est instituée en septembre 1958, réunissant un panel d'experts, venus de banques, ministères ou organisations diverses afin d'abreuver d'idées le gouvernement gaulliste.

Parallèlement, courant novembre 1958, sous le prétexte de ses fonctions de membre du comité central de l'UNR, Albin Chalandon décide de s'exprimer dans la presse pour contester la politique économique du gouvernement. Il engage alors une charge médiatique contre Pinay, dénonçant « les responsables de notre politique financière [qui] non seulement considèrent la crise comme un danger mineur, mais [qui] y voient presque un auxiliaire de leur politique[22] ». Hostile à la déflation, Albin Chalandon ne ménage pas ses coups contre Pinay, s'inquiétant même d'un ministre des Finances qui « accélérerait le processus de crise[23] ». Réplique furieuse de l'intéressé, une semaine plus tard, dans l'édition du *Monde* du 6 décembre, s'offusquant de « ce que

[Chalandon] appelle une fuite en avant alors que son article, lui, est une fuite de la raison devant l'expérience ».

De trente ans son aîné, le « sage de Saint-Chamond », du nom de la commune dont il est le maire depuis 1929, goûte peu de la révolte de ce banquier gaulliste. Il ajoute : « [Ma] thérapeutique a coupé la fièvre inflationniste qui s'était emparée de la France. Aujourd'hui, le retour à la santé du malade est en vue. Mais qu'on prenne garde que l'abattement qui suit toute chute de température est le signe de son rétablissement et le gage de sa vitalité ultérieure. Il faut à tout prix éviter une nouvelle poussée de fièvre. »

Dans les faits, cette passe d'armes Chalandon-Pinay convient bien au parti gaulliste et tend à fragiliser l'aile centriste du gouvernement. Roger Frey charge donc officiellement son trésorier de réfléchir à un programme économique et financier à compter du 9 décembre pour préparer la mise en place du premier gouvernement de la Cinquième République. Si les gaullistes veulent y prendre part, il est temps de montrer les muscles.

Mi-décembre 1958, alors que le parti gaulliste a remporté l'essentiel des sièges de la nouvelle Assemblée nationale, la majorité présidentielle reste cependant encore fracturée entre les défenseurs d'une réduction du déficit du budget, quitte à provoquer un chômage limité et à réduire les investissements publics (Pinay, Rueff), et ceux d'un maintien des subventions publiques, quitte à creuser le déficit budgétaire mais en espérant un rendement supérieur des impôts sur la production (Chalandon).

Le 19 décembre 1958, au Palais-Bourbon, l'UNR présente les premiers résultats de sa réflexion programmatique pour les années à venir. Albin Chalandon y réalise une conférence économique, en binôme avec Maurice Lemaire, ancien ministre gaulliste de la Reconstruction et du Logement de 1953 à 1955 et secrétaire d'État à l'Industrie et au Commerce de 1956 à 1957. Tribune contre la politique déflationniste de Pinay, la réunion de mi-décembre 1958 met non seulement à l'honneur Albin Chalandon, placé à égalité avec un ancien ministre et confortant son assise politique face à Pinay, mais accroît aussi sa notoriété dans les réseaux parlementaires gaullistes. Son nom commence même à être évoqué en vue de la formation d'un gouvernement futur.

Le 20 décembre, sommé de calmer le jeu avec Pinay, Albin Chalandon précise dans la revue *Entreprise* :

> C'est à tort qu'on a établi une opposition entre la politique Pinay et celle que je préconise [*sic*]. Pour 1958, je n'ai pas considéré qu'il était possible de mener une autre politique que celle qui a été faite. Pour 1959, la politique reste à définir. Dans la mesure où certaines tendances déflationnistes paraissent devoir l'emporter, j'ai été amené à prendre position sur la nécessité d'opérer une relance de l'activité. Il semble aujourd'hui que des solutions vers lesquelles on s'oriente soient beaucoup plus satisfaisantes.

Le 30 décembre, dans *Le Monde,* il conclut en bon camarade :

> Malgré quelques divergences sur le choix des moyens, l'UNR retrouve [dans la politique du gouvernement] les objectifs fondamentaux que j'avais définis en son nom.

Ainsi, bien que de Gaulle ait tranché dès le début du mois de décembre 1958 en faveur du plan libéral de Rueff, Albin Chalandon s'est cependant hissé au rang des grands contestataires au même titre que Michel Debré ou Maurice Couve de Murville – et même Antoine Pinay, qui a menacé de démissionner le 24 décembre au soir, devant certaines mesures radicales proposées sans qu'elles aient été portées à sa connaissance.

Soutenu par Roger Goetze et Georges Pompidou, le programme de réformes de Jacques Rueff est finalement accepté sous la menace de démission du Général, mais les contributions multiples d'Albin Chalandon font de lui un homme central dans les réseaux gaullistes. Il est devenu un personnage incontournable dans la majorité et le parti. Assurément, une carrière politique l'attend dans les années à venir, à condition de modérer son propos…

***

À la fois par ses fonctions à la banque de Marcel Dassault et par son réseau familial, Albin Chalandon s'est imposé comme une personnalité clé des milieux bancaires à la fin des années 1950 : banquiers de l'aéronautique, banquiers d'affaires, banquiers d'empire, inspecteurs des Finances, etc.

Son retour timide dans le parti gaulliste à l'été 1958 est contrebalancé par ses prises de position publiques très marquées à l'automne-hiver 1958-1959 contre la politique déflationniste de Pinay et les plans libéraux de Rueff. En quelques mois, il est ainsi devenu l'une des figures intransigeantes du jeune parti gaulliste et un des fantassins les plus zélés du général de Gaulle.

4

Au service du Général

Figure montante du parti gaulliste, Albin Chalandon se hisse sur les marches de la République gaullienne tout au long de la première moitié des années 1960. Tour à tour trésorier puis secrétaire général de l'UNR, bretteur face aux libéraux Pinay puis Giscard d'Estaing, il doit également affronter les défenseurs les plus féroces de l'Algérie française au sein de sa propre famille politique. C'est donc avec ambition mais aussi, il faut le reconnaître, un peu de naïveté qu'il aborde la période 1958-1965, qui va, selon sa propre formule, lui « tanner le cuir » et lui apporter une immédiate maturité politique.

Le boutiquier du parti gaulliste

À l'issue de son bras de fer avec Antoine Pinay à l'automne-hiver 1958-1959, Albin Chalandon est devenu l'une des voix fortes de l'UNR. Frondeur anti-centriste, il reste cependant en lien étroit et régulier avec l'état-major gaulliste, ce qui ne lui vaut pourtant pas d'intégrer l'équipe gouvernementale de Michel Debré, nommé Premier ministre début janvier 1959. Le 12 janvier 1959, il reprend donc son cheval de bataille et ses attaques à l'encontre de Pinay, reconduit dans ses fonctions de ministre des Finances et des Affaires économiques :

> Je pense que la politique adoptée est dans le bon sens, mais qu'elle va inutilement trop loin et trop fort. Il serait préférable à mon sens de travailler quarante-quatre heures ou quarante-cinq heures, en s'imposant des restrictions sur certains produits, plutôt que de travailler quarante heures et de pouvoir acheter n'importe quoi, mais à des prix tels qu'ils opèrent d'eux-mêmes un rationnement[1].

Écho de la médiatisation politique de son combat, le 7 février 1959, le comité central de l'UNR fait d'Albin Chalandon son nouveau secrétaire général, en remplacement de Roger Frey, entré au gouvernement comme ministre de l'Information. Dans un premier temps, ces fonctions intérimaires doivent être assurées jusqu'aux assises nationales de Paris, prévues en juin 1959, mais le nouveau patron du parti prend rapidement racine.

Dès son intronisation, il s'impose en effet dans la guerre des investitures pour les municipales de mars 1959, s'attirant ici des amitiés précieuses, là des inimitiés durables. Sa première épreuve est l'organisation d'une législative partielle en Charente-Maritime, dans laquelle l'UNR a retiré son investiture au candidat Michel Noël, conseiller général de La Rochelle, candidat en 1958 mais mis en cause par le Conseil constitutionnel en raison de procédés douteux. Le retrait de l'étiquette au candidat gaulliste provoque la démission du président de la fédération départementale, le colonel Dives… et génère des remous jusqu'à Paris.

Le 14 février 1959, devant les parlementaires gaullistes, Albin Chalandon appelle ses troupes à la fidélité tant à l'Élysée (de Gaulle) qu'à Matignon (Debré). Tout en apportant son plein soutien à la politique algérienne du gouvernement, l'UNR se réserve alors le droit d'exposer certaines divergences sur d'autres dossiers politiques, ainsi la question des retraites des anciens combattants – qui avait causé la menace de démission de Pinay à Noël 1958. « Le redressement économique et financier ne saurait, quelles que soient les méthodes adoptées, se faire sans sacrifices », prévient toutefois le nouveau secrétaire général dans *Le Monde* du 25 février. Héraut du parti de la fidélité, il est devenu un partenaire incontournable du gouvernement, de même qu'un critique habile, ce qui l'amène à s'imposer sur tous les fronts de l'actualité politique de la période.

Ainsi, le 7 mars, dans *Le Monde*, il précise :

> Il est important de veiller à ce que les intérêts économiques réels de la nation ne soient en aucune façon sacrifiés à une philosophie libérale qui ne correspond plus aux réalités.

Le 10 mars, toujours dans *Le Monde*, devant commenter les faibles résultats de l'UNR aux élections municipales, il confie non sans une certaine perfidie :

> Cette poussée [communiste] résulte à mon avis d'une politique économique et financière sévère, dont les conséquences sociales certaines se traduisent notamment par la diminution des heures de travail et des revenus.

Peu après, Albin Chalandon accompagne le Premier ministre Michel Debré en Algérie en mars 1959. Théoricien de l'économie gaulliste, il réunit, fin mars, une poignée de grands chefs d'entreprise autour des parlementaires

UNR pour élaborer avec eux un programme de relance économique du pays. Roger Gaspar, directeur général d'EDF, Pierre Dreyfus, président directeur général de la Régie Renault, ou encore Émile Bollaert, président de la Compagnie nationale du Rhône, en sont.

L'artisan et complice de cette aventure n'est autre que Thierry de Clermont-Tonnerre. Inspecteur des Finances, pilote de guerre en 1940, chargé de mission d'Yves Bouthillier, ministre de Vichy (donc collègue de feu Emmanuel Chalandon), Clermont-Tonnerre a été fonctionnaire au ministère de l'Économie après la guerre. De 1951 à 1953, il a été secrétaire général du Comité interministériel pour les questions de coopération économique européenne et fréquente donc régulièrement les grands patrons français.

Proche des radicaux-socialistes, notamment Maurice Bourgès-Maunoury, dont il est le collaborateur à la présidence du Conseil des ministres, il se rapproche ensuite du gaulliste Michel Debré – qui le menace pourtant du peloton d'exécution en raison de divergences de vues ! –, avant de devenir associé-gérant de la banque Lambert puis de l'Union financière de Paris.

Compagnon d'aventures bancaires et politiques, c'est aussi un parent éloigné d'Albin Chalandon. Clermont-Tonnerre a en effet épousé Hélène de Rohan-Chabot, fille de Jacques de Rohan-Chabot, directeur général de la Croix-Rouge, proche de la famille Murat depuis le mariage du prince Lucien Murat et de Marie de Rohan-Chabot en 1897. Les deux hommes se sont donné un cap : faire de l'UNR une machine à idées économiques et financières.

Début avril 1959, dans le prolongement de son initiative avec les patrons d'entreprises, Albin Chalandon annonce le lancement d'un Centre national de recherche politique dédié à la production d'idées innovantes au service du gouvernement gaulliste. Le 10 avril, hôte d'un déjeuner de l'Association de la presse étrangère à la Maison de l'Amérique latine, boulevard Saint-Germain, il se prête à l'exercice délicat de définition de l'UNR :

> Elle n'est pas le RPF, qui était un parti de coalition et dont l'implantation était fondamentalement différente. Elle n'est pas un parti extrémiste ou conservateur. L'UNR se définit par sa fidélité au général de Gaulle et, partant, comme un parti de mouvement, profondément libéral en raison de cette allégeance. Elle est un parti de gouvernement parce qu'il ne peut y avoir ni majorité, ni gouvernement sans elle. Cette position de pivot lui donne son entière liberté de manœuvre. Enfin, l'UNR, parti nouveau qui veut faire appel à des hommes nouveaux, se caractérise également par son aspiration au renouveau[2].

Mi-avril 1959, Albin Chalandon signe également une tribune dans *Le Monde* pour sensibiliser au malaise paysan et dessiner les grandes lignes d'une politique future en faveur de la ruralité : amélioration des salaires des agriculteurs, assurance d'un dialogue constant avec les pouvoirs publics, etc. Ces annonces préfigurent la création de l'Action agricole en janvier 1960, pendant paysan de l'Action ouvrière du RPF. Sous le pilotage de Pierre Beylot, Robert Boulin et Pierre Durand, ce groupement professionnel assure la promotion du gaullisme dans les campagnes et auprès des paysans. Inspirée du « climat ouvertement moderniste et libéral, bien dans l'esprit du rapport Rueff-Armand[3] », cette nouvelle orientation de l'UNR vers le vote paysan témoigne d'un effort de popularisation du vote gaulliste après la déconvenue des municipales puis des sénatoriales de 1959. La promotion d'un fonds national ouvrier, début juin, tient d'ailleurs de la même dynamique.

Au comité central de l'UNR du 11 mars 1959, Albin Chalandon présente donc la nouvelle stratégie d'implantation du parti :

> Notre implantation doit se faire en deux temps. Il faut tout d'abord définir un visage attrayant de l'UNR : nous ne sommes ni des agitateurs, ni des fascistes. Il faut aborder les problèmes de fond, les problèmes sociaux : propagande, information, présenter l'UNR au pays. Ensuite, il faut faire un effort d'implantation locale, en faisant appel, outre aux militants traditionnels, à des hommes nouveaux[4].

Si l'intention d'Albin Chalandon est louable, le parti est cependant empêché par la faiblesse du nombre de ses adhérents, statut longtemps réservé aux gaullistes historiques, c'est-à-dire aux anciens engagés de la Seconde Guerre mondiale, résistants ou militants du RPF. Il faut attendre 1963 pour que l'UNR devienne véritablement un parti de masse, au même titre que le MRP ou la SFIO[5].

Surtout, à partir du printemps 1959, Albin Chalandon doit faire face à l'aile « ultra » de l'UNR, composée des soutiens les plus radicaux de l'Algérie française. Depuis son arrivée au pouvoir, le général de Gaulle a en effet fondé sa politique algérienne sur deux volets : une modernisation économique et sociale des départements algériens à travers le plan de Constantine d'octobre 1958, et une pacification militaire fondée sur le plan Challe de février-avril 1959. Une partie de ces mesures d'apaisement repose en outre sur l'élargissement du corps électoral algérien, ce qui suscite la désapprobation de certains Français d'Algérie et de leurs alliés métropolitains*. Courant mai 1959, une première échauffourée éclate entre cadres locaux de l'UNR pour l'obtention d'investitures aux sénatoriales, secouant au passage le secrétaire général du parti.

Albin Chalandon soutient en effet Bachir Bensalem, conseiller municipal d'Alger, et le maire de Blida, Charles Baujard, ses « poulains libéraux[6] », tandis que Jacques Soustelle, ancien gouverneur général d'Algérie, défend le Dr Maxime Fleck et Alain de Sérigny, respectivement vice-président du conseil municipal d'Alger et président de la section algéroise de l'UNR pour le premier, directeur de *L'Écho d'Alger* pour le second. Faute d'accord entre les parties, le comité central de l'UNR décide finalement de n'investir personne, livrant la victoire à la gauche et nourrissant chez Sérigny une rancune tenace à l'égard du secrétaire général du parti :

> Nous ne pouvions pas supposer un seul instant que M. Chalandon, encore que nous sachions à quel point ses conceptions personnelles à l'égard de l'Algérie sont

* D'après le capitaine Pierre Charié-Marsaines, ancien de l'Indochine, commandant d'une section administrative spécialisée (SAS) en Algérie et témoin de moralité du lieutenant Alain Bougrenet de la Tocnaye, l'un des organisateurs de l'attentat manqué du Petit-Clamart (22 août 1962), Albin Chalandon aurait été défavorable à l'intégration. Lors de sa déposition, il évoque ainsi une rencontre avec Albin Chalandon, quelques semaines avant le retour au pouvoir du général de Gaulle, devant la Banque de Paris et des Pays-Bas, lors de laquelle le banquier de Dassault lui aurait dit : « Mais vous ne pensez pas à ce que serait l'intégration ! Ce serait la ruine économique de la France. » Ces propos doivent cependant être considérés avec grande prudence compte tenu du contexte du procès à l'occasion duquel ils sont évoqués (Yves-Frédéric Jaffré, *Le Procès du Petit-Clamart*, Paris, Nouvelles Éditions latines, 1963, p. 360).

opposées aux nôtres et à celle de M. Soustelle, soutiendrait sous le manteau la liste « libérale[7] ».

Duel contre Soustelle

Début juin 1959, l'affaire algéroise prend de nouvelles proportions, opposant Fleck/Sérigny (soutenus par Soustelle) à Baujard/Bensalem (soutenus par Chalandon) dans un véritable feuilleton politique. Le 2 juin, dans *Le Journal du Parlement*, le journaliste René Saive s'indigne ainsi de la victoire d'un sénateur de gauche en Algérie en raison des divisions gaullistes :

> Le secrétaire général de l'UNR, par des interventions multiples quoique discrètes, semble s'être donné pour mission de détruire ce que ses propres amis ont construit[8].

Déterminé et furieux, Soustelle obtient l'aide du député UNR Léon Delbecque pour mettre en place une délégation exécutive, chargée de contrôler en permanence les faits et gestes du secrétaire général du parti. Le 25 juin, le comité central tente bien de réaffirmer son soutien à Albin Chalandon devant les révélations multiples de la presse… mais cette dernière ne manque pas de souligner l'absence de Roger Frey, représentant du Premier ministre, et de Jacques Soustelle lors de ce conclave de réconciliation.

Dans cette lutte d'influence entre Chalandon et Soustelle sur fond de question algérienne, le secrétaire général de l'UNR peut compter sur le soutien fidèle de Lucien Neuwirth, ancien Français libre, porte-parole du Comité de salut public d'Alger en mai 1958 et élu député de la Loire en novembre suivant. Officier de réserve en Algérie au moment des événements de 1958, ce jeune édile assure Albin Chalandon du soutien d'une partie de la communauté française d'Algérie, avec laquelle il entretient des attaches fortes en tant qu'ancien délégué permanent de la Radiodiffusion-Télévision française en Algérie et au Sahara. Par ailleurs, en tant que secrétaire général du groupe UNR à l'Assemblée nationale, il défend bec et ongles son ami et patron auprès du marais des députés gaullistes.

Le 27 juin 1959, le *Journal du Parlement* met à l'affiche la querelle entre les deux lignes du parti. D'un côté, le député UNR de la Sarthe Raymond Dronne, libérateur de Paris, appelle à « dé-chalandonner l'UNR », dénonçant un « homme d'affaires sans expérience politique qui a mis la pagaille en Algérie » et assurant que « le malaise UNR n'est qu'un malaise Chalandon, c'est-à-dire un petit abcès facile à débrider ». De l'autre, le journaliste gaulliste Jean-José Marchand y répond en s'inquiétant du sens de « l'opération Delbecque » (comprendre Delbecque-Dronne-Soustelle), matrice d'un « danger d'éclatement de l'UNR », et regrettant l'existence d'un groupe de 80 députés « plus 13 mai [1958] que gaullistes ».

Souhaitant se prémunir d'avoir trop d'adversaires à la fois, Albin Chalandon décide ici de faire la paix avec Pinay et Rueff, mais les ultras ont déjà obtenu qu'une commission restreinte soit mise en place autour de lui afin « de l'aider dans son œuvre de rénovation du parti » (Léon Delbecque, Albert Marcenet*, Lucien Neuwirth,

*Albert Marcenet, ancien chef du personnel des usines Simca, secrétaire général du RPF pour la Seine et la Seine-et-Marne de 1947

Pierre Picard*). La première manche est donc perdue et l'autorité d'Albin Chalandon sur le parti lourdement remise en question.

Le 8 juillet, *Le Journal du Parlement* reprend son offensive contre Albin Chalandon en publiant les statuts de la Sédino (propriété aux 27/30 du secrétaire général de l'UNR). Le journaliste René Saive y accuse le patron du parti gaulliste de favoriser les adhérents de la société auprès des pouvoirs publics. Le mis en cause et la commission restreinte répliquent dès le 9 juillet sous la forme d'un dépôt de plainte pour diffamation. Le 11 juillet, le comité central de l'UNR adresse un avertissement formel à Raymond Dronne, accusé d'être derrière la dernière saillie du *Journal du Parlement*. Le 21 juillet, lors d'une réunion des cadres UNR de l'Ouest à Rennes, Albin Chalandon s'en prend d'ailleurs ouvertement aux membres de l'aile droite du parti qu'il accuse de vouloir forcer la main au général de Gaulle sur l'Algérie et d'être les animateurs d'une querelle désuète et mesquine.

Albin Chalandon a donc repris du poil de la bête et, au Conseil national de l'UNR des 25-26 juillet 1959, son mandat est prolongé jusqu'en octobre suivant malgré un climat de tensions croissantes avec les ultras. En effet, si, officiellement, le parti affiche son soutien au plan de Constantine du Général, « la base » ne suit pas forcément les directives nationales. En outre, en coulisses, Jacques Soustelle laisse entendre qu'il ferait un meilleur secrétaire

---

à 1954, a été député de Paris de 1958 à 1967 puis de 1968 à 1973. Il représentait la tendance ouvrière du parti gaulliste.

*Pierre Picard, avocat à la cour de Paris puis au barreau de Chartres, était le cofondateur de l'Union pour le salut et le renouveau de l'Algérie française (USRAF) de Jacques Soustelle. Il fut député de Seine-et-Oise de 1958 à 1962.

général qu'Albin Chalandon, et Léon Delbecque que l'UNR devrait revenir à ses origines – c'est-à-dire celles d'un grand mouvement populaire, implanté dans les milieux ouvriers et en province.

Le 16 septembre 1959, le général de Gaulle se prononce finalement en faveur de l'autodétermination de l'Algérie à travers l'organisation d'un référendum. En conséquence, le 21 septembre, le comité central de l'UNR est le lieu de débats animés entre les deux tendances du parti. Absent, Jacques Soustelle fait savoir par courrier son souhait que l'UNR se positionne en faveur du maintien de l'Algérie au sein de la France.

Lors de la réunion, Léon Delbecque, Jean-Robert Thomazo* et Pierre Picard se posent en fantassins de Soustelle et défendent en conséquence la « francisation » de l'Algérie, tandis que Louis Terrenoire, président du groupe parlementaire UNR à l'Assemblée nationale, propose de s'en tenir au silence du parti gaulliste, afin de laisser les citoyens libres de leur choix.

Derrière Albin Chalandon, le président de l'Assemblée nationale Jacques Chaban-Delmas et les ministres Edmond Michelet (garde des Sceaux) et Raymond Triboulet (ministre des Anciens Combattants) se positionnent, eux aussi, en faveur d'un silence réservé, souhaitant plus que toute chose ne pas gêner le Général dans la mise en œuvre de sa politique algérienne.

Le 23 septembre, tandis qu'une poignée de députés gaullistes crée le Rassemblement pour l'Algérie française (RAF), Jacques Chaban-Delmas et Albin Chalandon

---

*Jean-Robert Thomazo, cyrard, ancien de la campagne d'Italie, membre du Comité du salut public de Corse en 1958, a été député des Basses-Pyrénées de 1958 à 1962.

instituent l'interdiction de double appartenance politique afin d'éviter le départ des ultras du parti vers une formation extérieure. Au Comité central du 1er octobre, en signe d'apaisement, le secrétaire général de l'UNR s'oppose toutefois à l'exclusion des fondateurs du RAF (Pierre Battesti* et Jean-Baptiste Biaggi**), pour lesquels il n'éprouve pourtant guère d'amitié – ceci dans le but de maintenir l'unité du parti.

Dans la foulée, il engage une grande tournée des fédérations gaullistes pour défendre la politique algérienne du gouvernement et expliquer le nouveau positionnement politique du général de Gaulle. Dans *Le Courrier de la Nouvelle République* du 16 octobre, il plaide ainsi à nouveau en faveur de la neutralité du parti gaulliste en vue du référendum algérien :

> En face des partisans plus ou moins avoués de la sécession, certains prennent déjà position pour défendre l'une ou l'autre des solutions « françaises » proposées par le général de Gaulle. Pour l'UNR, un choix précipité n'est ni opportun, ni utile.

Le jour-même, neuf députés gaullistes démissionnent brusquement de l'UNR pour protester contre la politique algérienne du Général : les Corses Pascal Arrighi*** et Jean-Robert Thomazo, Pierre Battesti et Jean-Baptiste

* Le colonel Pierre Battesti, ancien du *Courrier de la colère* de Michel Debré, a été député de Seine-et-Marne de 1958 à 1962.

** Jean-Baptiste Biaggi, avocat corse et militant gaulliste sous la Quatrième République, fut l'un des fondateurs des Volontaires de l'Union française (VUF) en 1956. Il fut député de Paris de 1958 à 1962.

*** Pascal Arrighi, avocat, énarque et résistant, a été conseiller municipal d'Ajaccio de 1953 à 1959, puis député de Corse de 1956 à 1962 et de 1986 à 1988.

Biaggi du RAF, les députés du Nord Georges Brice et Léon Delbecque, le député d'Algérie Yvon Grasset, ainsi que René Cathala, ancien de la Convention républicaine, et Roger Souchal, compagnon de la Libération, candidat malheureux à la présidence du groupe UNR à l'Assemblée nationale.

Pour se débarrasser de ces importuns, Albin Chalandon assure la presse qu'un coup de force militaire se préparait à Alger et à Paris à l'initiative des démissionnaires. Selon certaines sources d'époque, il aurait même entretenu des rumeurs sur un prétendu lien entre le départ des ultras de l'UNR et le faux attentat de l'Observatoire organisé contre François Mitterrand*, discréditant ainsi ses adversaires politiques. Le secrétaire général du parti vient de gagner un temps précieux... mais ses adversaires sont désormais légion.

Fin octobre 1959, la réunion de la fédération UNR d'Alger oppose de nouveau le Dr Fleck à Bensalem, l'un et l'autre s'empoignant sur la question de l'adhésion des musulmans algériens au parti gaulliste. Le débat gagne bientôt d'autres fédérations métropolitaines : la section de la Côte-d'Or opte pour la ligne attentiste d'Albin Chalandon, tandis que la section du Rhône critique les machinations des dirigeants gaullistes, en tête desquels le

---

* En octobre 1959, l'ancien ministre de l'Intérieur François Mitterrand est victime d'un attentat au pistolet mitrailleur, avenue de l'Observatoire, à Paris. D'abord imputée à des partisans de l'Algérie française, cette attaque a ensuite été présentée comme un « faux attentat » par l'ancien député poujadiste Robert Pesquet, qui s'en dit l'un des principaux instigateurs et l'aurait fomentée avec la complicité de Mitterrand afin de lui faire regagner les faveurs de l'opinion publique. L'affaire est au cœur de la bande dessinée de Jeanne Puchol et Patrick Rotman, *Mitterrand et ses ombres* (Delcourt, 2021).

secrétaire général du parti, jugé partial dans l'affaire, et l'absence de soutien à l'Algérie française.

Le 29 octobre, Louis Terrenoire met publiquement en cause Albin Chalandon en interpellant Jacques Chaban-Delmas lors d'une séance de questions au gouvernement :

> Je voudrais savoir quelles mesures notre président compte prendre, à l'avenir, pour défendre un parlementaire diffamé [Léon Delbecque] par un personnage discrédité. Peut-il aussi demander à M. Chalandon, qui ne détient aucun mandat public, pourquoi il est venu au Palais-Bourbon accuser des députés et sur la foi de quels renseignements[9] ?

Attaqué de toutes parts, mis en cause par les fédérations gaullistes des députés démissionnaires, le secrétaire général de l'UNR fait savoir qu'il ne demandera pas le renouvellement de son mandat au congrès de Bordeaux du mois de novembre. En dépit du soutien du millier de membres de la Délégation nationale de l'Action ouvrière et professionnelle de l'UNR et de l'organisation d'une réunion de conciliation avec Léon Delbecque début novembre, son sort est joué : l'aventure à la tête du parti gaulliste est désormais terminée.

Pressenti pour lui succéder, le ministre Roger Frey y renonce rapidement, tout en proposant de réformer le parti en profondeur, en faisant du secrétaire général un acteur « administratif » de l'UNR et en l'entourant d'une commission politique permanente. François Missoffe, député de la Seine et trésorier en fonction, tient la corde dans la course interne, mais de nombreuses sections départementales rejettent son « parisianisme » et menacent de perturber le scrutin[10]. Le 14 novembre, dans

Le Courrier de la République, Albin Chalandon, lui, signe sa lettre de départ :

> Dans quelques jours, je serai redevenu le simple militant que j'étais il y a un an. Aujourd'hui mon mandat s'achève. Je n'abandonne pas une charge. Je laisse un héritage qu'il faut gérer. Les erreurs que j'ai pu commettre, ne m'en tenez pas rigueur. Notre unité derrière le général de Gaulle est mon seul souci. Les querelles, même si elles ont un objet, les controverses, même si on leur trouve quelque aliment, deviennent des obstacles qui s'ajouteront à ceux que le général de Gaulle doit surmonter chaque jour.

Aux assises nationales de Bordeaux de mi-novembre 1959, la première séance plénière est ouverte par une motion « anti-Chalandon » de la fédération UNR des Bouches-du-Rhône. Jacques Soustelle, acclamé par les militants en liesse, met le dernier coup à son adversaire devant un parterre déchaîné :

> Je regrette que Chalandon ne soit pas là. Il a commis une erreur lorsqu'il a laissé entendre qu'il pourrait y avoir un choix entre le gaullisme et l'Algérie française. Pourquoi un membre de notre parti ne dirait-il pas ce que le délégué général du gouvernement en Algérie a dit vendredi dernier à Mostaganem ? Il ne peut y avoir libre consultation que dans la paix française et sous le contrôle de l'armée, qui en est la garante. Le Premier ministre n'a point dit autre chose. Nous ne voulons pas d'une paix qui soit une sorte de Munich, un armistice comme celui que de Gaulle a repoussé en juin 1940. Les musulmans peuvent avoir confiance : nous ne les abandonnerons pas[11].

Le 27 novembre, au terme de deux semaines de négociations politiques, le sénateur de Seine-et-Oise Jacques

Richard, ancien délégué à la propagande du RPF pour la région parisienne, jusqu'alors attaché au cabinet du général de Gaulle, est finalement désigné comme nouveau secrétaire général de l'UNR. À la commission politique, au milieu des députés Léon Neuwirth et Pierre Picard, Albin Chalandon est réélu avec le soutien de la fédération de la Seine, et garde ainsi un œil sur les affaires internes du parti.

Albin Chalandon a donc laissé une marque indélébile dans l'histoire du parti gaulliste comme trésorier puis secrétaire général de l'UNR. Son implication dans les circuits financiers du parti, si souvent fantasmée, est en fait restée bien modeste, même s'il n'a jamais manqué de faire appel à ses réseaux, comme lors du référendum de 1962[12]. Sa détermination et son franc-parler ont cependant convaincu l'entourage du Général de « dépolitiser » le parti et notre ex-inspecteur des Finances de s'en retourner à ses activités bancaires.

Les années de plomb

Quelques semaines plus tard, le 15 janvier 1960, en désaccord avec la politique algérienne du général de Gaulle, Antoine Pinay remet sa démission du ministère des Finances. Il est remplacé par Wilfrid Baumgartner, un protégé du banquier Lafond. Quatre jours après, dans *Le Monde*, Albin Chalandon tresse les lauriers de son opposant d'hier et met fin à leur querelle politique :

> Dans l'application de cette politique, tout le long de l'année 1959, le gouvernement a conservé la même attitude d'empirisme et de bon sens. [...] Cependant

> l'initiative privée ne suffit pas à satisfaire tous les besoins économiques de la nation. Certains investissements dont la rentabilité est trop lointaine [...] ne peuvent être assurés par des entreprises privées. Tel est, à la limite, le cas de la recherche scientifique et de la formation technique et de l'industrie atomique ; tel est le cas de la recherche pétrolière : sans l'initiative prise et, depuis, l'impulsion donnée par l'État il y a quinze ans, le pétrole, aujourd'hui, ne jaillirait pas en abondance au Sahara. Tel est enfin le cas du problème si crucial du développement régional.

Au printemps 1960, après quelques mois de silence médiatique et politique, Albin Chalandon profite de ses soutiens dans la fédération UNR de la Seine pour revenir sur le devant de la scène gaulliste. Grâce à l'aide de Joël Le Tac, député de Paris et secrétaire général de la fédération, le banquier de Dassault relance en effet sa théorie du parti comme boîte à idées du régime gaullien, contre la préférence de certains pour une structure fantoche.

Le 4 mai, dans *L'Entreprise*, il s'inquiète ainsi de la présence d'une « petite minorité de réactionnaires qui font grand bruit et qui prennent des positions de plus en plus hostiles à la politique du général de Gaulle ». Fin mai 1960, les révélations d'un certain Henri Poncelet sur le « complot métropolitain » des ultras de 1959 – évoquant des réunions de conspirateurs et la perspective d'une insurrection générale – permettent à Albin Chalandon de régler ses comptes avec ses adversaires historiques, notamment Sérigny. En octobre, l'affaire prend cependant subitement fin lorsque l'homme à l'origine des alertes reconnaît avoir monté un canular et menti à l'ex-secrétaire général du parti gaulliste, tandis que le supposé commanditaire (Philippe de Massey) s'enfuit en Italie.

La théorie du « complot métropolitain » des ultras prend pourtant un sens tout particulier dans le contexte de la semaine des barricades. À Alger, mi-janvier 1960, le général Massu est en effet muté en raison de réserves émises sur la politique algérienne du gouvernement. En réaction, le 24 janvier, de grandes manifestations sont organisées à l'instigation du cafetier poujadiste Joseph Ortiz et du député d'Alger Pierre Lagaillarde. Courant 1960, une partie des conspirateurs de la semaine des barricades, pour éviter arrestations et procès, se réfugie en Italie, notamment l'industriel Philippe de Massey, considéré comme « proche du SDECE » et « représentant d'Ortiz », dans sa fuite à l'étranger[13]. L'abandon des poursuites judiciaires d'octobre 1960, après la volte-face de Poncelet, aurait-il masqué la découverte d'un vrai complot mis en lumière par Albin Chalandon ? Le doute subsiste.

Le 8 janvier 1961, le référendum sur l'autodétermination de l'Algérie est approuvé par 75 % des votants, ce qui conduit Albin Chalandon à appeler le général de Gaulle à ne pas oublier les travailleurs et à faire de 1961 une année sociale. Désormais ouvertement fâché avec l'aile « Algérie française » de sa majorité, le Général cherche en effet de nouveaux alliés… et Albin Chalandon n'a pas complètement coupé les ponts avec les anciens de l'Action ouvrière du temps du RPF, ce qui en fait donc un ambassadeur tout désigné pour cette ouverture à gauche.

Une offensive de séduction envers les électeurs de gauche est possible et même vitale pour le parti gaulliste. Au programme, l'ancien secrétaire général de l'UNR propose entre autres choses la mensualisation du salaire, le renforcement du droit au logement des ouvriers ou encore l'établissement d'un plan de progression des salaires – bref, un ensemble de mesures à même de structurer l'idée d'un gaullisme social, défendu par des hommes comme René Capitant, Gilbert Grandval ou Louis Vallon. À quel titre s'exprime-t-il alors ?

Le 8 novembre 1960, Albin Chalandon est nommé président de la Société des grandes entreprises de distribution Inno-France. Fondée par les grands magasins bruxellois « À l'innovation » (propriété d'Edmond de Rothschild, de la Banque commerciale de Paris de Dassault et Potez, et de la Banque de l'Union parisienne de Lafond), la société veut créer des supermarchés de grande taille (de 7 000 à 8 000 m²) en libre-service et dans lesquels les rayons alimentation sont minoritaires. Huit enseignes sont prévues à Paris pour 1962-1963 (gare Montparnasse, boulevard de Charonne, carrefour Marcel-Sembat), mais l'initiative belge se solde finalement par un échec, notamment en raison de vols répétés, et un repli en rase campagne à partir de 1964, date de la cessation des fonctions d'Albin Chalandon.

Son retour dans le monde de l'entreprise correspond par ailleurs à un réinvestissement des questions économiques et financières par l'UNR, faute de position unanime sur les questions politiques (comme la guerre d'Algérie). Ainsi, les journées parlementaires de l'UNR d'Ajaccio, en février 1961, mettent la question des travailleurs et de la relance de la théorie gaullienne de l'association capital-travail au cœur de leur programme de travail.

Mi-février 1961, à l'initiative d'Albin Chalandon et de Joël Le Tac, la fédération UNR de la Seine développe un programme d'action en direction de la banlieue parisienne et de ses habitants. De plus, théoricien d'un « humanisme gaulliste[14] », Albin Chalandon est maintenu au Comité central du parti en mars 1961, lorsque Jacques Richard est remplacé par Roger Dusseaulx. Il s'y fait l'ardent partisan d'une action ouvrière de l'UNR et d'une réunion avec les gaullistes de gauche, fédérés au sein de l'Union démocratique du travail (UDT) depuis 1959. Le 20 mai 1961, dans *Le Courrier de la Nouvelle République*, il écrit ainsi :

> Une éthique des entreprises est une exigence du monde moderne qui se justifie d'autant mieux qu'une économie éclairée par le Plan présente moins de risque pour les entrepreneurs que par le passé.

À la même époque, avec Jacques Chaban-Delmas et Maurice Schumann, il contribue à la création du Centre d'information civique (association de promotion de l'exercice du droit de vote auprès des Français) et intègre le Conseil supérieur du Plan de développement économique et social (une structure de concertation de 35 membres, placée auprès du Premier ministre et du ministre des Finances). Le 13 novembre 1961, devant le Rotary Club de Paris, inspiré par ses nouvelles fonctions, il se fait le chantre de la planification :

> La planification libérale, comme tout système, a ses obstacles, et de ce fait ses limites, mais l'avantage qu'elle présente, c'est que ses obstacles sont inhérents au caractère des hommes beaucoup plus qu'à la nature des choses et que, de ce fait, les limites peuvent être reculées au fur et à mesure que l'on peut agir sur les hommes[15].

Début 1962, profitant de l'exil de Jacques Soustelle après le putsch des généraux d'Alger*, Albin Chalandon

*Le putsch des généraux du 21 avril 1961 a provoqué l'exil de Jacques Soustelle à Rome, en juin suivant. Revenu en France en décembre 1961, il organise une conférence de presse clandestine, lors de laquelle il s'associe aux actions de l'OAS. Sous le coup d'un mandat

revient en odeur de sainteté dans les cercles gaullistes et déjeune même périodiquement à Matignon avec les présidents de groupes parlementaires et les ministres de la majorité présidentielle. Cette accalmie politique n'empêche cependant pas quelques attaques en règle de ses détracteurs. Par exemple, le 23 juin 1962, à l'Assemblée nationale, Jean-Marie Le Pen, jeune député indépendant et farouche défenseur de l'Algérie française, s'indigne que le Premier ministre, Georges Pompidou, comme Albin Chalandon, soient des hommes « qui ont partie liée avec les *trusts* et les banques[16] ». L'extrême gauche l'étrille tout autant, ainsi les *Cahiers du communisme* à l'été 1962 :

> Il y a toujours eu des banquiers derrière les Bonapartes [*sic*], comme il y a Pompidou et Chalandon derrière de Gaulle[17].

Observateur attentif de la vie politique française, le journaliste Pierre Viansson-Ponté, chef du service politique du *Monde*, se montre circonspect vis-à-vis de l'ancien secrétaire général du parti gaulliste quand il analyse l'état du spectre parlementaire :

> Reste l'UNR. Sa force relative vient de ce que sa faiblesse et ses insuffisances ne peuvent pas être mesurées : officiellement, ce parti n'a ni doctrine, ni programme, ni adhérents. Il résume tout cela dans le nom d'un homme [...]. M. Debré tendait à faire de ce rassemblement le grand parti conservateur, M. Chaban-Delmas ambitionnait de le voir occuper au centre du dispositif la place des radicaux d'avant-guerre et du MRP de 1945, d'autres, comme M. Chalandon, songeaient plutôt à réunir

---

d'arrêt, il s'exile alors en Belgique, en Autriche puis au Portugal, avant de revenir en France en 1968.

> les nouveaux cadres en parlant le langage technique, concret, pragmatique qu'ils comprennent et apprécient[18].

Parmi ses rares mais fidèles soutiens à l'UNR, Albin Chalandon peut néanmoins compter sur Michel Habib-Deloncle, ex-secrétaire général du groupe RPF à l'Assemblée nationale de 1948 à 1954, élu député UNR de Paris en 1958. Habib-Deloncle assure en effet la promotion de l'ancien secrétaire général dans les instances gaullistes.

Albin Chalandon lui rend plusieurs fois la pareille, notamment en novembre 1962, en venant soutenir son ami lors d'un débat organisé dans une école près du Parc des Princes, où Me Jacques Isorni, candidat d'extrême droite et avocat du maréchal Pétain après la guerre, lui porte la contradiction sur l'avenir de l'Algérie française. Me Isorni est par ailleurs l'un des membres fondateurs du Front national pour l'Algérie française (avec Jean-Marie Le Pen) et a été l'avocat d'Alain de Sérigny dans le procès des barricades en novembre 1960. Une inimitié profonde lie donc les deux hommes.

Début décembre 1962, manœuvrant entre les différentes chapelles du gaullisme, Albin Chalandon est l'un des artisans de la fusion entre l'UNR et l'UDT qui ramène les gaullistes de gauche dans le parti gaulliste. Le 11 janvier 1963, aux côtés de Jacques Baumel, nouveau secrétaire général de l'UNR-UDT, il intègre la commission politique du parti, dans laquelle il est plus particulièrement chargé de la doctrine.

Grâce à ses fonctions, le banquier parisien peut défendre ses théories économiques auprès des parlementaires gaullistes : développement de l'appel à l'épargne des tiers pour les grandes entreprises, extension de l'action du Plan aux PME, création de sociétés nationales d'investissement destinées à mettre en œuvre les recommandations du Plan, lancement d'une banque nationale d'investissement, etc.

Dans *Le Monde* du 31 mai, il explique :

> Car une société où il n'y a place que pour l'aventure individuelle n'est pas une vraie communauté, une société où il n'y a place que pour l'aventure collective est une communauté de robots. Dans un vieux pays humaniste comme le nôtre, il ne peut y avoir de communauté d'hommes libres sans que subsiste un minimum de risques, c'est-à-dire d'aventure pour chacun en même temps que pour tous.

Le 1er décembre 1962, toujours dans *Le Monde*, il ajoute :

> Le progrès social, c'est d'abord assurer la rénovation de notre pays. Si la rénovation française est largement engagée, ce qui reste à faire dépasse pourtant de loin ce qui a été fait. La Cinquième République n'a pas créé l'expansion ; mais elle a su la conduire dans l'ordre, dans le cadre d'un plan de plus en plus précis et de plus en plus rationnel. Elle a ouvert des voies nouvelles à l'action économique, avec l'aménagement du territoire, la modernisation de l'agriculture et la politique des revenus.

En véritable défenseur d'une « idéologie gaulliste », Albin Chalandon multiplie donc les sorties médiatiques et politiques tout au long du printemps 1963, se positionnant en faveur d'une déclinaison sociale du Plan, d'une sécurisation des revenus à la hauteur de la hausse des prix ou encore de la mise en place d'une fourchette des prix de la consommation.

Le 26 avril, il présente même un plan de progrès social à la commission politique de l'UNR-UDT, couplé à l'initiative de réforme des entreprises du gaulliste de gauche René Capitant. Dans le même élan, il soutient ardemment la démarche de Gilbert Grandval, ministre UDT du Travail de 1962 à 1966, à l'origine de la création d'un Fonds national de l'emploi et d'une campagne de promotion des comités d'entreprise.

Ses prises de position lui valent parfois l'hostilité des syndicats, comme à l'été 1963, après qu'il a dénoncé la faiblesse de leurs organisations dans le monde de l'entreprise. En outre, le 5 juillet, au Conseil supérieur du Plan, il s'en prend aux méthodes d'élaboration de la planification, « simple lieu de rencontre de quelques industriels[19] ». Après l'assainissement des finances publiques et la stabilisation de la monnaie, l'heure de l'expansion économique a sonné et la planification qualitative est, pour lui, la clé de la réussite du gaullisme face aux oppositions de gauche.

Ce même 5 juillet 1963, dans *Le Monde*, il explique :

> Le libéralisme n'est plus qu'une utopie ; ce qui en fait l'office depuis tant d'années dans notre pays est, trop souvent, le syndicalisme des privilèges. De son côté, la lutte des classes est un mythe dépassé parce qu'elle s'avère historiquement sans espoir pour ceux qui la prônent. L'économie concertée est la seule voie qui permette aux nations occidentales d'avoir un dynamisme économique suffisant pour résister aux pays communistes sans avoir à adopter leurs méthodes totalitaires.

Cependant, l'année 1963 est surtout une année de chocs violents pour Albin Chalandon. En effet, le 6 mars, son ami le banquier Lafond est assassiné par un membre de l'Organisation de l'armée secrète (OAS) – le collectif des défenseurs les plus zélés de l'Algérie française. L'attentat survient dans un contexte de radicalisation du conflit entre le gouvernement et les ultras, six mois après la tentative d'assassinat du général de Gaulle au Petit Clamart*. C'est un proche du Général, employeur de son frère Pierre, qui est visé. Point culminant des tensions, la mort de Lafond préfigure néanmoins une phase d'apaisement, conclue par l'amnistie de décembre 1964 et les grâces de décembre 1965. Reste que la détermination du banquier à refuser de financer les activités de l'OAS lui coûte la vie et que cet assassinat nourrit un climat de violences en France métropolitaine.

Albin Chalandon et sa famille sont eux-mêmes la cible d'attentats et de menaces directes de l'OAS, en raison de ses positions libérales sur le devenir de l'Algérie française. Placés sous protection policière vingt-quatre heures sur vingt-quatre, les Chalandon sont victimes de trois attaques dans la première moitié des années 1960, dont une par bombe, placée sous la chambre conjugale et celle de leur fils aîné Fabien**. En 1961, Albin Chalandon échappe même à deux tueurs de l'OAS lancés à sa poursuite sur les pistes de Val-d'Isère. Seules sa maîtrise du sport et son échappée sur le circuit hors piste particulièrement

---

*Le 22 août 1962, un attentat est commis contre le général de Gaulle par le lieutenant-colonel Jean Bastien-Thiry de l'OAS. Cent quatre-vingt-sept balles sont tirées par le commando, dont 14 touchent la voiture présidentielle. Sain et sauf, le Général ordonne une chasse à l'homme.

**La bombe artisanale, cachée sous un fagot de bois dans la cave du 39, boulevard de Montmorency, ne fut découverte que par un hasard salvateur. Le chauffage au fioul ayant été installé, les réserves de bois des anciens poêles n'étaient en effet plus utilisées et, sans un défaut du mécanisme de détonation, l'attentat aurait pu être fatal.

raide des Danaïdes lui sauvent la vie… Entre les attaques verbales de l'extrême gauche, qui en fait un agent de la « personnalisation du pouvoir » et de « Hollywood transporté à l'Élysée », et les agressions physiques de l'extrême droite, le banquier parisien a définitivement fait son entrée sur le ring politique au début des années 1960[20].

Dans une tonalité plus heureuse, en décembre 1963, le baron Jean-Louis Reille, beau-frère par alliance de la princesse Salomé Murat – sa sœur, Evelyne Reille, ayant épousé le prince Lucien Murat –, s'unit à Dominique Schneider, fille aînée de l'industriel Charles Schneider. À son décès, en 1960, le gérant de l'entreprise familiale, fondateur de *L'Express* (1953) et du groupe nucléaire Framatome (1958), a confié les clefs de l'affaire à Charles-Albert de Boissieu, lui-même beau-père par alliance de la princesse Salomé. Une nouvelle pièce s'ajoute ainsi dans le réseau familial d'Albin Chalandon, le liant davantage encore à la famille Schneider. Le 31 décembre 1963, il abandonne donc la présidence d'Inno-France pour prendre celle de la Banque commerciale de Paris (succédant à François Surleau, son vieux partenaire de la réforme aéronautique après-guerre).

Ces nouvelles fonctions signent à la fois une promotion politique et un retour auprès de Marcel Dassault, élu député UNR de l'Oise en 1958 et auréolé du succès de son dernier avion d'affaires à réaction : le *Mystère-Falcon*, construit à partir de 1963.

Le retour du colleur d'affiches

L'automne 1963 marque une nouvelle étape dans le retour d'Albin Chalandon sur la scène politique. Depuis le référendum sur l'élection au suffrage universel du président de la République d'octobre 1962, le parti gaulliste prépare en effet l'élection présidentielle de 1965. En novembre 1963, le Comité national pour la préparation de l'élection présidentielle (émanation du Centre d'information civique) édite son premier numéro, donnant la plume à Albin Chalandon pour un article sur le lien entre élection présidentielle et élections législatives.

Le journaliste Pierre Viansson-Ponté lui croque le portrait dans son livre sur les réseaux gaullistes, *Les Gaullistes, rituel et annuaire* (1963) :

> Séduisant, distingué, d'allure très britannique, il offre l'image du parfait inspecteur-des-Finances-qui-a-pantouflé-et-réussi-dans-le-privé. [...] À ce financier, l'UNR naissante a confié en 1958 sa trésorerie et, l'année suivante, le poste clef de secrétaire général. Les attaques, tantôt perfides, tantôt ouvertes, convergent vers lui. [...] Pris entre deux feux, il se retire après dix mois et, dès lors, revient aux affaires sans cesser de jouer dans la coulisse un certain rôle et de faire figure de théoricien de l'économie « concertée »[21].

Aux assises de l'UNR de Nice en novembre 1963, entouré de Jacques Chaban-Delmas et Michel Debré, l'ancien secrétaire général du parti fait figure de personnalité en vue dans le cadre de la campagne à venir.

En janvier 1964, à l'annonce de la candidature du socialiste Gaston Defferre, il salue l'acceptation des nouvelles institutions républicaines par une partie de la gauche, ce qui déroute ses amis gaullistes... mais contribue aussi à perturber la campagne de ses adversaires socialistes. Dans *Le Figaro* du 18 janvier 1964, il va même plus loin en disant partager avec Gaston Defferre le souhait de limiter les investissements publics. Baiser au lépreux, l'enthousiasme d'Albin Chalandon pour Defferre et ses positions suscite des oppositions internes à la SFIO et fragilise durablement le candidat de gauche.

En mars 1964, constitutionnaliste autoproclamé, Albin Chalandon s'interroge d'ailleurs sur l'avenir de la Cinquième République sans de Gaulle, constatant un « manichéisme constitutionnel dans lequel les candidats en présence symboliseront deux systèmes de gouvernement[22] [présidentiel et parlementaire] ». Surtout, face à l'incertitude d'une candidature du général de Gaulle (qui maintient le suspense jusqu'à l'automne 1965), Albin Chalandon intrigue, avec Jacques Chaban-Delmas et Olivier Guichard, pour pousser le chef d'État à désigner son successeur, ce qui irrite au plus haut point Léon Delbecque qui l'affuble, en public ou en privé, de sobriquets peu flatteurs comme « le palefrenier par alliance » ou encore « l'homme du dauphinat »[23].

Dans l'aventure du Comité national pour la préparation de l'élection présidentielle de 1965, Albin Chalandon n'est pourtant pas sans alliés et développe même ses sociabilités, fréquentant des chefs d'entreprise, comme Henri Desbruères, président de la SNECMA de 1949 à 1964, des intellectuels, comme les écrivains Paul Arrighi, Georges Duhamel ou Jean Dutourd, et, bien entendu, des personnalités politiques, à l'exemple du comte Pierre Baruzy, champion de boxe, ancien de l'ORA et figure du patronat d'après-guerre, ou du démocrate-chrétien Maurice Schumann, porte-parole de la France libre et indéboulonnable député du Nord de 1945 à 1973.

En juin 1964, Albin Chalandon rejoint parallèlement le Comité français pour l'Union paneuropéenne, collectif d'élus français présidé par Louis Terrenoire, défendant une harmonisation des législations des pays du Marché commun. Début juillet, presque dix ans après sa première séquence du genre, *Le Monde* lui ouvre de nouveau ses colonnes pour une série d'articles sur l'économie moderne. Chalandon y défend « l'élargissement des marchés et l'ouverture des frontières », ainsi que la mise en œuvre d'une « économie de solidarité qui lie les pays de l'Europe des Six non seulement dans le mal, mais aussi dans les remèdes pour le combattre »[24]. Partisan d'un « abaissement des droits de douane et d'une certaine détente fiscale[25] », il prône une réorientation du Plan vers la politique des revenus afin « de mobiliser la bonne volonté des forces économiques et sociales et de provoquer leur adhésion aux disciplines qu'exige l'économie nouvelle[26] ».

Le 27 août, sur proposition du gouvernement, il fait son entrée au Conseil économique et social, avec Pierre Figeac, l'ancien trésorier adjoint du parti gaulliste, Léo Hamon, ancien sénateur MRP et figure du gaullisme social, Jean-Marcel Jeanneney, ancien ministre de l'Industrie du général de Gaulle, et Robert Poujade, secrétaire de la fédération UNR de la Côte-d'Or. C'est une nouvelle étape de son parcours dans les institutions républicaines. Dès le 19 novembre, il prend part aux débats du Conseil sur la politique des revenus, dans le cadre d'un rapport présenté par Bernard de Loynes, représentant des associations familiales. Il propose notamment un amendement visant à créer un collège d'études et d'appréciation des revenus dans l'esprit des propositions qu'il avait formulées en 1961, avec les gaullistes de gauche. Repoussée par 94 voix contre 31, sa proposition suscite la colère des représentants des entreprises, opposés à l'encadrement réglementaire des salaires, mais Albin Chalandon est un homme de principes. Il sait placer ses idées originales avant ses réseaux professionnels et il le démontre à plus d'une reprise dans ses fonctions.

Europhile, il s'inquiète également des investissements américains en Europe et prône une grande vague d'investissements publics coordonnés pour soutenir les entreprises européennes face à la concurrence internationale. En décembre 1964, de retour d'un séjour aux États-Unis, il appelle ainsi à un sursaut européen :

> Aujourd'hui, lorsque de Gaulle mène un combat pour l'Europe, alliée des États-Unis, mais libre et indépendante, il ne parle déjà plus dans le désert. Il a, derrière lui, la majorité des Français, et un référendum pourrait utilement le prouver. Mais déjà, dans tous les pays de la Communauté européenne, et peut-être même dans les pays au-delà du rideau de fer, il y a des hommes publics et privés qui sont sensibles à ses idées. Dans quelques années, l'Europe peut être convertie. Mais une telle évolution ne saurait se faire si, entre-temps, la construction de l'Europe n'est pas relancée. La France peut non seulement reprendre l'initiative dans ce domaine, mais faire des concessions à l'égard de ses partenaires européens[27].

Défenseur d'une supranationalité européenne, Albin Chalandon engage un combat en faveur d'un statut européen des sociétés en avril 1965. Il préconise en effet que Renault et Volkswagen aient le même statut et des conditions de gestion identiques, afin de pouvoir assurer des regroupements futurs entre groupes européens pour qu'ils existent face à la concurrence internationale.

Défavorable au retour de l'étalon-or prôné par le général de Gaulle, il s'engage publiquement dans le dossier des politiques monétaires internationales, affirmant que « si une économie sans monnaie compromet peut-être le présent, une monnaie sans économie compromet sûrement l'avenir[28] ». En juillet 1965, au Conseil économique et social, il fait ainsi part de ses inquiétudes sur l'arrêt des négociations monétaires de Bruxelles. En octobre, dans un rapport établi pour la section des finances du Conseil, il propose même de créer des réserves monétaires additionnelles, en substitution progressive des monnaies de réserve.

Le 19 décembre 1965, au terme d'une élection présidentielle à rebondissements, le général de Gaulle est finalement réélu président de la République. Mis en difficulté par la candidature centriste de Jean Lecanuet et celle d'extrême droite de Jean-Louis Tixier-Vignancour, le Général demande à Georges Pompidou de former un nouveau gouvernement élargi à l'ensemble des composantes du gaullisme.

Pressenti pour y participer, Albin Chalandon présente une longue « lettre de candidature » dans *Le Monde* du 6 janvier 1966, défendant la reprise des investissements publics, le soutien à une monnaie forte et l'accompagnement de la hausse des salaires – bref, son mantra économique depuis plusieurs années. Accusé de défendre un « gaullisme mou » par Jacques de Montalais, le rédacteur en chef du quotidien de l'UNR, et toujours considéré comme l'un des liquidateurs de l'Algérie française, il voit toutefois le poste de ministre des Finances lui passer sous le nez, au profit de l'ancien Premier ministre. Il fallait faire revenir Debré !

***

Secrétaire général de l'UNR de 1959 à 1960, Albin Chalandon a construit sa position dans la famille gaulliste en défendant une certaine vision de l'économie et en constituant des réseaux propres (Michel Habib-Deloncle, Joël Le Tac, Lucien Neuwirth).

Sa brouille avec Léon Delbecque et Jacques Soustelle, ses positions sur l'avenir de l'Algérie française et ses passes d'armes régulières avec Antoine Pinay puis Valéry Giscard d'Estaing ont indéniablement freiné sa carrière politique, mais elles ont aussi dessiné les contours d'un personnage de caractère, fidèle à ses principes.

Sa nomination au Conseil national du Plan puis au Conseil économique et social témoigne ainsi de sa posture d'homme de dossiers, tandis que sa présence dans la campagne présidentielle de 1965 illustre sa constante fidélité au Général. Avec la seconde moitié des années 1960, il n'en attend pas moins sa récompense.

5

L'aventure ministérielle

Figure politique de la droite gaulliste dans la première moitié des années 1960, Albin Chalandon dispose désormais de nombreux atouts pour poursuivre sur sa lancée : ses réseaux familiaux et politiques, sa notabilité dans le secteur des affaires et dans les couloirs du parlement, ou encore sa connaissance des grands patrons et des dossiers industriels. Quadragénaire élancé et sportif de haut niveau, fin limier et séducteur, il attend patiemment son heure pour obtenir un maroquin. Toutefois, les controverses à son sujet sur l'Algérie française et sa fâcheuse manie de contester la politique mise en œuvre par les différents ministres chargés de l'Économie et des Finances ont fait naître de solides inimitiés à son encontre, qui sont autant d'obstacles à sa carrière politique.

Parachutage dans les Hauts-de-Seine

Écarté du troisième gouvernement Pompidou de janvier 1966, Albin Chalandon n'en continue pas moins sa réflexion sur les mécaniques constitutionnelles de la Cinquième République et le fonctionnement de l'élection présidentielle. À l'été 1965, il se fend ainsi d'un projet de réforme du Sénat, dénonçant à la fois l'inégale représentation des territoires métropolitains et des acteurs économiques et sociaux à la chambre haute du Parlement.

Contre l'air du temps, il n'est cependant pas favorable au remplacement du Sénat par le Conseil économique et social, où il siège pourtant. Sur les bancs du palais d'Iéna, il poursuit son travail inlassable sur les questions économiques et financières, comme en mars 1966, en rédigeant un rapport sur la réforme du système monétaire international, ou en avril suivant, en intégrant le comité de suivi de l'application du Plan.

Son opposition au système international de l'étalon-or et sa critique du « privilège exorbitant » du dollar l'amènent également à proposer la création d'une nouvelle monnaie restreinte aux dix États membres du Marché commun en juin 1966. Opposé à Jacques Rueff dans cette dispute sur le système monétaire international, Albin Chalandon parvient à faire adopter son rapport par 105 voix contre 7. Étrange cortège alors que celui de ses adversaires, où se retrouvent le gaulliste de gauche Léo Hamon, ainsi que les économistes Jean de Largentaye et, sans surprise, Jacques Rueff.

La période voit également Albin Chalandon être l'invité d'honneur de nombreuses conférences thématiques, comme le congrès des classes moyennes au Mans, en juin 1966, ou celui du Centre chrétien des patrons et dirigeants d'entreprise français en décembre 1966. Ces invitations témoignent de sa notoriété médiatique et politique, qui facilite la diffusion de son discours économique et social.

Le 1er septembre 1966, il annonce subitement sa candidature aux élections législatives dans la deuxième circonscription des Hauts-de-Seine. Son député historique, Michel Maurice-Bokanowski, dit « Boka », député RPF puis UNR de la Seine de 1951 à 1966, a en effet annoncé son souhait de ne pas se représenter pour se concentrer sur ses fonctions de maire d'Asnières-sur-Seine... et l'ancien secrétaire général du parti gaulliste s'est engouffré dans la brèche.

Michel Maurice-Bokanowski a été une importante figure des gouvernements gaullistes depuis l'avènement de la Cinquième République : secrétaire d'État à l'Intérieur, ministre des PTT, puis de l'Industrie. Son suppléant, Émile Tricon, habitué des couloirs du Palais-Bourbon, a décidé de se présenter dans la troisième circonscription des Hauts-de-Seine, laissant ainsi libre le siège de la deuxième circonscription du département.

Mis devant le fait accompli par cette candidature spontanée, le Comité d'action pour la Cinquième République – structure d'investiture commune des partis de la majorité présidentielle – goûte peu l'annonce d'Albin Chalandon et de Michel Maurice-Bokanowski, alors tout juste remercié du gouvernement Pompidou (en janvier précédent). Faut-il y deviner un mauvais coup de l'ancien ministre, encore amer d'avoir été congédié ? Il y a tout lieu.

Dans sa biographie de Georges Pompidou, Frédéric Abadie rapporte pourtant un échange avec Maurice-Bokanowski, dans lequel celui-ci se souvient du « parachutage » d'Albin Chalandon dans les Hauts-de-Seine, « un type formidable, [...] adorable mais horriblement compliqué, qui coupe les cheveux en quatre et qui a des idées sur tout[1] ». Olivier Guichard l'aurait prévenu du mécontentement de Pompidou et de la réputation « d'emmerdeur » de Chalandon. Convoqué par le Général lui-même,

Maurice-Bokanowski confirme son choix de présenter Chalandon dans sa circonscription. « C'est une valeur », répond le général de Gaulle. Le bon mot est vite rapporté à l'intéressé, le Tout-Paris s'en félicite mais Pompidou est furieux.

Pour s'assurer de rapides soutiens et éviter toute déconvenue, Albin Chalandon mène une opération de charme auprès des gaullistes de gauche, apportant notamment, en octobre 1966, son soutien au vote de l'amendement Vallon, qui encourage la participation des salariés aux résultats de l'entreprise, un vieux rêve gaulliste mais un objet de tensions avec le patronat. « Les réformes qui se profilent derrière l'amendement Vallon conduiront inévitablement à la république populaire[2] », s'enthousiasme le candidat Chalandon fin octobre.

Le 16 décembre, alors que le gouvernement a transformé l'amendement Vallon en une simple demande de rapport, Albin Chalandon fait part de ses fortes réserves sur la distribution automatique d'actions des entreprises aux travailleurs... avant d'obtenir, six jours plus tard, l'investiture officielle de son parti aux législatives dans les Hauts-de-Seine. L'aventure commune avec les gaullistes de gauche a donc été de courte durée et relève plus du calcul politique que de la réelle adhésion aux principes.

Jouer le jeu du gaullisme social face aux libéraux du clan Pompidou s'est en tout cas avéré politiquement payant pour Albin Chalandon, mais, en novembre 1966, sa toute-puissance à la tête de la Banque commerciale de Paris de Dassault est secouée par l'entrée au capital de l'Union des mines-La Hénin. Pour s'engager dans l'aventure politique sans souci d'argent, Albin Chalandon a vendu ses parts (20 % de la BCP), tout en espérant garder un œil sur les affaires en tant que président, mais le nouvel arrivant n'est pas de cet avis et entend lui mener la vie dure. Banque des compagnies houillères créée dans l'entre-deux-guerres, La Hénin a fusionné avec l'Union des mines en 1963 et avec la banque de la Compagnie financière de Suez en 1966. Albin Chalandon a donc de redoutables compétiteurs dans « sa » banque, à commencer par Jack Francès, polytechnicien, inspecteur des Finances et président de la Banque de Suez depuis 1965, dont il représente désormais les intérêts à la BCP.

Dans un esprit d'apaisement des tensions et de concorde autour de son lancement de campagne, le 2 février 1967, le candidat gaulliste participe à la conférence de presse de Jacques Rueff et Jean de Largentaye, ses opposants d'hier, autour de leur livre commun *La Réforme du système monétaire international* (1967), compilation des débats du Conseil économique et social sur la question. « Poulain du général de Gaulle », selon la formule de Michel Maurice-Bokanowski, Albin Chalandon part donc à l'assaut de sa circonscription avec toutes les cartes en main.

Dans son journal électoral *Asnières spéciale*, il se présente comme un homme fidèle au gaullisme, mais libre dans son expression :

> Si les oppositions triomphaient, ce serait non seulement un conflit idéologique entre le pouvoir exécutif et le Parlement, quinze mois après le choix d'un président de la République, mais aussi, en raison de l'absence de majorité, le retour à la confusion, au désordre, à l'inefficacité, et la porte ouverte à l'aventure. [...] Cela ne signifie pas que le fait de s'engager à faire partie d'une majorité implique, pour le député, de n'être qu'un robot. L'appartenance à une majorité implique sans doute une discipline, et notamment l'obligation de soutenir le gouvernement lorsque

son existence est engagée sur une question fondamentale qui met en cause les grandes orientations politiques de la majorité[3].

En mars 1967, Albin Chalandon affronte finalement un quatuor d'opposants : le Dr Roland Bayet, représentant de l'Alliance républicaine pour les libertés et le progrès de Tixier-Vignancour (extrême droite) ; Claude Denis, candidat historique du Parti communiste et ancien ajusteur de la RATP ; Marc Richter du Centre Progrès et démocratie moderne (centre-droit) ; enfin le Pr Roger Lefèvre pour la Fédération de la gauche démocrate et socialiste (FGDS), agrégé de philosophie, député SFIO de Rochefort de 1936 à 1942, qui avait voté les pleins pouvoirs à Pétain, avant de commander le maquis de Vauvenargues, au pied de la montagne Sainte-Victoire, en 1944[4].

Écarté de sa circonscription de Charente-Maritime à la Libération, Roger Lefèvre a enseigné à Alger, Montpellier et Grenoble, où il a été élu conseiller municipal socialiste en 1959. Son investiture à Asnières fait donc figure de menace sérieuse pour le parti gaulliste et inquiète Albin Chalandon, mais la qualification au second tour se joue finalement entre l'ancien secrétaire général de l'UNR (17 431 voix, 45,15 %) et le communiste Claude Denis (9 202 voix, 23,83 %). Le tour de force est réussi et le second tour ne sera qu'une simple formalité.

Le bretteur du Palais-Bourbon

Élu député des Hauts-de-Seine le 12 mars 1967, avec 19 545 voix (55,92 %), Albin Chalandon fait son entrée au Parlement par la grande porte. Pressenti pour succéder à

Louis Vallon comme rapporteur général du Budget, il est cependant pris de court par Philippe Rivain, ancien collaborateur du Général à la Libération, devenu député du Maine-et-Loire en 1958. Dès le mois d'avril 1967, Albin Chalandon s'impose donc en commission des Finances comme l'homme du gouvernement face à l'ancien ministre Valéry Giscard d'Estaing, aux manettes de 1962 à 1966, désormais président de la commission et critique de la politique menée par son successeur, Michel Debré.

En mai 1967, devant le Centre de formation d'études et d'information (CFEI), cercle des militantes gaullistes, Albin Chalandon joue la partition de la majorité présidentielle, menant une nouvelle charge contre l'amendement Vallon et les propositions des gaullistes de gauche, évoquant notamment sa préférence (et celle du gouvernement) pour d'autres solutions comme les comptes d'épargne ou le salaire différé. Une verve sans pareille anime l'ancien banquier, engagé dans tous les combats de l'actualité politique. Un commentateur d'époque souligne ainsi :

> Méthodique, clair et mesuré, l'ancien secrétaire général de l'UNR entend répondre aux attaques personnelles de ses adversaires, et en particulier des communistes. Lui reproche-t-on son métier de banquier ? Il réplique : « Pour moi c'est une recommandation. » Être un homme à l'aise, capitaliste, mais d'esprit indépendant, issu d'une famille de vieille bourgeoisie, ne constitue pas à ses yeux une infamie[5].

En mai 1967, après le retrait de Jacques Baumel du secrétariat général de l'UNR-UDT, une direction collégiale est mise en place afin d'assurer sa succession. Un comité exécutif y est associé, réunissant Albin Chalandon,

Lucien Neuwirth, Guy Sabatier* et Robert-André Vivien** au titre des parlementaires. Pour l'insatiable député des Hauts-de-Seine, c'est un véritable retour en grâce dans le parti gaulliste. Toutefois, à peine sur les bancs du Palais-Bourbon, il s'ennuie déjà des procédures parlementaires : « Mais on perd son temps ici[6] ! »

Défenseur ardent d'Israël pendant la guerre des Six-Jours de juin 1967, saluant « l'aventure magnifique d'un peuple qui, défiant les lois de la nature, par son labeur acharné, a transformé les pierres du désert en richesses et montré aux pays déshérités qu'il ne fallait pas désespérer[7] », Albin Chalandon participe également au Comité de solidarité français avec Israël, dans lequel figurent le général Pierre de Bénouville, Valéry Giscard d'Estaing, Jean Lecanuet et Pierre Mendès France. Le 24 juin 1967, dans les jardins de l'Élysée, il est d'ailleurs pris à partie par le général de Gaulle en raison de ses positions pro-israéliennes :

> Oui, bien sûr, ce qu'a fait Israël éveille la sympathie ; ce sont des gens admirables. Mais je leur avais dit : « N'attaquez pas les premiers. » Malgré cela, ils ont attaqué les premiers. Je leur en veux d'avoir fait cela. Alors tout cela a des conséquences sur le Moyen-Orient. Mais si cela se prolonge et s'étend, il n'est pas bon que la France soit entraînée dans une guerre pour faire plaisir à d'autres[8].

* Guy Sabatier, avocat de formation et ancien engagé volontaire dans les forces des Nations unies en Corée, a été député de l'Aisne de 1962 à 1973. Il fut également maire de Laon de 1965 à 1977.

** Robert-André Vivien, ancien Français libre, a été député du Val-de-Marne de 1962 à 1995. Il fut secrétaire d'État au Logement de 1969 à 1972.

Début juillet 1967, vexé de cette brimade publique du Général, Albin Chalandon s'inscrit dans une posture plus agressive vis-à-vis du gouvernement. Le 3 juillet, lors d'un débat budgétaire, il regrette ainsi que « les progrès réalisés ne [soient] pas à la mesure du parti qui a été pris », espérant que le ministre des Finances (Michel Debré) ne considère pas ses remarques comme « le bourdonnement de la mouche du coche, mais comme une aide et un encouragement à la difficile tâche qui est la sienne et pour l'accomplissement de laquelle il a toute [sa] confiance »[9]. Se met-il en danger par ses propos critiques à l'encontre du gouvernement gaulliste ? À ceux qui l'avertissent, sous forme d'appels amicaux ou de menaces, il répond :

> Je ne veux pas être comme ce courtisan qui, dans un conte d'Andersen, félicitait pour ses beaux habits le roi qui se promenait nu[10].

Face à la ligne anti-libérale et protectionniste de certains cadres et parlementaires du parti gaulliste, Albin Chalandon s'inquiète que les centristes de Giscard d'Estaing ne deviennent bientôt les seuls représentants dans l'hémicycle de l'économie libérale, alors même que les tenants de cette ligne ne font que dire « tout haut ce que d'autres disent tout bas[11] ». C'est un véritable repositionnement politique dans la majorité présidentielle, qui n'est pas sans rappeler ses duels avec Antoine Pinay au début des années 1960.

Acteur majeur des débats budgétaires de l'automne 1967, Albin Chalandon profite aussi de sa stature parlementaire pour exister sur la scène internationale. Le 27 octobre 1967, il intervient par exemple à une conférence à Séville, en Espagne, sur le thème de la libre entreprise, devant une centaine de patrons américains et européens.

« Gaulliste d'efficacité », suivant une formule du journaliste Viansson-Ponté, il intègre le comité central de l'Union des démocrates pour la Cinquième République (UD-Ve), nouveau nom du rassemblement gaulliste, en novembre 1967. Aux assises de la fédération parisienne de l'UD-Ve, à la fin du mois, il se fait l'apôtre du Marché commun, zone de libre-échange et tremplin à la construction politique d'un projet collectif entre nations européennes. Ses anicroches politiques de 1959-1960 avec Delbecque ou Soustelle ne sont plus qu'un lointain souvenir, mais il regrette cependant la mainmise du Premier ministre Georges Pompidou sur le parti. Aux assises de Lille de l'UD-Ve, les 24-26 novembre 1967, il imagine ainsi le rôle futur du parti gaulliste :

> Le mobile du gaullisme depuis dix ans a été le sentiment, c'est-à-dire l'attachement indéfectible à la personne du chef de l'État de la part de ceux qui ont été ses compagnons de toujours et qui ne sont venus à la vie publique que par dévouement, pour le soutenir. […] Aujourd'hui, le sentiment doit faire place à la raison et la raison dit que le gouvernement, engagé dans un combat plus rude, a besoin d'une assise plus large dans la nation. Si le gouvernement veut augmenter son audience, si notre mouvement veut avoir plus d'attrait, notamment parmi les jeunes générations, il faut offrir d'autres perspectives que celles d'un Parlement qui ne serait qu'une chambre d'enregistrement et d'un parti qui ne ferait que de la figuration. […] Accepter la contestation, c'est laisser chacun s'exprimer librement, sans l'excommunier, ni lui donner un complexe de culpabilité, et sans prendre en considération le poids de cette contestation dans l'action gouvernementale[12].

Chantre de la planification économique, y compris de la création d'un « Plan européen » au niveau des dix États membres, Albin Chalandon s'impose comme l'un des principaux orateurs gaullistes sur les réformes économiques de l'année 1967. « L'ordonnance sur l'intéressement n'est ni le miracle que ses inspirateurs prétendent, ni l'épouvantail que le patronat redoute. Elle n'est pas non plus le “gadget” dérisoire que veulent y voir l'opposition ou les syndicats[13] », écrit-il dans l'édition du 13 septembre de son journal *Asnières spéciale*, cherchant un point d'équilibre entre toutes les tendances du parti gaulliste. « Le chef d'entreprise doit s'arracher au mandarinat et assimiler les méthodes modernes de gestion[14] », ajoute-t-il de manière assertive devant les élèves de l'École supérieure de commerce et d'administration de Paris, le 7 décembre suivant.

Au même moment, Albin Chalandon entre au bureau exécutif de l'UD-Ve. Membre du premier cercle des dirigeants du parti, il participe en conséquence aux débats sur l'avenir de sa formation politique. Lors de la réunion du 10 janvier 1968, réfléchissant à la définition du portrait type du futur secrétaire général du parti, il appelle à chercher un « héros stendhalien[15] », capable d'autorité, de dialogue, de fidélité à l'exécutif mais aussi de rapports fluides avec la base militante. Élu septième secrétaire général du parti gaulliste à la mi-janvier 1968, Robert Poujade, ancien du RPF, bref conseiller technique de Jacques Maziol, ministre de la Construction en 1963, membre du Conseil économique et social de 1964 à 1967 (sur les mêmes bancs que Chalandon), député UNR de la Côte-d'Or depuis 1967, répond à toutes les attentes de ses pairs… sans être pour autant l'homme d'une tendance particulière et disposer, en conséquence, de soutiens réels.

Peu embarrassé par la présence de ce nouveau venu, Albin Chalandon continue donc de creuser son sillon de spécialiste gaulliste des questions économiques et financières, débattant de l'avenir de l'étalon-or, critiquant le colbertisme du gouvernement, souhaitant la création d'une société nationale de développement économique, point d'appui à sa théorie sur les investissements publics, ou encore réclamant la création d'un fonds monétaire européen, ferraillant tantôt avec Michel Debré, tantôt avec Valéry Giscard d'Estaing.

Dans une série de papiers parus dans *Le Monde*, les 20-21 février 1968, il s'inquiète encore de l'ouverture précipitée des frontières et de son impact sur la production nationale, notamment dans le secteur des fibres synthétiques. « Du Marché commun, nous avons connu les roses avant de sentir les épines », se désole-t-il notamment. Tenant d'une réindustrialisation du pays et d'une relance de la consommation, il veut relever le niveau du SMIG (comme Giscard d'Estaing), diminuer les cotisations patronales (comme Debré), enfin réorienter les investissements publics vers les secteurs d'avenir au détriment de secteurs déficitaires, comme les houillères ou les transports. Pour piloter cette grande transformation du pays, l'ancien banquier propose surtout de mieux former les dirigeants d'entreprise, notamment dans le milieu universitaire, afin de les sensibiliser aux méthodes modernes du management. Proposition originale qui, cela mérite d'être noté, est à l'époque saluée par François Mitterrand – pourtant modèle de l'antigaullisme.

À l'occasion des journées parlementaires de l'UD-V^{e} d'Ajaccio, le 16 mars 1968, Albin Chalandon semble toutefois en perte de vitesse, renvoyé à l'organisation d'une plénière très technique sur la crise de l'or et la guerre des tarifs douaniers. Membre du bureau politique du groupe UD-V[e] à l'Assemblée nationale, il est certes une figure établie du parti gaulliste, mais surtout un technicien plus qu'un politique.

Il n'en boude pas pour autant les plaisirs de la vie publique. Les 26-28 avril 1968, il participe ainsi aux journées alpines des parlementaires franco-britanniques, affrontant le skieur anglais Lord John Hurt, vainqueur de l'Everest, sur les pistes de Tignes. La délégation française compte alors son rival Valéry Giscard d'Estaing, déterminé à prendre sa revanche de compétitions passées. Vainqueur du slalom géant en deux manches, 26 portes et 200 mètres de dénivelé, Albin Chalandon reçoit une coupe offerte par le Premier ministre Georges Pompidou. Anne-Aymone Giscard d'Estaing remportant le slalom dames devant la princesse Salomé Murat, l'honneur est cependant sauf pour les Giscard. Ces succès alpins contribuent à la légende d'homme de goût et de sportif de haut niveau d'Albin Chalandon, coqueluche des médias et du milieu politique. Il fréquente alors quotidiennement la salle de sport de Georges Lerousseau, rue de Ponthieu, gymnase de prédilection de nombreuses personnalités, hommes politiques et grands patrons.

Cependant, bien vite, arrivent Mai 68 et la crise étudiante, économique, sociale et politique qui bouleverse le pays, éloignant brutalement le baron gaulliste de cet esprit de détente. Des milliers de lycéens et d'étudiants protestent contre le régime et dressent des barricades, disputant le contrôle des rues à la police. Le 13 mai, en soutien aux manifestants, la grève générale est annoncée et les usines s'arrêtent. Le 16 mai, partisan d'un apaisement des tensions, Albin Chalandon cosigne une proposition de loi d'amnistie des étudiants arrêtés. Une tentative de résolution du conflit qui lui ressemble bien. Le 27 mai, au moment de la négociation des accords de Grenelle, il prévient toutefois dans *Le Monde* :

> Le général de Gaulle reste l'ultime recours*. [Il] a montré combien il a compris le mouvement qui secoue aujourd'hui la jeunesse et le monde du travail, qui luttent non seulement pour un sort matériel meilleur, mais pour plus de liberté, plus de responsabilités et plus de dignité.

Le 30 mai, le Général décide finalement de dissoudre l'Assemblée nationale pour créer un électrochoc politique, tandis que Georges Pompidou réunit des parlementaires fidèles à Matignon, parmi lesquels Albin Chalandon, afin de préparer le scrutin et l'avenir du gaullisme. Le 31 mai, le Premier ministre annonce finalement un remaniement de son gouvernement : neuf départs, douze changements d'attributions et neuf nouveaux entrants. Les gaullistes de gauche y trouvent une place particulière – René Capitant, Philippe Dechartre, Yvon Morandat – afin d'élargir le socle de la majorité présidentielle, tandis que l'équipe gouvernementale accueille Albin Chalandon chargé du portefeuille de l'Industrie. L'hôtel de Rothelin-Charolais dispose désormais d'un

*Le journaliste Jean-René Tournoux, dans *Jamais dit* (Paris, Plon, 1971), lui prête pourtant une charge terrible contre le général de Gaulle, lors d'une réunion qui se serait tenue le 24 mai 1968, autour de Georges Pompidou et de quelques députés et ministres. « Le stade des remaniements est dépassé. Nous sommes en révolution. [...] Un choc psychologique est nécessaire. Il ne peut venir que du départ du Général. Je suis désolé de le dire, il faut que le Général s'en aille. D'ailleurs, vous pouvez être sûrs qu'il ne reviendra pas de Colombey. Il est en liquéfaction. »

nouvel occupant déterminé à mettre en œuvre son programme de réformes.

> S'il est difficile de situer à gauche M. Albin Chalandon, président directeur général de la Banque commerciale de Paris, écrit *Le Monde* dans son édition du 2 juin, ses positions en matière économique et politique ont toujours été plus libérales que l'action menée par le gouvernement.

Évidemment, la presse d'époque n'est pas unanimement flatteuse à son encontre. Le journaliste Christian Charrière, chroniqueur régulier chez *Combat* (avec l'écrivain et gaulliste de gauche Maurice Clavel), étrille ainsi le nouveau ministre :

> Métallique, froid, [...] M. Chalandon est le banquier du gaullisme, le tiroir-caisse du système, le commis glacial et silencieux qui remet les chèques. Il a une mine de derrière un guichet. Il est triste comme un coffre-fort dont on aurait perdu la clé. Il glisse dans les couloirs avec gravité, déposant au fond de votre oreille un mot désolé, puis disparaît, comme happé par une coulisse[16].

Moi, ministre de l'Industrie

Début juin 1968, Albin Chalandon, « le plus élégant des membres de l'Assemblée nationale », fait donc enfin son entrée au gouvernement. Ses nouvelles fonctions l'amènent à quitter la présidence de la Banque commerciale de Paris de Dassault, ce qui s'avère pour lui à la fois un crève-cœur et la fin logique de la séquence débutée avec la vente de ses parts en 1967 et la concurrence interne de Jack Francès.

Il met ainsi un terme à seize années d'aventure bancaire et de compagnonnage politique avec Dassault et Potez, confiant les rênes de la maison à Jean Rougier, son acolyte depuis le milieu des années 1960, et la présidence à Charles-Albert de Boissieu, son parent par alliance, l'un de ses mentors les plus importants dans l'univers bancaire et le cogestionnaire des établissements Schneider depuis 1964. Ce départ forcé ne le coupe toutefois pas complètement des affaires, y compris du suivi de certains des dossiers de la BCP.

Il continue en effet de s'informer personnellement de la situation de plusieurs compagnies tricolores, comme la société J.A. Goldschmidt & Cie. Cette entreprise de courtage de farine créée à la fin du XIXe siècle est devenue un des poids lourds du marché européen des céréales puis une organisation internationale dans l'entre-deux-guerres. Le groupe a la tutelle d'Interagra, structure de commerce des céréales dans les démocraties populaires d'Europe centrale, marché placé sous contrôle étroit de l'État, compte tenu de l'influence soviétique dans la région. Au début des années 1960, J.A. Goldschmidt & Cie négocie des céréales, des oléagineux, des tourteaux, du sucre, du café, du cacao, du riz, organise du fret international... et de l'exportation de produits industriels français[17]. L'intérêt du ministre pour l'entreprise est donc à la fois personnel et professionnel.

Jean Vantroyen, polytechnicien, est le directeur exécutif de l'entreprise et traite le dossier des exportations industrielles. Il négocie tant avec Renault, Schneider, que Pechiney, afin d'assurer l'exportation des outils de production français en Europe et dans le reste du monde. Jean Constant, lui aussi polytechnicien, ancien directeur de la BNCI (dont Albin Chalandon avait dirigé la branche africaine en 1950-1951), s'occupe des affaires politiques et sert de courroie de transmission avec le nouveau ministre. Pour accompagner son entrée sur ce marché émergent de l'exportation de produits industriels, la famille Goldschmidt se lie à la banque Odier, Bungener et Courvoisier, deuxième banque protestante après la banque Mirabaud… pour laquelle Charles-Albert de Boissieu a travaillé avant de la racheter au titre de la Banque de l'Union européenne. Quelques années plus tard, par l'intermédiaire de Rougier, Goldschmidt se rapproche de la BCP de Chalandon et Dassault, justifiant ainsi le suivi de ce dossier par le ministre.

De même, Albin Chalandon garde l'œil sur la société franco-espagnole Carnaud-Galicia, multinationale spécialisée dans la production de conserves de poissons. Le conseil d'administration est en effet présidé par François de Garnier des Garets, beau-frère de Gabriel Chalandon et cousin d'Alain d'Anterroches, vieil ami de la Résistance.

Gaulliste raisonnable, économiste de compétition, pourvoyeur régulier d'idées nouvelles, le ministre de l'Industrie entre donc dans le gouvernement avec une fine connaissance du secteur économique et de ses entreprises. À son cabinet, il choisit comme directeur Claude Charbonniaud, préfet, ancien directeur de cabinet de Roger Frey, ministre des Relations avec le Parlement, témoignant ainsi du lien d'amitié et d'estime entre les deux hommes*. L'arrivée de Charbonniaud est par ailleurs un choix stratégique pour garder un pied dans les

---

*Claude Charbonniaud remplace Georges Pébereau, directeur de cabinet de François-Xavier Ortoli, Robert Galley puis Albin Chalandon de 1967 à 1968. Le polytechnicien mène ensuite une carrière de vingt ans dans le groupe Alcatel.

réseaux parlementaires et continuer de tisser des amitiés politiques. À peine aux manettes, le 7 juin, Albin Chalandon annonce de son bureau la mise en place prochaine d'un Institut national de l'investissement. Son rôle ? Financer l'innovation industrielle afin d'accroître le potentiel de la France et son rayonnement sur les marchés internationaux.

Le 8 juin, il fait partie des 26 membres du gouvernement candidats aux élections législatives de la fin du mois au nom de l'Union pour la défense de la République* (UDR). Dans sa circonscription d'Asnières, il affronte notamment Roger Hanin, beau-frère de François Mitterrand et candidat de la FGDS, ainsi que le communiste Claude Denis et Germaine Truffet, membre du PSU de Michel Rocard. Le centriste Marc Richter s'y présente également, de même que l'ingénieur Jacques Viet, candidat du club gaulliste Technique et Démocratie, tenté par une forme de « gaullo-socialisme[18] ». Le 12 juin, interrogé par Europe 1 sur la possibilité d'une triangulaire avec les centristes et les communistes, Albin Chalandon commente avec confiance :

> Devant le péril communiste, il y aura à mon avis, une union de toutes les forces qui sont non communistes, qui refusent l'alliance, d'une façon ou d'une autre, avec les communistes[19].

*Les élections de juin 1968 font émerger le sigle d'Union pour la défense de la République (UDR) comme bannière des candidats de la majorité présidentielle, sigle inspiré des Comités de défense de la République (CDR), initiative de Jacques Foccart et Pierre Lefranc, lancée le 11 mai 1968 pour réunir les soutiens du régime gaulliste.

Tandis qu'il mène campagne dans les Hauts-de-Seine, Albin Chalandon tâche aussi d'apaiser les troubles dans les usines. Il s'entretient ainsi à plusieurs reprises avec les cadres de l'aéronautique et de la métallurgie – îlots de résistance des grévistes de Mai 68 – ainsi qu'avec la Régie Renault. Mi-juin, il lance une réflexion sur le mode de calcul des cotisations sociales des entreprises. Le 21 juin, il est encore en première ligne dans la querelle entre René Capitant et le CNPF sur la réforme des entreprises souhaitée par le nouveau garde des Sceaux.

Le 22 juin, entre deux urgences, il trouve toutefois le temps de défendre devant la presse le principe de son Institut national des investissements, évoquant le laboratoire du chimiste Georges Claude, miraculeusement soutenu par un industriel dans les années 1920 (et depuis devenu Air Liquide, fleuron de l'industrie française). Le même jour, à Matignon, il reçoit avec le Premier ministre Georges Pompidou les membres du comité interfédéral de l'artisanat, terminant sa journée à Dijon, en Côte-d'Or, chez son ami Robert Poujade, secrétaire général du parti, où il se trouve pour soutenir les candidats UDR aux élections législatives.

Le 25 juin, il manque de peu l'élection dès le premier tour dans les Hauts-de-Seine, avec seulement 292 voix de retard (49,21 %), faisant ainsi partie des 7 membres du gouvernement mis en ballotage. Aucune inquiétude ne l'anime cependant dans la perspective du second tour face à un candidat communiste en perte de vitesse depuis les législatives de 1967, ce qui explique donc sa présence à un rassemblement de campagne à Amiens, dans la Somme, le 28 juin au soir. Le 30 juin, le gaulliste de gauche Yvon Morandat est d'ailleurs le seul ministre battu du gouvernement. Albin Chalandon, lui, triomphe avec 20174 voix (62,37 %) pour cette seconde victoire électorale. Ce nouveau mandat conforte son ancrage local et sa stature de parlementaire, même s'il doit être observé au regard de la vague gaulliste à l'Assemblée nationale au lendemain de la crise de mai 1968 (280 sièges sur 487 députés).

Réélu, Albin Chalandon n'est pourtant pas libéré de tout tracas. Les 4-5 juillet 1968, il doit en effet affronter une grève des pompistes, liée au partage entre compagnies pétrolières et professionnels de la marge réalisée sur la vente de l'essence. Le 6 juillet, il est encore à Bruxelles pour défendre la limitation des importations françaises de matériaux sidérurgiques, afin de protéger temporairement l'industrie française. Quatre jours plus tard, Georges Pompidou remet la démission de son gouvernement, conduisant à la formation du gouvernement Couve de Murville, du nom de l'inamovible ministre des Affaires étrangères du Général. Le centriste André Bettencourt y devient ministre de l'Industrie, et Albin Chalandon, de l'Équipement, du Logement et du Tourisme.

Le crépuscule du gaullisme

Le 12 juillet 1968, lors de la réunion inaugurale du nouveau groupe parlementaire UDR, Albin Chalandon est élu représentant de la région parisienne avec 134 voix. Parmi dix candidats franciliens, il arrive ainsi en tête avec son collègue Robert-André Vivien, ancien Français libre, député du Val-de-Marne et membre des instances du parti. Pour défendre ses positions à l'Assemblée nationale en son absence, Albin Chalandon peut compter sur son suppléant, Robert Lavergne, adjoint au maire d'Asnières-sur-Seine depuis 1953, conseiller général de la Seine depuis 1959 et des Hauts-de-Seine depuis 1967. Diplômé de l'école Breguet, Lavergne est un ancien ingénieur d'EDF, fin connaisseur des dossiers économiques et énergétiques.

Il doit souvent faire preuve de diplomatie, car, bien qu'il soit désormais membre du nouveau gouvernement, Albin Chalandon n'est pas toujours tendre avec ses pairs : « Le gouvernement a tendance à être trop technocratique et à s'éloigner des réalités humaines[20]. » À André Bettencourt enterrant son projet d'Institut national des investissements, il répond en regrettant l'image dévoyée de sa proposition, limitée à financer des sociétés boiteuses dans la vision donnée par son successeur.

Ministre du Logement, Albin Chalandon s'investit dans le dossier de la construction, proposant la création de zones d'aménagement différé et l'élargissement du marché hypothécaire ou encore l'aménagement de la vallée du Cher. Début septembre 1969, dans ce même esprit d'aménagement du territoire, il porte au Parlement un projet de loi relatif aux voies rapides afin de moderniser les infrastructures françaises de transport. Urbaniste en chef de la nation, il se fait le défenseur de la maison individuelle, inspiré par le village-expo de Saint-Médard-en-Jalles, en Gironde. Envisageant de supprimer le permis de construire dans certaines zones et suivant le respect de modèles agréés, le nouveau ministre veut une politique de relance de la construction et de simplification drastique des règles administratives. Le 16 septembre 1968, à Tours, il fait part de son indignation à propos de l'état du logement en France :

> Je refuse de voir plus longtemps les hommes parqués littéralement dans l'univers du béton. L'aide de l'État dévie de son objet social et se trouve avoir atteint un plafond qui peut difficilement être dépassé. Il convient donc de redonner au logement aidé son caractère social, en l'orientant par priorité vers les catégories les plus défavorisées et d'obtenir que les capitaux privés se dirigent plus nombreux sur le secteur de la construction et s'attachent à satisfaire la demande en logements des autres catégories de revenus[21].

Au congrès annuel des HLM, les 19-21 septembre, il propose l'abaissement des prix de ces habitations, la création d'un nouveau secteur plus social, une meilleure péréquation des loyers entre les cités, le renforcement du surloyer exigé pour les locataires les plus aisés, ainsi que la suppression des planchers de ressources. En résumé, le ministre se donne trois pistes de travail pour l'année à venir : le développement de la maison individuelle comme modèle de base de la construction future, la poursuite de la construction de HLM pour les ménages les plus précaires (avec une formule d'accession à la propriété), enfin l'effort en faveur de l'environnement (espaces verts et quartiers modernes).

Ministre du Tourisme, Albin Chalandon essaie parallèlement de développer les infrastructures françaises de qualité, notamment en modernisant le parc hôtelier. Dès son arrivée, en août 1968, il met ainsi en place un grand plan de transformation – seuls 20 % des 340 000 chambres d'hôtel bénéficient alors d'une salle d'eau !

Le 21 août 1968, il donne son accord à la construction de deux hôtels luxueux en région parisienne, afin de redorer l'image internationale de la capitale française :

l'hôtel de Neuilly (300 chambres), destiné à accueillir les voyageurs étrangers en transit par les aéroports du Bourget ou d'Orly, et le palace du boulevard Gouvion-Saint-Cyr (950 chambres), dans le XVIIe arrondissement, financé par Air France et la Caisse des dépôts et consignations. En septembre, le ministre donne par ailleurs son accord à la construction d'un hôtel situé près du pont de Sèvres (500 chambres), projet coporté par Air France et la Régie Renault. Secondé par le commissaire au Tourisme Jean Ravanel, ancien conseiller de Chaban-Delmas, ministre du Tourisme en 1954-1955, il fait enfin installer un bureau de la promotion touristique à Paris pour accueillir les journalistes étrangers et développer une marque touristique tricolore.

Par ailleurs, en déplacement en Corse, il propose que la dépouille de l'empereur Napoléon III, conservée dans la crypte de la chapelle de l'abbaye Saint-Michel à Farnborough, en Angleterre, soit rapatriée en France, afin de créer de grandes festivités nationales autour de la mémoire napoléonienne… mais le projet ne séduit guère l'Élysée et Matignon. Il faut dire que, tout bonapartiste que soit Albin Chalandon (notamment par son union), son collègue André Malraux, ministre de la Culture, a déjà fait sien un grand projet de commémoration du bicentenaire de la naissance de Napoléon Ier, dont l'apothéose devait être un discours du général de Gaulle aux Invalides[22].

Début octobre, interrogé sur les nécessaires réformes à mener à la suite de la crise de Mai 68, Albin Chalandon retrouve sa verve habituelle devant les journalistes, et propose pêle-mêle autonomie des universités, participation des étudiants à leur direction, renforcement du rôle des régions, réforme des aides agricoles, ou encore restructuration du secteur industriel.

Au salon technique international de l'équipement hôtelier, le 14 octobre, appelé par Matignon à recentrer son propos sur son action ministérielle, il annonce un plan d'action en quatre axes : aide directe par l'octroi de crédits, assistance technique par des formations, incitations fiscales à l'investissement hôtelier, enfin réforme des cotisations sociales du secteur. Dénonciateur d'un « maquis administrant[23] », il est surtout l'apôtre de la déconcentration et de la simplification administrative.

Auditionné par la commission des Finances du Sénat le 8 novembre, le ministre s'exprime également sur l'état des routes, regrettant le sous-investissement chronique dans le secteur et le manque de pilotage national du réseau territorial. Quelques jours plus tard, en déplacement à Lyon, il annonce inscrire la construction de l'autoroute Genève-Grenoble-Valence (prévue depuis 1960) parmi les priorités du Plan de 1968. « Faire plus avec moins de crédits », tel est son mot d'ordre en matière d'infrastructure routière.

Contre les « cages à lapin » et le goulot d'étranglement des permis de construire, il veut un urbanisme galopant, renforcé par une meilleure desserte des villes françaises, et ainsi un assouplissement de la contrainte urbaine. Il met en conséquence en œuvre de nouvelles liaisons autoroutières comme Ablis-Chartres, Ablis-Tours, Chambéry-Lyon ou encore Montluçon-Lyon.

Courant novembre 1968, ses attaques répétées contre les prix de la construction et son combat en faveur de la démocratisation de la maison individuelle suscitent un tollé chez les professionnels du secteur, lequel ne déstabilise pas pour autant le ministre, persuadé de la justesse de son propos. À Paris, l'opposition de gauche prend prétexte des travaux de rénovation du quartier Italie, dans le XIIIe arrondissement, pour mener une charge politique contre son urbanisation à marche forcée.

Dans la foulée, les débats budgétaires au Parlement mettent le ministre en difficulté, entre demandes locales – son vieux camarade Jean-Paul Palewski l'interpellant vivement sur le dossier de l'autoroute de l'Ouest* – et mise en garde du Conseil d'État sur le projet gouvernemental de suppression du permis de construire dans certaines zones. La période voit d'ailleurs Albin Chalandon empêtré dans une série de dossiers locaux épineux, qu'il s'agisse de la rénovation du quartier des Halles de Paris ou de l'hôtel Ruhl de Nice.

Mécaniquement, cette attention accrue sur les dossiers du ministre le place aussi au cœur des débats politiques du moment. Ainsi, le 26 novembre, il est à l'Élysée, auprès du général de Gaulle et de Maurice Couve de Murville, pour un débat sur la possible dévaluation du franc – à laquelle il est opposé comme Debré, Malraux ou Schumann.

Tandis que Jacques de Montalais loue sa hauteur de vue et regrette que son projet de banque nationale des investissements n'ait pas été mis en œuvre – un véritable renversement de situation après ses propos sur le « gaullisme mou » de Chalandon en 1966 ! –, les cinéastes

*Partisan d'une nouvelle version moins coûteuse et plus facilement réalisable, Albin Chalandon propose que le projet franchisse la colline de Saint-Cloud non plus par un tunnel mais par une tranchée de 300 mètres de long à ciel ouvert, recouverte par un viaduc. Ces travaux nécessitent le déplacement du pavillon d'Artois, édifice classé du parc de Saint-Cloud, ce qui suscite une vive opposition d'André Malraux, ministre de la Culture.

Jean-Louis Comolli et André S. Labarthe le mettent au cœur de leur reportage politique sur la campagne électorale dans la banlieue parisienne, *Les Deux Marseillaises* (novembre 1968). « La description de l'électorat gaulliste et de son candidat, M. Albin Chalandon, a de la verve : à-peu-près polémique, borborygme patriotique et confort intellectuel », écrit le journaliste Jean Lacouture, dans *Le Monde* du 4 décembre. Muet sur ce reportage, Albin Chalandon, lui, tâte le terrain, animant régulièrement les « Dialogues d'Asnières », avec son ami Michel Maurice-Bokanowski, y invitant élus, experts et sommités, comme l'ancien président du Conseil Edgar Faure.

Vainqueur de sa joute politique sur les permis de construire le 19 décembre, le ministre a cependant uni contre lui une grande partie de la classe politique de l'UDR (Achille Peretti) au PDM (Eugène Claudius-Petit, ministre de la Reconstruction et de l'Urbanisme de 1948 à 1953) en passant par les centristes (Marcel Anthonioz, maire de Divonne-les-Bains, et Raymond Mondon, maire de Metz). Ses adversaires, toujours plus nombreux, fragilisent en conséquence sa place au gouvernement et dans la majorité gaulliste.

Ce même 19 décembre, pour allumer un contre-feu à cette opposition parlementaire, le ministre lance un premier concours national pour imaginer le logement de demain. Pour faire des économies, l'administration fait alors la promotion du déshabillage, c'est-à-dire de la diminution de l'épaisseur de certains éléments comme la quincaillerie.

Début janvier 1969, il annonce encore un projet de loi d'unification et de simplification des garanties exigées des constructeurs, qui ne voit finalement jamais le jour, à cause de l'intensité des critiques internes au parti gaulliste ; mais déjà, le ministre est pris par d'autres projets, évoquant l'ouverture au secteur privé des autoroutes de liaison, un grand plan de création de lits dans les stations de ski, une gestion commerciale des ports, ainsi que la libération progressive des loyers.

Cette actualité très technique ne l'empêche pourtant pas d'exprimer des saillies politiques nationales et régulières, ainsi en janvier 1969, lorsqu'il expose, avec Michel Debré, ses regrets vis-à-vis de l'absence de consultation du gouvernement dans l'annonce de l'embargo français sur les livraisons de matériel militaire à Israël. Une prise de position cohérente avec ses engagements passés pendant la guerre des Six-Jours de 1967.

Le ministre s'investit aussi dans des dossiers politiques locaux, s'opposant par exemple au projet de Francis Bouygues dans la vallée de la Bièvre ou retouchant personnellement la cartographie des villes nouvelles du plan du Paris de l'an 2000. Le projet de construction de logements aux alentours de l'aéroport Paris-Nord suscite alors des remous dans la région francilienne, preuve que sa politique urbanistique n'enthousiasme pas tous ses interlocuteurs. Qu'importe, le fringant ministre de l'Équipement trace sa route, annonçant une nouvelle politique d'urbanisme commercial puis conduisant le débat sur une privatisation des autoroutes de liaison et obtenant finalement un accord de principe sur la participation du secteur privé en échange de droits de péage.

Pris à partie par Jacques Maziol, ancien du RPF, ministre de la Construction du général de Gaulle de 1962 à 1966, très critique de sa politique du logement, Albin Chalandon doit cependant calmer ses ardeurs au printemps 1969. Le 15 mars, il propose en conséquence de conditionner l'urbanisation à un coefficient d'utilisation des sols dans les grandes agglomérations, afin de préserver certains territoires, et concède une semi-victoire au préfet Delouvrier dans l'affaire de l'aménagement du plateau de Brie-Comte-Robert, en Seine-et-Marne, laquelle lui a valu quelques mots durs avec Roland Nungesser, député UDR du Val-de-Marne et ex-secrétaire d'État au Logement dans le gouvernement Pompidou.

Début avril 1969, Albin Chalandon poursuit sa politique de concours en lançant une deuxième compétition sur le logement de demain. Les candidats doivent proposer la construction de 7 500 maisons individuelles et modernes en deux ans, en échange de dérogations réglementaires de l'État destinées à en accélérer la production. La maison individuelle comme bien de consommation est devenu le nouveau *credo* du ministre.

En fait de philosophie politique, Albin Chalandon est donc un libéral, partisan d'un capitalisme d'État et de la société de consommation, chagriné par le sentimentalisme de l'opinion vis-à-vis de l'univers bancaire et financier*. Dans l'équipe gouvernementale, il profite aussi de ses fonctions ministérielles pour nourrir ses réseaux politiques. Il donne ainsi plusieurs conférences au Centre

---

*Dans l'affaire de l'OPA de Boussois-Souchon-Neuvesel (BSN) sur la compagnie Saint-Gobain, début 1969, il s'oppose ainsi à la presse, estimant que l'opération « n'était pas un *hold-up* » et que l'opposition émanait surtout d'un « club des dirigeants cooptés qui maintiennent leurs privilèges, considèrent l'État comme une providence et se refusent à toute compétition » (AAC, Albin Chalandon, Discours prononcé lors du déjeuner de la revue *Réalités*, 12 février 1969). Sa défense doit néanmoins se lire au regard de son amitié avec Antoine Riboud, président de BSN depuis 1965, qu'il a connu comme camarade au lycée Ampère de Lyon et avec lequel il a gardé des liens d'amitié.

d'études et de documentation économiques et sociales (CEDES), un cercle de réflexion créé par Jacques Foccart – le mystérieux « Monsieur Françafrique » de l'Élysée –, en réalité paravent au financement du parti gaulliste.

De nouveau candidat au championnat international de ski des parlementaires, il en rafle la coupe le 11 février 1969, coiffant au poteau l'alpiniste Pierre Mazeaud. Surtout, dans la perspective du référendum sur la régionalisation et la réforme du Sénat, Albin Chalandon s'investit dans le Comité national pour le « oui » de Jean Runel, constitué à la mi-avril 1969. La victoire du « non », au soir du 27 avril, conduit néanmoins à la démission du général de Gaulle dès le lendemain et à la mise en place d'un intérim présidentiel par Alain Poher, qui maintient en fonction le gouvernement Couve de Murville.

***

Député omniprésent sur les questions économiques et financières à l'Assemblée nationale, Albin Chalandon se distingue en 1967-1968 par ses idées innovantes et ses querelles multiples avec Michel Debré, ministre de l'Économie et des Finances.

Ministre de l'Industrie du dernier gouvernement Pompidou au lendemain de la crise de Mai 68, il fait vivre sa théorie du capitalisme d'État, précédant de plusieurs décennies les défenseurs du « Produit en France ». Ministre de l'Équipement et du Tourisme du gouvernement Couve de Murville, il entreprend ensuite une véritable transformation du pays, fondée sur une urbanisation accélérée, une révolution des infrastructures hôtelières et des transports, enfin une démocratisation du pavillon.

Au croisement d'une grande transformation nationale et d'une série de bisbilles locales, il s'est surtout bâti une image publique de réformateur au service du progrès.

6

Un baron pompidolien ?

Après le départ du pouvoir du général de Gaulle, Albin Chalandon s'impose comme l'un des soutiens de premier plan de Georges Pompidou, candidat à l'élection présidentielle. Rien à voir toutefois avec la légende* qui voudrait que le banquier et ministre ait tout fait, dès Mai 68, pour « mettre le vieux au placard[1] ». Au contraire, Albin Chalandon fait plutôt figure de gaulliste inclassable qui, s'étant battu jusqu'au bout pour son chef, prend le parti de sa succession plutôt que celui de l'ostracisation. De 1969 à 1970, il est ainsi un « gaulliste pompidolien », mettant en œuvre son dessein politique au ministère de l'Équipement et du Logement.

---

*Cette légende doit beaucoup au récit du journaliste Jean-René Tournoux, évoqué dans une note précédente ; mais aussi aux mémoires de l'ancien ministre Raymond Triboulet, qui présente Albin Chalandon comme un « rabatteur » du camp Pompidou pendant la crise de mai 1968, ce qui suscite un haut-le-corps de sa part (Raymond Triboulet, *Un ministre du Général*, Paris, Plon, 1985, p. 301).

La baronnie Chalandon

Pendant toute la période 1968-1969, Albin Chalandon a affirmé sa stature nationale en tant que ministre des gouvernements Pompidou (Industrie) puis Couve de Murville (Équipement, Logement et Tourisme). Technicien hors-pair, négociateur salué par l'ensemble de ses interlocuteurs, le jeune et saillant ministre est aussi un habile politicien.

À l'UNR-UDT, à l'UD-V^{e} puis à l'UDR, il continue en effet de jouer un rôle discret mais pourtant déterminant dans la stratégie adoptée, poursuivant sa politique en faveur de l'indépendance du parti gaulliste. Secrétaire général de l'UDR à partir de 1968, Robert Poujade se souvient ainsi, dans ses mémoires, d'un « esprit extrêmement ouvert et peu conformiste, dont les hardiesses inquiétaient parfois en haut lieu », renâclant à l'idée « d'un parlement qui ne serait qu'une chambre d'enregistrement et d'un parti qui ne ferait que de la figuration »[2].

Auprès du général de Gaulle, l'ex-banquier de Marcel Dassault, brièvement trésorier, puis secrétaire général du parti gaulliste, a aussi acquis ses entrées. Il les doit bien entendu à son dynamisme et à sa verve politique – même si le Général aime lui rappeler qu'« un bon ministre est incolore, inodore et sans saveur[3] » –, mais il doit aussi cette proximité à son épouse, la princesse Salomé Murat*.

* Michel Tauriac, dans *Vivre avec de Gaulle* (2010), raconte ainsi un déjeuner élyséen auquel Albin Chalandon et son épouse ont été invités en 1968. Le général de Gaulle s'y plaignant du palais de l'Élysée, la princesse Salomé Murat lui rappelle que le palais a été construit par un de ses ancêtres. Embarrassé et regrettant d'avoir offensé son hôte, le Général lui apporte lui-même le café après le repas. Fabien

Cette intimité avec le président de la République lui vaut d'ailleurs de participer à l'un des derniers déjeuners élyséens du chef d'État, le mercredi 23 avril 1969, en présence de ses aides de camp et de quelques « grognards » du gaullisme, comme Henri Duvillard, Jean Taittinger et Bernard Tricot.

Le vendredi soir, le général de Gaulle quitte l'Élysée pour sa résidence privée de La Boisserie, à Colombey-les-Deux-Églises, d'où il suit les résultats du référendum et annonce, dans la nuit du dimanche au lundi, qu'il quitte ses fonctions compte tenu du résultat.

Albin Chalandon n'a pourtant pas ménagé ses efforts en faveur du Général. Le 26 avril, il s'est rendu à Béziers pour y défendre les nouveaux pouvoirs confiés aux régions dans le cadre du projet gaullien. Néanmoins, le 30 avril, dans un mouvement général, il rend public son ralliement à la candidature de Georges Pompidou à l'élection présidentielle, créant un comité de soutien à Asnières et saluant un homme aux épaules solides.

Georges Pompidou se rend d'ailleurs à Asnières le 19 mai, jour d'ouverture de la campagne présidentielle, tenant sa toute première réunion électorale dans le fief d'Albin Chalandon, y rencontrant un groupe de commerçants, distribuant un dépliant politique à sa gloire et donnant un discours passionné devant les militants UDR. Interdit de campagne comme les autres membres du gouvernement, Albin Chalandon, lui, consacre la période à poursuivre sa politique en faveur d'un nouvel aménagement du territoire.

Chalandon raconte également qu'elle était une des rares, si ce n'est la seule, épouses de ministres que le Général venait accueillir au pied des marches du perron de l'Élysée.

La grande histoire mérite ici qu'on s'arrête quelques instants sur la petite, car la carrière ministérielle d'Albin Chalandon est aussi le prélude à une nouvelle page de sa vie personnelle et à une rencontre extraordinaire avec celle qui partagera désormais ses jours et ses nuits : Catherine Nay. Journaliste à *L'Express*, cette dernière est chargée de suivre les partis de droite à partir de mars 1967 pour les colonnes de son journal. Aux assises de Lille de l'UDR, les 24-26 novembre 1967, la jeune femme de vingt-quatre ans fait la rencontre d'Albin Chalandon, alors en pleine ascension politique après son entrée à l'Assemblée nationale.

Malgré des débuts peu encourageants – lors d'un déjeuner au restaurant « Le George V », le ministre lui fait par exemple remarquer qu'elle s'habille comme une bourgeoise en ne portant que des tailleurs* ! –, leur idylle secrète s'enracine durablement, surmontant les événements de Mai 68, pour durer toute leur vie durant, jusqu'à leur mariage en 2016 – après le décès de la princesse Salomé Murat. Dès les années 1970, Catherine Nay est ainsi à la fois l'amante, la conseillère la plus proche et le trait d'union d'Albin Chalandon avec l'univers médiatique.

Car derrière l'homme public se cache aussi un homme privé, discret et pourtant fascinant. Il est poète à ses heures perdues mais refuse d'être publié ; « d'une sveltesse et d'une dureté athlétique[4] », il aime lancer des défis galants à ses amis et se prête volontiers à la formule

*« Pour dire les choses, il m'avait aussi pas mal agacée en me demandant – question que j'avais jugée incongrue : "Vous aimez vous habiller comment ?" Et j'avais répondu : "J'aime bien les tailleurs. — Ah, mais vous êtes une bourgeoise !" avait-il alors commenté sur le ton qui relève une tare. » (Catherine Nay, *Souvenirs, souvenirs*, Paris, Robert Laffont, 2019, p. 90.)

du poète américain Henry David Thoreau, qui appelle à « vivre profondément et sucer toute la moelle de la vie ». La concurrence et la compétition sont ainsi au cœur de son mode de vie.

Quand il n'est pas sur les pistes, il profite des douceurs de sa maison de campagne, « Les Gâtines rouges », à Ivry-la-Bataille, y plonge dans sa piscine chauffée et y joue au tennis avec son ami Claude Sère, antiquaire parisien, parti à vingt ans s'engager comme parachutiste dans les Forces spéciales britanniques. Avec l'orphelin d'Élancourt, façonné comme lui par la guerre, il sait qu'il n'a pas besoin d'expliquer certaines choses pour se faire comprendre. Aux Gâtines, il fréquente aussi Michel Noël du Payrat, ancien du maquis de Lorris, membre de l'état-major particulier du général de Gaulle à l'Élysée et du cabinet militaire de Jacques Foccart. La propriété des Chalandon n'est en effet qu'à une vingtaine de kilomètres de sa base et il lui arrive même, avec l'accord de son vieux camarade de combat et de son épouse, de faire des manœuvres de blindés dans la forêt attenante.

Ministre de la maison individuelle

D'autres chantiers occupent toutefois l'esprit de notre politicien qui a le vent en poupe. En tant que ministre de l'Équipement et du Logement, il veut en effet mener à terme sa réforme urbanistique, qu'importe l'atmosphère de campagne présidentielle. Dans cette tâche, Albin Chalandon peut compter sur quelques esprits brillants pour l'accompagner. Les dossiers urbanistiques sont alors suivis par Jacques Henri-Labourdette, architecte réputé pour son travail sur les grands ensembles comme le quartier de Lochères à Sarcelles, le quartier du Sanitas à Tours ou encore la tour Albert à Paris, première tour d'habitation parisienne dotée d'une ossature en acier[5]. Concepteur des « Labourdette », un ensemble de trois tours d'habitation à Marseille, Henri-Labourdette est le principal promoteur de la maison individuelle dans le cabinet Chalandon. Il profite alors d'un climat favorable à ses théories.

En effet, en 1965, l'essayiste Michel de Chalendar a lancé un pavé dans la mare avec son livre *Champ libre. Essai sur les maisons et les villes de demain*, manifeste en faveur de la maison individuelle, jugée moins coûteuse que l'ensemble collectif. Le livre est préfacé par Jacques Rueff, vieil ennemi d'Albin Chalandon. Tenant compte de l'accroissement des richesses et de l'explosion démographique, Chalendar y définit la ville nouvelle comme un espace urbain étalé et promeut la maison individuelle comme élément d'épanouissement des individus dans une société en proie à une crise morale. Reste que l'ouvrage fait l'impasse totale sur la question du financement de ce nouveau modèle de construction.

Comptant sur le développement de l'automobile individuelle, Jacques Henri-Labourdette est, pour sa part, persuadé que le modèle de la maison individuelle est non seulement possible mais, plus encore, qu'il doit être promu auprès des Français comme marque du progrès sociétal. Il encourage donc son ministre à passer de la planification de 110000 à 200000 constructions par an de nouveaux logements.

Au fond, en pleine vague des Trente Glorieuses, Albin Chalandon et son équipe veulent faire de la maison individuelle un bien de consommation de base, un produit industriel standardisé, accessible à tous les Français. « La maison individuelle doit être le logement du plus grand nombre, tout en permettant le contact avec la nature[6] », souligne ainsi Henri-Labourdette lors d'une conférence de presse. L'ancien résistant Max Stern, son complice au cabinet du ministre, est le second porte-étendard de cette politique de la maison individuelle. On se souvient que la famille Chalandon avait aidé ce jeune cyrard juif à échapper aux Allemands pendant la Seconde Guerre mondiale. Converti au christianisme pendant la guerre et au communisme par la Résistance, Stern a été ordonné prêtre en 1950 et a contribué à la création du Bureau d'études et de réalisations urbaines (BERU) en 1956.

Le BERU est un cercle de réflexion sur l'aménagement et la planification urbanistique. Essentiellement composé d'hommes de gauche, il entretient cependant de bonnes relations avec des personnalités gaullistes comme Pierre Sudreau, ministre de la Construction du Général de 1958 à 1962[7]. Formé aux méthodes anglo-saxonnes de la planification, Stern en est le porte-parole dans les milieux gaullistes et emmène même en séminaire aux États-Unis plusieurs des grands pontes français de l'aménagement en avril 1964.

En 1969, entré au cabinet ministériel d'Albin Chalandon après un bref passage à la Banque commerciale de Paris, Stern s'y fait le défenseur d'un nouvel urbanisme, dénonçant des villes fantômes, où les lieux de sociabilité ont disparu au profit d'une vision mécanique de la vie. Pour tous ces hommes, la maison individuelle est donc à la fois un modèle urbanistique… et un mode de vie en société !

Acquis à ces thèses par l'entremise de ses collaborateurs, Albin Chalandon s'inquiète, au congrès des parlementaires UDR de Chamonix de septembre 1970, du poids de l'inaction et d'une manière de vivre qui « déshumanise l'homme en faisant de lui un être frustré car soumis à un système dont il est incapable de s'extraire[8] ». « L'urbanisme doit être au service de l'homme, et non à la remorque des problèmes matériels[9] », conclut-il de manière péremptoire. Le 9 mai 1968, devant la Chambre de commerce de Paris, il se présente comme le « Liberman de la construction » (en référence au planificateur soviétique du même nom), à la fois promoteur d'un « urbanisme libéré » et partisan d'une libéralisation du foncier :

> Nous avons vécu sur un urbanisme étatique et déficitaire. Le résultat, c'est que nous avons fait peu de choses eu égard aux besoins. Il faut par conséquent intégrer l'urbanisme dans une économie de marché. [...] L'État a peu d'argent, il en a de moins en moins à consacrer aux équipements, hélas. Et cet argent qu'il a, il faut qu'il puisse le consacrer à l'essentiel de sa tâche qui est la réalisation des grands équipements. Il faut aussi une planification, bien sûr, mais cette planification doit être aussi souple que possible[10].

Entouré d'un architecte médiatique et d'un prêtre-ouvrier passionné, Albin Chalandon ne fait pourtant pas l'unanimité au gouvernement en matière d'urbanisme. André Malraux, ministre de la Culture, lui tient rigueur de ses projets dans le parc de Saint-Cloud[11], tandis qu'Olivier Guichard, ministre de l'Aménagement du territoire et du Plan, s'oppose à certaines de ses actions franciliennes les plus emblématiques, comme l'aménagement de la vallée de la Mauldre, dans les Yvelines, ou encore l'implantation de zones d'habitation autour du futur aéroport de Roissy. Quant au préfet Paul Delouvrier, moine-soldat du Général et opposant régulier aux initiatives franciliennes du ministre, Albin Chalandon ferraille quasi quotidiennement avec lui, notamment s'agissant de son projet d'aménagement des Halles de Paris.

De fait, chacun se jaugeant à distance, et de nombreux hauts fonctionnaires craignant les idées préconçues du ministre, une bataille sans merci est vite engagée et se transforme en guerre de tranchées[12]. Sa réforme du permis de construire de janvier 1969 est pourtant l'un des signes les plus tangibles de l'effort de simplification de l'action publique dans une société étouffée par les normes.

Le 14 puis le 24 juin 1969, Albin Chalandon profite de l'intermède de l'élection présidentielle pour parachever son grand-œuvre urbanistique. Une douzaine d'arrêtés est publiée pour réformer les règles de la construction, créant un cadre lorsqu'il n'existe pas (isolation acoustique, gainage des câbles téléphoniques et des antennes de télévision) ou simplifiant les règles lorsqu'elles sont peu claires, voire contradictoires (caractéristiques des vide-ordures, des fosses septiques).

Le 21 juin, la cérémonie de passation entre Alain Poher, président par intérim, et Georges Pompidou, président élu, est glaciale. Les gaullistes historiques « boudent » le président sortant, qui a eu l'outrecuidance de défier l'héritier du général de Gaulle. Alors que le journaliste André Passeron décrit un gouvernement hostile, voire irrespectueux – Roger Frey refuse notamment de serrer la main d'Alain Poher –, Albin Chalandon se démarque par son attitude « républicaine », saluant celui-ci d'un geste poli de la tête. Loin d'être anecdotique, la scène est à l'image du comportement du jeune ministre : c'est un personnage courtois, fondamentalement respectueux des hommes comme des institutions, et soucieux des conventions.

Le 23 juin, face au refus d'Antoine Pinay d'intégrer le nouveau gouvernement de Jacques Chaban-Delmas comme ministre des Finances, Albin Chalandon croit son heure enfin arrivée. C'est la revanche de 1959. Il est en effet dans la dernière ligne droite face à Valéry Giscard d'Estaing, candidat auto-déclaré aux fonctions de grand argentier de l'État, lequel a déjà occupé ce fauteuil de 1962 à 1966. Le lendemain, à son grand regret, Albin Chalandon est toutefois maintenu au poste de ministre de l'Équipement et du Logement, son adversaire lui étant préféré au titre des accords avec les centristes. La réorganisation du pouvoir lui confère néanmoins un nouvel allié inattendu : l'énarque Édouard Balladur.

Ancien conseiller de Georges Pompidou à Matignon, président de la société du Mont-Blanc en 1968 puis auteur d'un rapport sur la politique routière à destination d'Albin Chalandon en 1969, il vient d'être nommé secrétaire général adjoint de l'Élysée auprès de Georges Pompidou. Albin Chalandon va donc pouvoir lui présenter sa batterie de réformes imaginée pendant la campagne présidentielle : création d'un impôt sur la rétention de terrains constructibles, extension de l'allocation-loyer aux personnes âgées ou encore lancement d'une banque de développement industriel, vieux projet habilement remis sur le devant de la scène à l'occasion de l'inauguration de la foire de Nancy.

Les adversaires d'Albin Chalandon sont néanmoins nombreux : collègues ministres ou membres de la haute fonction publique agacés par sa libéralisation de la construction, associations de riverains inquiets de l'urbanisme accéléré (notamment en région parisienne), représentants du secteur HLM peu convaincus par les concours d'innovation et persuadés que les opérations vertueuses ne constitueront pas de solutions généralisables et viables à long terme. Ces critiques sont-elles justifiées ? Pas entièrement. Le ministre sait en effet se faire le défenseur des causes environnementales ou locales dans certains dossiers, comme celui du bois du Val-d'Enfer, à Jouy-en-Josas, où il s'est opposé au promoteur Francis Bouygues pour préserver 9 hectares de forêt. En mai 1969, il se bat encore avec le promoteur d'un ensemble immobilier à Évry-Petit-Bourg, garanti par la Banque de Suez et la banque Vernes, pour que le nombre de logements créés soit à la hauteur des concessions de terrain de l'État.

À l'inverse, dans « Vivre parmi les arbres », un fascicule édité par le ministère de l'Équipement et du Logement à la mi-juin 1969, il clarifie sa vision de l'urbanisme, regrettant tout à la fois « les maisons d'autrefois merveilleusement accordées aux paysages campagnards » et le fait que « le moindre taillis fasse désormais l'objet d'une protection »[13]. Contre une ville marquée par « la laideur passe-partout, standardisée, industrialisée », contre les cités construites sur les terres à betteraves (comme Évry, Pontoise ou Trappes), il veut « rompre le cercle vicieux qui sait créer la ville mais détruit la campagne et éloigne la nature d'une masse de plus en plus importante d'individus, au moment où leur statut de citadin accroît précisément leur demande vis-à-vis de celle-ci »[14].

Quelle conclusion en tire-t-il ? Que la seule urbanisation qui vaille est « une urbanisation au milieu même des arbres et dans les espaces verts, qui seront bien mieux protégés par la fréquentation quotidienne des hommes que par les écriteaux qui n'arrivent pas à empêcher les promeneurs du dimanche de souiller chaque semaine un peu plus irrémédiablement la forêt de Fontainebleau ou de Saint-Germain[15] ». Peu convaincant sur le fond, le fascicule a au moins pour utilité de définir avec précision la doctrine du ministre et de répondre aux interrogations de ses détracteurs. Toutefois, sa confirmation dans ses fonctions ministérielles lui donne l'occasion de se déporter vers un autre sujet : celui de la construction des autoroutes.

Auditionné par l'Assemblée nationale peu avant la suspension des travaux parlementaires pour raison d'élection présidentielle, le ministre reconnaît en effet l'inadaptation du réseau national au regard de l'évolution du trafic, le manque d'entretien des chaussées… et le besoin de faire appel aux financements du secteur privé. Il vient de choisir son nouveau cheval de bataille et ne le quittera plus. Le 31 mai 1969, il annonce en conséquence et en fanfare la construction de la première autoroute financée par des capitaux privés, reliant Paris-Le Mans et Paris-Poitiers (461 kilomètres). Le 5 juin, en Conseil des ministres, il fait la promotion de ce nouveau système, jugeant que la venue de promoteurs privés permettra bientôt de passer de 140 à 160 kilomètres par an de nouvelles infrastructures à environ 400 kilomètres par an. C'est une véritable révolution !

Une autoroute ministérielle

À l'été 1969, deux groupes s'affrontent pour obtenir le premier chantier de construction des autoroutes, sur le tronçon Paris-Le Mans et Paris-Poitiers : d'une part, un consortium d'entreprises de travaux publics (Campenon-Bernard, EGTH, Société chimique routière), soutenu par la Banque de l'Union parisienne (de feu Lafond), la Banque de l'Indochine (de François de Flers) et la Société générale (de l'inspecteur des Finances Jacques Ferronnière) ; et d'autre part, une union des groupes Colas, Fougerolles et Grands Travaux de Marseille, soutenue par la Banque de Paris et des Pays-Bas (de l'inspecteur des Finances Jacques de Fouchier).

Un combat de titans vient donc de s'engager sous le regard du gouvernement et plus particulièrement de notre jeune ministre. Or, Albin Chalandon a perdu une partie de ses troupes au profit du remaniement ministériel de 1969 : son directeur de cabinet, Claude Charbonniaud, est parti auprès de Jacques Limouzy, secrétaire d'État auprès du ministre chargé des Relations avec le Parlement, tandis que l'un de ses conseillers techniques, l'inspecteur des Finances Yves Sabouret, a été choisi pour diriger le cabinet de Joseph Fontanet, ministre du Travail.

Réconfort cependant : le ministre est désormais flanqué de deux secrétaires d'État pour l'aider dans sa tâche en la personne de Marcel Anthonioz et de Robert-André Vivien. Fils d'un charpentier, ancien maquisard, élu maire de Divonne-les-Bains à la Libération, Marcel Anthonioz est l'une des grandes figures du tourisme français à la fin des années 1960. Il a été président du syndicat national de l'hôtellerie saisonnière et vice-président du conseil supérieur du tourisme. Élu à l'Assemblée nationale depuis 1951, il siège dans le groupe des républicains indépendants de Valéry Giscard d'Estaing, avec lequel il a toutefois pris certaines distances depuis le référendum de 1969. Le 11 juillet, un décret lui confère officiellement le champ du tourisme – camouflet pour Chalandon et prise de guerre pour les centristes.

Quant à Robert-André Vivien, ancien Français libre, engagé volontaire dans la guerre de Corée, il est le patron d'une entreprise familiale de textile. Conseiller municipal de Saint-Mandé dans le Val-de-Marne, il est également député UNR depuis 1962. Bref collaborateur de Raymond Triboulet, ministre des Anciens Combattants, il est un parlementaire actif de la commission des Finances et a, à ce titre, fréquenté Albin Chalandon sur les bancs de l'Assemblée nationale. Auprès de son ministre de tutelle, en tant que secrétaire d'État chargé du Logement, il assure la mise en œuvre du concours sur la maison individuelle, la promotion des politiques de vente des HLM à leurs occupants, la réforme de la profession d'architecte, enfin l'assainissement des structures de l'industrie du bâtiment.

Ainsi épaulé, le ministre peut donc concentrer son attention sur la problématique routière – qui lui tient à cœur. Il est toutefois pris dans le tourbillon d'une petite polémique à l'été 1969, après avoir autorisé la consommation de boissons alcoolisées dans les bars d'autoroute, avant de faire marche arrière face à la contestation médiatique de nombreux opposants, inquiets des effets de la mesure sur la sécurité routière.

La période est surtout à l'ouverture au secteur privé des autoroutes. Le 4 juillet, à Radio-Télé-Luxembourg, il précise ainsi que des appels à exploitation privée des autoroutes vont être lancés pour l'ensemble du territoire, suscitant une grande mobilisation des élus locaux auprès de l'ensemble du gouvernement afin de faire connaître leurs dossiers. Le 5 août, en plus du financement privé des autoroutes, le ministre annonce le lancement d'un grand emprunt pour payer la construction et la rénovation des axes routiers prioritaires, notamment dans le Sud-Ouest. Le 18 août, il évoque même la possibilité d'emprunter sur les marchés étrangers pour financer la réalisation des 2000 kilomètres d'autoroutes selon lui nécessaires au développement du pays à moyen terme.

Dans la foulée, son collègue François-Xavier Ortoli, ministre du Développement industriel et de la Recherche scientifique, reprend sa fameuse proposition de création d'un Institut de développement industriel, alors vivement soutenue par le député UDR Jacques Mercier*. Comment ne pas y voir la main de l'ancien banquier – « ministre de la continuité » gaullo-pompidolienne, suivant sa formule – à l'époque en odeur de sainteté auprès de Jacques Chaban-Delmas et dans les cercles gaullistes ?

Hubris de la réussite, le ministre subit cependant quelques démêlés à la rentrée 1969. Sa critique du gouffre budgétaire de l'Éducation nationale lui vaut par exemple la remontrance publique de son collègue Olivier Guichard. Ses remarques négatives sur le plan de redressement de l'économie et les « tours de valse[16] » de Valéry Giscard d'Estaing, bien que formulées dans l'intimité du club gaulliste Nouvelle Frontière, l'amènent même à être convoqué à Matignon, le 20 octobre, et à rester en froid avec les républicains indépendants pendant quelques mois. Il faut finalement l'intervention des deux épouses pour enterrer la hache de guerre et réunir les ministres. Un retour aux dossiers de son portefeuille ministériel semble donc nécessaire pour calmer la colère des autres membres du gouvernement.

Début octobre 1969, 12 lauréats (sur 49 candidats) sont sélectionnés dans le cadre de son concours sur la

*Jacques Mercier, avocat et résistant, est député de l'Essonne de 1968 à 1973. Gaulliste de gauche, il a participé à différents clubs et mouvements de la tendance sociale du gaullisme.

maison individuelle. Parallèlement, la construction et l'exploitation des nouvelles autoroutes est accélérée. Elle n'est malheureusement pas sans poser problème. En effet, courant octobre, une partie des élus lorrains proteste contre le tracé de l'autoroute Paris-Strasbourg, relayés par leurs parlementaires à l'Assemblée nationale et au Sénat… mais aussi par Raymond Mondon, à la fois maire de Metz et ministre des Transports[17].

Au même moment, Albin Chalandon entame des poursuites judiciaires contre *Le Canard enchaîné* après la parution, au printemps, d'une série d'articles qui l'accusaient d'avoir des intérêts personnels financiers dans les marchés autoroutiers et donc de tirer profit de cette explosion de la construction autoroutière. Qu'importe, le 10 novembre, Jacques Chaban-Delmas donne sa bénédiction à Albin Chalandon pour réaliser les 300 kilomètres d'autoroutes annoncés à Pontoise.

Ces accusations et ces passes d'armes l'ont-elles placé en marge du gouvernement ? Pas du tout, si on considère la présence du couple Chalandon au déjeuner officiel organisé par Georges Pompidou pour le mariage de l'Aga Khan et de la Bégum à l'Élysée le 31 octobre*. Partisan d'une désétatisation de certaines politiques, le ministre fait même voter le recours aux capitaux privés dans la construction de futures autoroutes à grand renfort d'articles laudatifs. Fin novembre 1969, prenant acte de ses orientations libérales, Léo Hamon et les gaullistes de gauche prennent leurs distances avec Albin Chalandon,

* L'Aga Khan est le chef des Ismaéliens nizârites. Son épouse est nommée la Bégum. Depuis 1957, l'Aga Khan est le prince Karim Al-Hussaini. Il a épousé le mannequin indien Sarah Crocker Poole en 1969. Le couple a divorcé en 1995.

pourtant leur vieux compagnon de route. Une brouille aggravée par le discours du ministre à Marseille, le 8 décembre, à l'occasion du centenaire de l'Union patronale interprofessionnelle des Bouches-du-Rhône :

> Notre économie administrative est plus proche que nous le pensons du système soviétique. L'État veut gérer trop de choses, c'est un mauvais gestionnaire et il stérilise l'économie[18].

L'urbanisme de révolution

À compter de 1970, le polytechnicien et ingénieur des Ponts-et-Chaussées Jean Chapon prend la direction du cabinet d'Albin Chalandon, y insufflant une nouvelle dynamique*. Cet ancien responsable des services maritimes du port de Rouen, devenu directeur des ports maritimes et des voies navigables au ministère, est un acharné de travail, « toujours en réunion avec une pile de dossiers, intervenant dans les discussions tout en les étudiant et en signant son courrier[19] ». Il soulage rapidement son ministre des dossiers les plus techniques, lui laissant les véritables enjeux politiques. Or, le début de l'année 1970 n'en manque pas : mise sous cloche des terrains envisagés pour la construction de la future autoroute A10 afin d'éviter la spéculation foncière, révision du schéma directeur de la région parisienne pour accélérer la construction de logements, disputes régulières avec

---

*Il prend la suite de Marcel Blanc, énarque, ancien préfet, conseiller de Roger Frey, ministre de l'Intérieur en 1964, nommé directeur général de la Protection de la nature et de l'Environnement à sa sortie du cabinet.

les élus locaux sur les bois de Boulogne et de Vincennes, etc.

Après l'urbanisme galopant, Albin Chalandon fait sienne la formule « d'urbanisme de révolution », fondé sur la maison individuelle et une nouvelle vision de la ville. Mobilisé lors des pourparlers avec l'Espagne en matière d'exportations chimiques et sidérurgiques, triomphant dans l'annonce du contrat de concession de l'autoroute Paris-Le Mans et Paris-Poitiers, finalement emporté par Colas-Fougerolles-Grands Travaux de Marseille, Albin Chalandon est sur tous les fronts.

Est-il épuisé par la tâche ? Au contraire. Le 3 février, il remporte d'ailleurs brillamment le championnat de ski des parlementaires, dont il est le favori depuis quelques années. Le 7 février, dans le magazine *L'Actualité*, il s'offre même le luxe de critiquer l'attitude de l'ancien Premier ministre Michel Debré vis-à-vis de l'Algérie française, à titre de liquidation de vieux comptes du début de la Cinquième République : « Dès que j'avais éloigné un activiste, quelqu'un de dangereux, Debré refaisait ce que j'avais défait. »

En ce printemps 1970, alors que l'ombre du Général disparaît progressivement du paysage pompidolien, le journaliste Pierre Viansson-Ponté se prête à une cartographie assez fine de ses héritiers, dans laquelle Albin Chalandon n'est pas présenté à son avantage :

> Arbitraire aussi, mais spirituelle, la répartition en quatre lots : les purs de la trinité gaullienne (Debré, Michelet, Foccart) ; les loups (Chaban-Delmas, Guichard, Poujade et Chalandon) ; les trois piliers de la politique du régime (Giscard d'Estaing, Marcellin et Schumann, naturellement) ; enfin les cousins de province (Duhamel, Fontanet, Pleven[20]).

Le « loup » des Hauts-de-Seine ne mâche en effet pas ses mots contre ses adversaires multiples : il dénonce le « totalitarisme administratif » d'une haute fonction publique sclérosée, se bat avec la gauche sur le coût des autoroutes, lance un grand plan en faveur de la construction, encourage les entreprises à s'installer en banlieue parisienne et propose même une révision de la réglementation sur la construction en montagne.

Certes, il doit de temps à autre affronter quelques épiphénomènes politiques, y compris des polémiques dans la majorité pompidolienne. Mi-avril 1970, le député Roger Souchal, élu de Nancy, lui fait ainsi du chantage politique, en menaçant de démissionner pour protester contre le tracé de l'autoroute Paris-Strasbourg. Il met finalement sa menace à exécution mais est battu, lors d'une législative partielle, par le sémillant Jean-Jacques Servan-Schreiber, fondateur du journal *L'Express* (où travaille alors Catherine Nay, la compagne de l'ombre du ministre).

Début mai, Albin Chalandon investit publiquement le dossier de l'urbanisation de l'hippodrome de Saint-Cloud et des haras de Jardy, dans les Yvelines, pour s'opposer à la volonté de Marcel Boussac d'y construire 12 000 logements, ce qui froisse le président de la République, ami de l'industriel du textile. Au Conseil des ministres du 12 juin, il est donc sommé de dresser un bilan de deux ans d'action à la tête de son ministère.

Jacques Chaban-Delmas et Georges Pompidou sont satisfaits et arbitrent en faveur de l'inscription du financement de 15 000 kilomètres de routes supplémentaires dans le cadre du VIe Plan. Début juillet, le ministre lance en conséquence le chantier de construction de quatre nouvelles autoroutes – Paris-Strasbourg, Narbonne-Bordeaux, Côte basque-Tarbes et Beaune-Mulhouse – et en profite pour écorner son secrétaire d'État Marcel Anthonioz en affirmant que « le développement industriel rapporterait davantage que le tourisme »...

Aux journées parlementaires de l'UDR de Chamonix du 17 septembre 1970, il plaide encore pour une ville nouvelle et repensée, sans laquelle émergerait un « urbanisme de classe[21] », antichambre du déclin de la nation. Il y propose aussi une expérimentation de péage sur les autoroutes urbaines, notamment aux sorties de Paris, ainsi qu'un renforcement des infrastructures routières dans les Alpes (365 kilomètres en dix ans), afin d'y soutenir l'attractivité touristique. Le président de la République lui-même l'accompagne pour l'inauguration du dernier tronçon de l'autoroute Lille-Marseille le 30 octobre, soulignant l'effet des nouvelles infrastructures sur le développement économique des territoires. La consécration est faite et Albin Chalandon devient progressivement un acteur du premier cercle présidentiel.

Avec son chantier autoroutier, il a donc remporté les lauriers de cette première année du septennat pompidolien. Le 6 novembre, il se félicite devant des journalistes du doublement de son budget (1,4 milliard de francs) au service du développement de la voirie. Alors que seuls 91 kilomètres d'autoroute avaient été construits à la fin de l'année 1960, le réseau dispose désormais de 1 500 kilomètres fin 1970 et potentiellement 3 000 kilomètres à l'horizon 1975. Quant à sa politique de la maison individuelle, ses proches Roger Goetze et Max Stern sont nommés président et vice-président du Groupe central des villes nouvelles avec la charge d'accomplir ses désirs urbains.

Quelques jours plus tard, après l'annonce du décès du général de Gaulle (9 novembre), Albin Chalandon et Olivier Guichard font le déplacement à Colombey-les-Deux-Églises pour rendre un dernier hommage au défunt chef d'État. C'est en baron du gaullisme que le ministre se rend en Haute-Marne, à la fois défenseur et incarnation de son héritage. Toutefois, pour les observateurs de l'époque, c'est surtout un seigneur pompidolien qui se recueille sur la tombe de son ancien mentor*.

***

Promoteur de la maison individuelle et partisan d'un urbanisme accéléré, Albin Chalandon a progressivement troqué son habit gaulliste pour une toge pompidolienne entre 1969 et 1970.

Son engagement en faveur du développement du réseau autoroutier en a fait une personnalité incontournable du gouvernement Chaban-Delmas, au point d'être considéré, fin 1970, comme l'un des membres les plus importants de la majorité présidentielle.

---

*L'expression de « barons du gaullisme » désigne à l'origine six figures historiques du mouvement : Jacques Chaban-Delmas, Michel Debré, Jacques Foccart, Roger Frey, Olivier Guichard et Gaston Palewski. Au décès du général de Gaulle, en 1970, elle s'est étendue à d'autres figures de la droite comme des anciens ministres (Pierre Messmer, Maurice Couve de Murville, Alain Peyrefitte) ou des proches du premier cercle du général de Gaulle (Jacques Baumel, Albin Chalandon, Pierre Lefranc).

Sous les ors de la République, il s'est également frotté à quelques adversaires tenaces – tels Valéry Giscard d'Estaing ou Raymond Mondon –, mais à l'aube du remaniement ministériel du 7 janvier 1971, il fait figure de pilier du gouvernement, peu inquiété par la réorganisation de l'équipe en place.

7

Grandeur et décadence

Étoile montante du gouvernement Chaban-Delmas, Albin Chalandon a non seulement mis en œuvre sa politique autoroutière et urbanistique, mais il a également tenté de peser dans la vie politique de la famille gaulliste et pompidolienne. En 1971-1972, il doit néanmoins affronter de lourdes tempêtes médiatiques et politiques, parmi lesquelles l'affaire de la Garantie foncière puis l'affaire Aranda, qui contribuent à sa sortie du gouvernement et au commencement d'une nouvelle étape de sa carrière. Victime d'une véritable chute politique, Albin Chalandon se transforme en Adam chassé de l'Éden.

Le coup de chaud de 1971

Début 1971, Jacques Chaban-Delmas remanie son gouvernement en y faisant entrer Robert Poujade, ancien patron du parti gaulliste et nouveau ministre chargé de la Protection de la nature et de l'Environnement. Quelques jours plus tard, le 14 janvier, présentant ses vœux à la presse, Albin Chalandon dresse la feuille de route de son ministère pour l'année à venir : soutien au développement de la maison individuelle, création d'un nouvel impôt foncier, contrôle des aides publiques à la construction de logements, modernisation de l'hôtellerie familiale, enfin des infrastructures de transport (autoroutes, routes et ports).

La guerre des territoires vient de débuter entre Albin Chalandon et Robert Poujade, chacun appréciant la question de l'aménagement et de l'urbanisme au prisme de son champ de compétences. L'annonce des lauréats du concours de la maison individuelle donne toutefois à Albin Chalandon l'occasion de tirer le premier en annonçant la sortie de terre de 60000 pavillons, bientôt affectueusement renommés « Chalandonnettes » par la presse. Leur construction s'échelonne jusqu'en 1976, avant de nourrir un scandale politique d'ampleur en 1977[1].

Au même moment, de premiers tracas dérangent le ministre dans son action. En janvier 1971, des blocages à répétition du trafic routier, liés aux chutes de neige, l'amènent en effet à critiquer les négligences de la gendarmerie, responsable de la sécurité sur les autoroutes. L'opposition y voyant plutôt l'incurie des sociétés autoroutières et une conséquence de leur privatisation fait le procès du ministre et de sa politique routière.

Le 26 janvier, pour faire un pied de nez à ces débats, Jacques Chaban-Delmas et Albin Chalandon annoncent une série de mesures pour le développement de l'Aquitaine : lancement d'un concours pour la construction de l'autoroute Bordeaux-Narbonne, modernisation des axes routiers Bordeaux-Toulouse, modernisation du port de Bordeaux, construction d'une ville nouvelle auprès du Verdon, enfin nouveaux trains Bordeaux-Paris. Le 4 février, toujours aux côtés du Premier ministre, Albin Chalandon anime un comité interministériel sur le logement, pour s'attaquer au problème du financement de la construction et l'intégrer dans le projet de Nouvelle Société du gouvernement. L'aménagement et l'urbanisme sont ainsi présentés comme le fer de lance de la politique gouvernementale en faveur du progrès économique et social.

L'activisme d'Albin Chalandon dans le portage de ses dossiers masque surtout un jeu de pouvoir avec Robert Poujade, chacun estimant sienne la problématique du développement urbain. Querelle « du myosotis et du béton[2] », la confrontation des deux ministres amène Albin Chalandon à s'exposer dans quelques dossiers urbanistiques sensibles pour y montrer sa sensibilité environnementale. Ainsi, le 12 février, il prend fait et cause pour la préservation de l'étang de Berre, zone industrielle et portuaire dont le développement risque de créer des pollutions diverses de l'eau et des sols dans la région. En mars, égratigné par le livre *Le Scandale de Paris* de Robert Franc – qui l'accuse d'avoir soutenu une construction à outrance en région francilienne –, il souscrit aux thèses des préfets Delouvrier et Doublet sur la préservation des espaces fonciers dans la région et l'endiguement de la « marée noire de l'urbanisation* ». Retournement de situation amusant pour qui se souvient de ses batailles homériques avec les deux préfets

---

*Dans son livre, Robert Franc raconte notamment l'agacement de Chalandon à l'égard de « l'aventure intellectuelle » de Delouvrier, qu'il accuse de stocker des terrains pour préserver l'avenir, quand le ministre veut accélérer la construction, d'où ses propos sur l'endiguement de la « marée noire de l'urbanisation » en mars 1971. Si Franc se trompe en disant que Chalandon et Delouvrier se sont connus dans la Résistance, il rappelle cependant avec justesse que les deux hommes ont été collègues au cabinet de René Mayer, en 1947-1948. Dans les années 1960, ils participent par ailleurs tous les deux à un groupe de travail informel autour de Jacques Chaban-Delmas, où figurent

quelques mois auparavant. Une semaine plus tard, les dockers des grands ports entament un bras de fer avec son ministère pour obtenir une augmentation de leurs indemnités en cas d'inemploi… Une crise que le ministre règle en descendant à fond de cale pour dialoguer directement avec eux !

Au fond, seule sa politique autoroutière lui sauve vraiment la mise sur le plan politique. Le succès des deux premières concessions autoroutières Paris-Le Mans/Paris-Poitiers et Lyon-Chambéry-Annecy en a fait une personnalité incontournable de la politique pompidolienne. Le morcellement des sociétés concessionnaires reste cependant le talon d'Achille de son action et un frein à la mise en œuvre de son programme.

Cinq structures se partagent alors le marché : la Société des autoroutes du nord et de l'est de la France, la Société de l'autoroute Paris-Lyon, la Société de l'autoroute de la vallée du Rhône, la Société de l'autoroute Estérel-Côte d'Azur et la Société de l'autoroute Paris-Normandie. Or, derrière nombre de projets autoroutiers et immobiliers, les détracteurs du ministre ne manquent pas de relever la présence singulière de la Société d'études, de réalisation et de documentation immobilière (SERDI), émanation de la BCP et société de conseil que le ministre a présidée de 1964 à 1968… suscitant donc des interrogations sur l'impartialité du ministère.

En avril 1971, un nouveau défi s'impose à Albin Chalandon, balayant tous ses autres tracas du moment. La loi foncière de 1967 a retenu le principe d'un impôt foncier pour empêcher la conservation à outrance de

également l'inspecteur des Finances François Bloch-Lainé et l'ancien directeur général d'Air France Henri Ziegler.

terrains, mais l'outil n'a jamais été mis en œuvre. Alors que plusieurs propositions de loi arrivent à l'ordre du jour de l'Assemblée nationale (sur les concessions de terrain, les expropriations et les zones d'aménagement différé), le ministre saisit l'occasion pour pousser son idée, s'opposant à Valéry Giscard d'Estaing, qui y voit une mesure impopulaire et à l'efficacité incertaine.

Le 16 avril, pour convaincre ses collègues ministres, Albin Chalandon propose que le nouvel impôt ne concerne pas les petits propriétaires. Sa solution permettrait de lever les inquiétudes de Giscard d'Estaing, qui répète à l'envi que cet impôt aura pour seul effet « d'emmerder les Français », pour reprendre une formule chère à Georges Pompidou. Le 6 mai, en Conseil des ministres, le président prenant acte de la division du gouvernement, le sujet est finalement repoussé aux calendes grecques. Le 21 mai, le porte-parole du gouvernement en fait l'annonce officielle. Albin Chalandon n'a pas su imposer sa vision.

Échec politique ? Si peu. Le 29 mai, devant l'Assemblée nationale, il annonce l'inscription à l'ordre du jour d'une dizaine de petits projets de loi sur le logement et l'urbanisme : facilitation de la construction de maisons individuelles, réforme des sociétés coopératives de construction, réforme du régime fiscal des profits de la construction, modification du statut des organismes HLM, création d'un Fonds national d'aide au logement, etc. Une armada législative destinée à engager un tournant de la politique du logement. Elle est adoptée dans les deux chambres parlementaires, au prix de quelques modifications substantielles.

Sa mission accomplie, le ministre de l'Équipement et du Logement estime pouvoir en revenir à la « politique politicienne ». Pourfendeur des radicaux et chien de berger des centristes, il se fait le défenseur implacable de la majorité de gouvernement autour de Georges Pompidou et Jacques Chaban-Delmas. En mars, dans son journal local *Asnières spéciale*, il menace ainsi les frondeurs centristes d'entretenir la possibilité d'une victoire de l'union de la gauche aux prochaines élections législatives[3].

Vainqueur pour la troisième fois du championnat européen de ski des ministres et des parlementaires le 21 avril, il fait également sensation lors du dîner annuel du chef d'État, donné à l'Élysée trois semaines plus tard, au cours duquel son épouse et Mme Malaud viennent en short – celui de la première étant recouvert d'une longue robe de mousseline, celui de la seconde d'une tunique fendue sur les côtés. Le ministre de l'élégance a encore frappé et la presse se régale de ce que le protocole élyséen de l'époque trouve à la fois choquant et profondément moderne.

Pour autant, Albin Chalandon n'en oublie pas ses principaux chevaux de bataille. Faut-il construire plus d'autoroutes ? Il en promet 360 kilomètres supplémentaires en 1972 et prophétise la réalisation des deux tiers du plan routier d'ici à 1976. Des mesures sociales en faveur des dockers en grève sont-elles nécessaires ? Il les reçoit personnellement à son bureau et leur accorde la retraite à soixante ans. Des inquiétudes sur le rythme de la construction sourdent-elles en coulisses ? Il annonce une relance de la formation professionnelle et des mesures d'accompagnement économique des artisans.

Albin Chalandon se sent-il épaulé dans son entreprise de modernisation du pays à marche forcée ? Pas vraiment, si l'on en croit ses propos : « Se comportant parfois comme des féodaux, les hauts fonctionnaires de l'Équipement doivent devenir en province des *managers* modernes de l'administration[4] », lance-t-il dans la presse à titre de programme, tançant ainsi ses services. Albin Chalandon, c'est un problème, une solution, mais l'époque a aussi une odeur de soufre et le scandale n'est jamais très loin des seigneurs du pompidolisme.

C'est ainsi qu'à l'été 1971, l'affaire de la Garantie foncière éclate. Cette société civile de placement immobilier investit depuis plusieurs années dans des immeubles pour ses souscripteurs en leur reversant ensuite revenus et loyers. Selon le système dit de Ponzi, elle se sert de l'argent des nouveaux souscripteurs pour rembourser les anciens et, bénéficiant d'une notoriété toujours plus grande, revend à prix d'or des immeubles achetés au rabais*. Le couple à la tête de cette société, les époux Frenkel, s'est entouré d'un avocat très médiatique, le gaulliste de gauche Victor Rochenoir, camarade de caserne de Frenkel, et d'un député mondain, André Rives-Henrÿs, proche du Premier ministre. L'affaire de la Garantie foncière devient donc rapidement un scandale politique, la gauche, l'extrême droite et même les centristes s'en prenant ouvertement au gouvernement, bientôt affaibli par les révélations du *Canard enchaîné* sur la feuille d'impôt de Chaban-Delmas.

« Il ne s'agit nullement d'un scandale immobilier, mais d'un scandale financier », se défend Albin Chalandon le

*La société avait d'ailleurs pignon sur rue, comme en témoigne la publicité de quatre pages dans le n° 962 de *L'Express* (décembre 1969), quelques feuillets seulement avant un portrait élogieux du ministre du Logement et de sa politique…

27 juillet dans *L'Express*. Il précise sur Radio-Luxembourg le 15 septembre suivant :

> Je suis frappé de voir que l'UDR, qui comporte autant de députés, n'a connu depuis plus de douze ans que très peu d'incidents. S'il existe des affaires dans un parti politique, le rôle des dirigeants est d'abord de les déceler et ensuite de prendre rapidement à leur égard les mesures qui s'imposent – c'est-à-dire d'éliminer purement et simplement, autant que possible avant que le mal soit fait.

Mis en cause par le communiste Georges Marchais comme étant l'un de ces ministres-patrons d'entreprise susceptibles d'utiliser leur portefeuille ministériel pour servir des intérêts cachés, Albin Chalandon réplique et rappelle à qui veut l'entendre qu'il a abandonné tous ses mandats privés à son entrée au gouvernement – qu'il s'agisse de sa présidence de la SERDI (qui a mené à des accusations dans le cadre des marchés autoroutiers), de ses mandats d'administrateur des Sucreries d'Outre-Mer et de la Compagnie franco-africaine des pétroles (Francarep), ou de ses parts (vendues) de la Banque commerciale de Paris.

En octobre 1971, divisés sur la question des suites de l'emprunt Pinay, centristes et gaullistes reprennent de plus belle leur querelle, au point d'entretenir l'hypothèse d'une fracturation de la majorité présidentielle et d'une mise en minorité du gouvernement. Albin Chalandon et Alexandre Sanguinetti* en sont les éclaireurs, impatients

*Alexandre Sanguinetti, ancien combattant de l'armée d'Afrique et secrétaire général du Comité d'action des associations des anciens combattants en 1958, a été collaborateur de Roger Frey, au ministère de l'Information et à l'UNR. Élu député de la Seine en 1962, nommé ministre des Anciens Combattants et Victimes de guerre en 1966 mais

d'en découdre et de rappeler la primauté de l'UDR pompidolienne sur la FNRI giscardienne. Le combat des héritiers du gaullisme vient de commencer. Le 20 octobre, Albin Chalandon signe en ce sens une tribune au vitriol dans *Le Monde* sur le thème de « L'avenir de la majorité » :

> Devant cette menace [communiste], [...] certains dans la majorité croient, ou agissent comme s'ils croyaient, que la parade réside dans une résurrection du centre. Ils pensent en effet qu'en déplaçant de l'UDR aux républicains indépendants le centre de gravité des forces qui soutiennent nos institutions, on rendrait plus aisée la récupération du centre oppositionnel, en le coupant ainsi de la tentation d'adhérer à un futur Front populaire. [...] Ces calculs reposent sur une illusion et ne peuvent mener qu'à des désillusions.

Contre les « tendances de balkanisation de la vie politique », Albin Chalandon défend une ligne simple : l'unité autour de l'UDR de toutes les forces fidèles à l'action et à la mémoire du général de Gaulle et la création d'un « creuset où se fondent des tendances différentes dont la résultante est cependant une force de progrès et de mouvement »[5].

À Albin Chalandon appelant à l'émergence d'une « tête » et à Alexandre Sanguinetti proposant que l'UDR se dote d'un président élu par ses militants, Jacques Chaban-Delmas répond, le 23 octobre, en s'affirmant comme le chef unique de la majorité présidentielle et le meneur officiel du parti gaulliste. Des propos malheureusement insuffisants pour enterrer la hache de guerre entre centristes et gaullistes. D'autant que le camp pompidolien, à

---

battu aux législatives de 1967, il est élu député de Haute-Garonne après les événements de Mai 68.

la tête duquel se trouve Jacques Chirac, jeune ministre des Relations avec le Parlement, voit d'un mauvais œil cette reprise en main du parti gaulliste par le Premier ministre, avec lequel le président de la République multiplie les désaccords. Il ne faudrait pas qu'avec le poids du parti derrière lui, il impose un rapport de force à Pompidou.

Le 4 novembre, dans *Asnières spéciale*, Albin Chalandon renchérit :

> Si on apprécie les grandes manœuvres en fonction du contexte politique général du pays, on voit que ces initiatives n'ont aucune signification politique réelle, si ce n'est de traduire les efforts de quelques hommes pour faire leur place au soleil, c'est-à-dire accéder au pouvoir. Les républicains indépendants n'existent qu'en fonction de M. Giscard d'Estaing, leur chef; les radicaux ne se définissent désormais plus guère qu'à travers M. Jean-Jacques Servan-Schreiber; et le Centre démocrate n'est que le tremplin de M. Lecanuet. Vu de Sirius, tout cela traduit une aspiration vieille comme le monde : « Ôte-toi de là que je m'y mette. » Ce serait amusant à contempler si ce n'était pas dangereux[6].

Le 6 novembre, Jacques Chaban-Delmas renonce officiellement à la présidence de l'UDR, avant que, le 19 novembre, Georges Pompidou ne mette son veto à l'élection d'un président par les militants – le parti devant, selon lui, relever de sa seule personne. Agacé, il rétorque d'ailleurs à Albin Chalandon : « Alors quoi, vous voulez mettre un Brejnev à côté de moi[7] ? » Le 4 décembre, au terme de cette querelle des chefs, l'imprudence du jeune ministre, partisan d'une élection interne, lui coûte son siège au comité exécutif de l'UDR.

Victoire pour Chirac, défaite pour Chalandon, écarté de la conduite du parti, retour donc aux dossiers techniques.

Le ministre consacre en conséquence le reste de l'automne 1971 à défendre le bilan de son action ministérielle : face-à-face avec Michel Rocard sur la politique urbanistique le 10 novembre, présentation en grande pompe de sa vision de la sauvegarde de l'environnement, opposition à l'installation d'une raffinerie de pétrole sur le site d'Anse, dans le Rhône. Il reprend également le fil des projets relatifs au logement : promotion de dossiers exemplaires en matière de construction, comme celui des bois de la Grange*, dans l'Est parisien, et de la tour Kennedy à Paris, annonces sur la limitation de la hauteur des constructions, voire interdiction de la construction de tours dans les villes de moins de 50 000 habitants.

Tango, boulevard Saint-Germain

Le 16 décembre 1971, tentant une offensive de charme à l'égard des centristes, Albin Chalandon écrit dans *Asnières spéciale* :

---

*Le dossier des bois de la Grange a défrayé la chronique pendant plusieurs années. Acquis par Francis Bouygues en 1964 pour 40 millions de francs, ce terrain de 700 hectares de bois devait accueillir un ensemble de 30 000 logements à proximité de la future station RER de Boissy-Saint-Léger. Le préfet Delouvrier s'était cependant opposé à toute construction au regard du schéma directeur de la région parisienne, avant de proposer un compromis à 2 000 logements. La loi foncière de 1967 débloque la situation en permettant l'urbanisation de 40 hectares et le ministre Chalandon autorise la construction de 6 400 logements. Les cinq communes concernées réclament toutefois plusieurs milliards de francs de redevances, conduisant Bouygues à abandonner son projet et à revendre la forêt à l'État de manière déficitaire.

> Le Centre démocrate ne se distingue pas fondamentalement, dans ses orientations, de la majorité actuelle : les écarts entre elle et lui portent sur des nuances qui ne justifient pas la présence des centristes dans l'opposition. [...] Le choix pour les réformateurs est clair. Dans l'opposition, ils sont voués à la stérilité. Dans la majorité, plus ils y sont nombreux, plus ils contribuent à y accélérer le mouvement et le progrès[8].

Accalmie temporaire dans l'intense séquence politique ? C'est mal le connaître. Le 23 décembre, le secrétaire d'État André Vivien demande brusquement à être déchargé de ses attributions sur la qualité architecturale et la protection des sites, estimant que son ministre s'est saisi (sans lui en parler) du dossier, notamment en donnant une conférence de presse. Tout anecdotique que soit l'affaire, elle n'a guère de précédent, et surtout, elle témoigne d'une rupture de confiance entre le ministre, récemment exclu du bureau exécutif de l'UDR, et son secrétaire d'État, nouvellement élu dans cette instance. De plus, le 1er janvier 1972, n'ayant bénéficié que de quelques jours de répit, Albin Chalandon est de nouveau aux prises avec Louis Vallon, député de Paris et trublion du gaullisme, qui s'inquiète du chantier de construction de la tour Maine-Montparnasse, dans la capitale.

Peu décontenancé par ces disputes à répétition, le ministre affiche un ambitieux programme lors de ses vœux pour la nouvelle année, le 18 janvier : accélération des projets autoroutiers, amélioration de la sécurité routière, réforme des sociétés de concession d'économie mixte... et création d'un impôt foncier ! Dès le lendemain, la réplique de Valéry Giscard d'Estaing fuse : il se déclare très réservé sur la mise en œuvre d'un tel impôt, dont il a déjà critiqué à la fois l'inefficacité et le potentiel polémique auprès des Français. Le 21 janvier, rebelote, à couteaux tirés : Albin Chalandon et Valéry Giscard d'Estaing se disputent la paternité des prêts immobiliers conventionnés, devant une presse amusée du duel ministériel. Tout le monde y devine alors de vieilles rancœurs, imputables à la fois aux orientations économiques du pays… et à un ego froissé lors de compétitions sportives.

Interrogé sur sa stratégie politique pour 1972, Albin Chalandon promet de mettre en œuvre un « urbanisme de service public » (comprendre une politique urbanistique éclairée par un avis administratif sur l'ensemble des coûts et conséquences). C'est une nouvelle phase de ses rapports à l'administration, désormais partenaire de son action. Quant au logement, il lance, le 17 février, les « mécamaisons » – des maisons commandées sur la base d'un modèle réduit et ensuite réalisées par un constructeur professionnel. Après le concours de la maison individuelle, le concours des mécamaisons ouvre la porte de la maison individuelle aux grands groupes français, comme Rhône-Poulenc ou Saint-Gobain. L'objectif annoncé est plus qu'ambitieux : à partir de 1975, le ministre prévoit 600 000 nouvelles mises en chantier par an pour résorber la pénurie de logements. Le 9 avril, il signe encore une circulaire pour concentrer les aides de l'État sur les constructions les plus vertueuses, au regard de l'occupation des sols, du respect des espaces boisés ou encore de la hauteur des plafonds.

Quel bilan tirer du ministère Chalandon ? À la fois anti-collectiviste et critique de la société libérale, mais aussi promoteur de la maison individuelle comme bien de consommation, Albin Chalandon a œuvré dans le sens d'une accélération de la construction et d'une simplification des procédures administratives, malheureusement parfois au détriment de la qualité des biens – comme le montrera le scandale dit des Chalandonnettes dans la seconde moitié des années 1970. Partisan d'une urbanisation accélérée du pays, il s'est opposé aux contestataires multiples, défenseurs autoproclamés de l'environnement ou fonctionnaires zélés, tout en se faisant, ici et là, le chantre de la nature et le défenseur d'un modèle champêtre français. Enfin, père du développement autoroutier, il a entrepris un important chantier de désenclavement et de maillage territorial, en invitant les sociétés privées à participer à l'effort collectif en échange de droits de péage, préfigurant ainsi une nouvelle page de l'aménagement de notre pays.

Dans un article du *Monde* d'avril 1972, Pierre Sudreau, ministre de la Construction du général de Gaulle de 1958 à 1962, pourtant avare de compliments, se laisse aller à un *satisfecit* sur le bilan de son successeur :

> Il est rare qu'un ancien ministre adresse à l'un de ses successeurs ses compliments. Pourtant, je le fais, car nous avons été heureux d'enregistrer [ses] prises de position récentes en matière d'aménagement et d'urbanisme. Nous comptons même vulgariser [ses] directives dans ce domaine, grâce à l'utilisation de vidéocassettes.

Début juillet 1972, la situation politique précipite cependant la situation. Au terme d'une énième altercation, Jacques Chaban-Delmas remet sa démission à Georges Pompidou, lequel charge Pierre Messmer de former un nouveau gouvernement. Olivier Guichard s'y voit confier le ministère de l'Équipement, du Logement et de l'Aménagement du territoire, renvoyant Albin

Chalandon à d'autres aventures politiques après quatre années tumultueuses au gouvernement.

Comment comprendre ce départ soudain au terme d'une action gouvernementale pourtant si réussie ? Le journaliste Raymond Barrillon l'explique par « les libertés qu'il avait prises, au cours des derniers mois, avec l'orthodoxie gaullienne et l'insistance avec laquelle il avait souhaité que l'UDR se dotât d'un président dont l'autorité aurait pesé davantage dans la coalition de la majorité et aussi en face du gouvernement[9] ». Ses désaccords avec d'autres membres du gouvernement sur la création d'un impôt foncier ou la propriété privée du sol (relayés lors des assises départementales de l'UDR dans les Hauts-de-Seine en février 1972) et ses commentaires sur la réforme de l'organisation territoriale de Paris (parus dans la presse en mai 1972) ont sûrement également joué dans son éviction de l'équipe au pouvoir.

L'année à venir s'annonce donc rude pour lui car, privé de son portefeuille ministériel, il est aussi marginalisé dans la majorité présidentielle. Le décès de son suppléant Robert Lavergne le 13 août et l'annonce dans la foulée de la candidature de Camille Sandrin, professeur et militant syndicaliste, à l'élection législative, l'inquiètent pour l'avenir de sa circonscription. Va-t-il devoir tirer sa révérence politique au terme d'un si beau parcours ? Il n'est pas au bout de ses peines.

L'affaire Aranda

Quelques semaines avant son départ du gouvernement, lors du débat de politique générale des 23-24 mai 1972, à l'Assemblée nationale, Albin Chalandon fait connaître à la presse une instruction adressée aux préfets, aux services du ministère et, pour information, aux fédérations professionnelles intéressées, afin de lutter contre les pressions conduites sur les administrations pour l'obtention de marchés publics. Inquiet des compromissions multiples de l'administration, le ministre demande ainsi à ce que tout dossier d'entreprise en faveur duquel des interventions positives auraient été menées – tout particulièrement des interventions de nature politique – soit d'office rejeté. Cette campagne d'assainissement des marchés publics témoigne ainsi de la « chasse aux coquins[10] » engagée par le ministre et de sa probité à l'égard de ces questions d'influence.

La question le rattrape cependant à la rentrée 1972, sous l'effet d'une polémique, bientôt devenue un scandale. Le 13 septembre, Gabriel Aranda, un de ses ex-collaborateurs ministériels, resté à ses côtés de mars 1971 à juillet 1972, fait en effet parvenir une longue déclaration à la presse accusant certains poids lourds de la majorité présidentielle de compromissions dans des marchés publics. Il la double de la publication d'une série de documents compromettants pour le gouvernement. Parmi les dossiers soulevés, Aranda rend public un rapport sur une avalanche survenue en février 1970, à Val-d'Isère (en Savoie), qui avait provoqué la mort de 39 jeunes dans un chalet, lequel aurait été construit sur la base d'un permis de construire indûment délivré – car le terrain était situé dans un couloir d'avalanche, considéré comme une zone dangereuse et donc inconstructible. « Cela pour de l'argent », ajoute l'intéressé.

Aranda rend également publique une lettre de René Tomasini, secrétaire général de l'UDR, datée du 9 juillet 1971, par laquelle ce dernier demandait à Albin Chalandon d'accorder la concession de l'autoroute Bordeaux-Narbonne à la société L'Entreprise industrielle, « chère à l'UDR » et injustement traitée dans le cadre de précédents marchés publics. Le même Tomasini est par ailleurs accusé d'avoir obtenu des rétro-commissions au titre du parti gaulliste dans le cadre d'un marché public de construction de logements sociaux à Chanteloup-les-Vignes (dans les Yvelines). Selon Aranda, l'entreprise Pascal de Grenoble aurait en effet reversé 3,5 millions de francs de commissions au Centre régional d'informations économiques et sociales (CRIES), paravent du parti gaulliste, créé par Alexandre Sanguinetti en 1965 pour récolter des fonds. L'affaire sera classée sans suite.

Autre dossier incriminant pour le parti gaulliste et le pouvoir en place : Aranda révèle la vente de plusieurs dizaines de chasseurs *Mirage* à la Libye, alors en guerre ouverte avec Israël. Il s'indigne en conséquence que la France puisse livrer le pays juif à ses ennemis, évoquant des projets de fusion entre l'Égypte et la Libye. « Les livraisons d'armes offensives sont en violation totale des principes et des engagements formels du général de Gaulle », s'indigne l'ex-conseiller ministériel lors d'un échange avec des journalistes. Cette affaire-là est bien réelle et de nombreux acteurs de l'époque le savent : début 1970, après que le roi Idris a été chassé de son pays par l'armée, le gouvernement français a vendu 110 *Mirages* à la Libye du colonel Kadhafi, « symbole des nouvelles orientations du commerce français[11] ». Alors, si cette affaire est vraie, combien d'autres peuvent l'être ? Le doute s'immisce dans les esprits et dans la presse.

Pris à partie, Albin Chalandon fait d'abord répondre son entourage, qui reconnaît l'existence de la lettre de Tomasini et les nombreux soutiens politiques exprimés en faveur de L'Entreprise industrielle (détenue par Louis Ducatel, candidat malheureux à l'élection présidentielle de 1969). La circulaire de mai 1972 sur les marchés publics répond justement à cette problématique, en invalidant les dossiers biaisés politiquement. Le ministre est donc serein. Toutefois, l'affaire prenant de l'ampleur, il se doit de réagir lui-même dans la journée :

> Les bras m'en tombent. Je suis stupéfait. [...] Son initiative me paraît témoigner, en raison notamment de ses affabulations, d'un état mental dépressif. C'est, de plus, de la part d'un agent ayant servi l'État, un acte qui paraît devoir tomber sous le coup de la loi[12].

Véritable lanceur d'alerte ou simple fou, Gabriel Aranda devient en tout cas l'objet de toutes les attentions. À trente-trois ans, célibataire, de petite taille, chauve, il est autodidacte. Pâtissier à l'âge de quatorze ans, devenu responsable des assurances à la SNECMA, il est conseiller en placements boursiers à la Banque commerciale de Paris en 1967, sous la présidence d'Albin Chalandon. Journaliste à l'ORTF de 1969 à 1971, il entretient plusieurs théories complotistes autour de l'assassinat du président américain John F. Kennedy, allant jusqu'à réclamer une autorisation de port d'armes auprès des autorités pour se défendre de ceux qui voudraient le faire taire.

Chargé des relations avec la presse au cabinet d'Albin Chalandon, ministre de l'Équipement et du Logement, « L'Archange » – comme le renomme bientôt la presse en raison de son prénom – est-il un collaborateur consciencieux, un défenseur acharné de son ancien patron, scandalisé par des affaires dont il a eu connaissance, ou tout simplement un homme déséquilibré par la sortie du gouvernement de son chef ?

Le 16 septembre, un juge d'instruction est chargé de l'affaire pour vol, recel et complicité à la suite de la publication de documents officiels. Par voie de communiqué, Albin Chalandon tient pour sa part à préciser qu'aucune entorse n'a été faite aux marchés de concessions autoroutières, que le rapport sur l'accident de Val-d'Isère est tronqué et que la délivrance du permis s'est faite sur la base de plans d'urbanisme inaboutis, enfin que l'opération de Chanteloup-les-Vignes n'a pas donné lieu à droit de regard du ministère – à l'exception de la vérification des règles de construction.

Fidèle, Gabriel Aranda répond le lendemain dans *L'Aurore* avoir la plus infinie estime pour son ancien patron (comme pour Valéry Giscard d'Estaing), un ministre honnête, qui a refusé de se prêter au jeu des compromissions, comme les documents publiés devaient le montrer. Si affaire il y a, elle est donc le fait de politiciens véreux… mais certainement pas de l'ancien ministre. Aranda promet de graves révélations dans 136 dossiers et 376 feuillets, qu'il dit s'apprêter à publier dès que les conditions seront réunies.

Dans *Le Monde* du 18 septembre, il appelle Georges Pompidou à « couper les branches pourries » du gaullisme et explique agir dans l'intérêt du gouvernement… tout en révélant de nouvelles affaires pour faire monter la pression médiatique. Le député UDR de la Drôme Gérard Sibeud est ainsi accusé d'avoir transformé le permis de construire d'une bretelle de raccordement en celui d'un centre commercial Leclerc, en imitant la signature du ministre. Le président de la Compagnie financière et industrielle des autoroutes Roger Léonard, ancien premier président de la Cour des comptes, est également accusé d'avoir écrit au ministère pour dénoncer la remise en état d'une route qui doublait son autoroute. Le 19 septembre, au terme d'une courte enquête, Aranda se rend aux autorités, expliquant avoir agi de la sorte à l'issue d'une conversation entre Chalandon et Pompidou, selon laquelle les deux hommes étaient convenus : « Ce qu'il faudrait dans ce pays, c'est un Saint-Just ! »

Le 21 septembre, Georges Pompidou organise une conférence de presse pour s'exprimer sur l'affaire Aranda, présenté comme un conspirationniste peu recommandable :

> Il paraît qu'on peut entrer, de sa libre volonté, auprès de quelqu'un, d'un ministre par exemple, travailler en pleine confiance avec tout le monde, et puis un moment ou un autre, dans des circonstances ou dans d'autres, peu m'importe, prendre des documents, repérer des lettres, des sources, utiliser la photocopieuse, se constituer des dossiers et, à la sortie, distribuer ces dossiers, les distiller par l'intermédiaire de feuilles spécialisées. Je trouve cela déshonorant ! J'ai fait beaucoup de cabinet. J'ai calculé que j'ai été onze ans au cabinet du général de Gaulle, j'ai vu passer beaucoup de papiers, je n'ai emporté que ceux qui me concernaient. [...] Je n'ai pas l'impression d'avoir été un saint ou un héros, mais simplement d'avoir observé les règles les plus élémentaires de la moralité et la dignité individuelles[13].

Le 23 septembre, Aranda remet les 136 documents « incriminants » à la justice. Sur RTL, le Premier ministre Pierre Messmer tente d'éteindre la polémique en rappelant que tout député est en droit de saisir un ministre sur tel ou tel dossier local et qu'il n'y a donc rien d'extraordinaire dans les révélations d'Aranda. « Je le considère comme un original et comme ayant un caractère particulier, confie Albin Chalandon de son côté. Mais jamais, ses collaborateurs ou moi-même, ne l'avons considéré comme un dingue[14]. » Le même jour, sur RTL, il ajoute :

> Je ressens une grande déception personnelle parce que je lui avais donné mon amitié et ma confiance, et qu'elles ont été trahies. Il y a certainement chez lui une sorte de vocation un peu donquichottesque… Il a été traumatisé par les attaques dont j'ai fait l'objet et qu'il estimait injustes, et il a été traumatisé aussi, je crois, par les conditions dans lesquelles nous, mes collaborateurs et moi, avons quitté le ministère.

Début octobre 1972, le nouveau ministre de l'Aménagement du territoire, Olivier Guichard, porte plainte pour diffamation contre les journaux qui ont reproduit les lettres d'Aranda. Le 17 octobre, après une brève pause dans le traitement médiatique de l'affaire, Aranda s'exprime de nouveau dans la presse, cette fois pour accuser Claude Labbé, député des Hauts-de-Seine, d'être intervenu pour obtenir des marchés de gré à gré. « Affabulations diffamatoires », répond Albin Chalandon. Vexé, Aranda ajuste le tir, cette fois-ci à l'encontre de son ancien patron :

> J'ai tenu plusieurs fois à rendre hommage à l'intégrité de M. Chalandon et des membres du cabinet, mais je suis cependant obligé de dire qu'effectivement, à plusieurs reprises, M. Chalandon a jugé préférable de fermer les yeux sur certains actes de malhonnêteté condamnables par la loi ou la morale, sur des actes qu'il condamnait lui-même dans les conversations personnelles que nous avions[15].

Fin octobre 1972, l'organisation d'une élection partielle dans l'ex-circonscription d'Albin Chalandon – pour remplacer feu Robert Lavergne au conseil général des Hauts-de-Seine – donne une victoire facile à l'UDR, malgré un contexte de très forte abstention (65,03 %). L'affaire Aranda n'a donc pas mis complètement hors de portée le siège de député des Hauts-de-Seine aux législatives de 1973. Albin Chalandon reprend confiance.

Quant à Aranda, inculpé pour vol de documents début décembre 1972 et finalement jugé en juillet 1974, il bénéficie d'un non-lieu et d'une amende de 2000 francs pour diffamation, avant de s'exiler en Suisse, avec la complicité de quelques amis. Il y vit toujours et a raconté sa version de l'histoire dans un livre, *L'État piégé* (1972), qui revient avec force détails sur l'ensemble de ses accusations… pour l'essentiel d'entre elles restées sans suite judiciaire et sans postérité.

Une interminable attente

Au début du mois de novembre 1972, *Le Monde* ouvre ses colonnes à Albin Chalandon pour deux articles sur la situation économique et financière du pays. L'occasion d'effacer le souvenir douloureux de l'affaire Aranda est trop belle et l'ex-ministre y fait donc part de ses inquiétudes sur l'augmentation des prix, « préoccupation qui devient une hantise pour les personnes âgées[16] ». Ces deux articles lui donnent en outre l'occasion de tacler Valéry Giscard d'Estaing, « qui a réussi, par une sorte d'enchantement, à dissocier dans l'esprit des Français sa personne de sa fonction[17] ». Le frère de Giscard d'Estaing a alors été mis en cause par Aranda dans une histoire de permanence prétendument offerte par un promoteur immobilier, tandis que ses amis n'ont pas eu de mots assez durs contre Albin Chalandon et les « candidats douteux » de l'UDR.

Contre le « laxisme évident » des centristes, Albin Chalandon propose la création d'un « gouvernement européen », qui ne serait « ni celui de la Commission de Bruxelles, qui est un collège d'experts », « ni celui des neuf gouvernements, qui élargiront leur champ d'action commune »[18]. Cette idée n'est pas foncièrement nouvelle, puisqu'il affirmait déjà quelques mois plus tôt :

> L'Europe est encore aujourd'hui politiquement mineure, ce qui contraste singulièrement avec son pouvoir économique. Seule une union politique permettra à l'Europe et à la France de jouer le rôle qu'on attend d'elles[19].

Dans *Sud-Ouest*, le 23 novembre, il reprend encore ses oripeaux de constitutionnaliste pour appeler à la création d'un véritable régime présidentiel :

> Il faut apporter quelques modifications à la Constitution afin d'instaurer un régime dans lequel le pouvoir du président et le pouvoir du Parlement soient indépendants l'un de l'autre et de ce fait s'équilibrent. Au moment où de nouvelles élections peuvent apporter un changement de majorité, ou simplement modifier le caractère de la majorité actuelle, le président de la République pourrait voir sa fonction sensiblement dénaturée, obligé qu'il serait de subir des pressions et de pratiquer, comme autrefois, le dosage politique et le marchandage.

Le 29 novembre, devant les élèves de l'ENA, il continue d'entretenir sa légende, se disant injustement chassé du pouvoir par l'affaire Aranda mais (tel le Lazare biblique) ressuscité en raison de sa probité et prêt à se lancer dans la course aux législatives de 1973, s'amusant notamment : « Pour un ministre responsable de l'urbanisme, le critère d'une bonne gestion est d'avoir le maximum d'ennemis[20]. »

Alors, tiré d'affaire ? Pas complètement. Le 6 décembre, Gabriel Aranda publie en effet son livre à charge contre les affairistes en tout genre et revient sur le scandale politico-médiatique de l'automne précédent. « Au moment où l'on réclame de tous côtés un "*ombusdman*" [*sic*] destiné à protéger les citoyens contre les abus de l'administration, il est piquant de voir attaquer la décision d'un ministre agissant dans ce sens[21] », s'insurge Albin Chalandon. Sommé de se justifier par sa propre famille politique, il rappelle volontiers l'esprit de son instruction ministérielle de mai 1972 et sa transparence dans le traitement de l'affaire. Or, la parution du livre d'Aranda laisse à penser que d'autres dossiers sensibles pourraient émerger prochainement dans la presse, éclaboussant toute la classe politique, et ce à quelques mois des législatives de mars 1973.

Lors du départ du ministre et de son cabinet, 120 kilogrammes d'archives ont en effet été emportés et stockés dans les caves de la banque Vernes – fusionnée avec la Banque commerciale de Paris en 1970, sur les conseils de Jack Francès (représentant de La Hénin) ! Les 136 documents d'Aranda n'en représentaient pourtant que 5 kilogrammes… Y avait-il en conséquence d'autres dossiers compromettants dans ces archives ? Qui y avait accès ? Aranda ? Chalandon ? Dassault ? Francès ? De quoi faire trembler la gauche comme la droite… Nous ne le saurons jamais, car les cartons, mis sous clé, ont aujourd'hui mystérieusement disparu.

En tout cas, s'il se fait discret pendant la période, l'ancien ministre n'est pas pour autant devenu la brebis galeuse du parti gaulliste. Investi candidat UDR dans la deuxième circonscription des Hauts-de-Seine pour reprendre son siège, il est même mobilisé à l'échelle nationale pour organiser des rassemblements de campagne, ainsi à Arles, le 16 janvier 1973. Quel discours politique tient-il alors devant les militants gaullistes ?

> La gauche unie représente la mise en pièces des institutions établies par le général de Gaulle. Le Premier ministre sera imposé au président de la République, il ne pourra plus le choisir. [...] Un trouble profond s'installerait en Europe en cas de succès de la gauche car celle-ci favoriserait la réunification de l'Allemagne. [...] En outre, si les Soviétiques peuvent accéder demain aux côtes de la Manche, ils n'hésiteront pas à intervenir militairement en France[22].

Ces inquiétudes et ces menaces sur l'équilibre des pouvoirs républicains et sur la sécurité de la nation sont dans la même tonalité que son entretien du 23 novembre précédent. Le 21 février, dans *Asnières spéciale*, il appelle en conséquence les centristes et les radicaux à rejoindre la majorité présidentielle autour de Georges Pompidou, évoquant une future représentation dans le gouvernement. Initiative personnelle, service commandé à la demande de l'Élysée ? L'histoire ne le dit pas.

Chantre de la décentralisation, contempteur plus apaisé du libéralisme, il propose de limiter la taxation du patronat, de recourir davantage à l'emprunt, enfin d'accélérer l'aide aux plus défavorisés en multipliant les bourses scolaires. Contre la révolte des travailleurs, il prône la concertation et la participation « jusqu'au niveau de l'atelier ». De quoi le réconcilier avec l'aile gauche du parti gaulliste, pourtant marginale dans la coalition gouvernementale.

Ainsi, le 2 mars, sur les ondes de Radio Monte-Carlo, Albin Chalandon et Jean-Jacques Servan-Schreiber, hier ennemis à mort, se trouvent des points communs et simplement « quelques différences de degré ». Début mars, Léo Hamon se réjouit qu'Albin Chalandon ait joint sa voix à celle du radical-gaulliste Edgar Faure et du gaulliste de gauche Gilbert Grandval dans la lutte pour la réduction des inégalités. En quelques semaines, il est ainsi devenu l'homme du compromis.

Le 4 mars 1973, Albin Chalandon affronte finalement six adversaires aux élections législatives dans les Hauts-de-Seine : un réformateur, un représentant de l'extrême droite et quatre personnalités de gauche (PS, PSU, LO, PCF). À l'issue du premier tour, il totalise 14866 voix (40,89 %), talonné par Claude Denis (PCF) à 7878 voix (21,67 %), son adversaire de 1967 et 1968[23]. Dans l'entre-deux-tours, comprenant que la somme des voix de ses adversaires de gauche le menace, l'ancien ministre fait une ardente campagne pour récupérer le vote centriste, retrouvant finalement son siège au Palais-Bourbon, le 11 mars, avec 19728 voix (57,55 %). L'affaire Aranda n'est guère plus qu'un mauvais souvenir pour lui, mais le combat pour s'imposer dans la majorité pompidolienne n'est pas gagné pour autant.

***

De ministre à succès à pestiféré de la majorité présidentielle, Albin Chalandon a franchi toutes les étapes de la vie politique entre 1971 et 1973. Auréolé du succès de ses politiques ministérielles en faveur du développement autoroutier et de l'urbanisme accéléré, il n'en a pas moins été remercié du gouvernement en juillet 1972, eu égard à ses prises de position hostiles au clan pompidolien.

Si l'affaire Aranda de 1972 l'a profondément heurté et meurtri dans sa chair, sa participation à la campagne des législatives de 1973 et son succès personnel témoignent de son ancrage politique durable dans les Hauts-de-Seine et de sa résolution à continuer de jouer un rôle politique de premier plan.

8

Dans les couloirs du Parlement

Sorti du gouvernement et fragilisé par l'affaire Aranda, Albin Chalandon a choisi une posture combative pour affronter la période. Réélu au terme des législatives de 1973, il s'impose comme une figure politique de premier plan à la fois à l'Assemblée nationale et à l'UDR, prenant prétexte de son succès électoral pour creuser son sillon personnel. Confronté à une nouvelle élection présidentielle en 1974 et à une réorganisation de la majorité parlementaire en 1975-1976, il fait flotter sur la période un frisson républicain, y jouant les critiques et les soutiens au gré des annonces gouvernementales.

L'homme des Hauts-de-Seine

À l'Assemblée nationale, Albin Chalandon est l'un des premiers gaullistes à apporter son soutien au radical Edgar Faure, ancien président du Conseil de la Quatrième République, candidat à la présidence de la chambre basse du Parlement. C'est un positionnement intéressant, qui lui permet d'exister dans la famille gaulliste... et qui s'avère payant lorsque Faure accède effectivement au perchoir, le 2 avril.

Le 10 avril suivant, à l'occasion de la déclaration de politique générale du gouvernement Messmer, il est l'un des trois orateurs du groupe UDR – avec Aymeric Simon-Lorière*, benjamin de l'Assemblée nationale, et Roger Frey, ancien ministre, baron du gaullisme et président du groupe parlementaire –, ce qui prouve que sa stratégie a été gagnante et qu'il est redevenu une voix forte dans le parlement gaulliste.

Quelque peu technique, son intervention mérite toutefois d'être rappelée en quelques mots : partisan d'un dialogue d'égal à égal entre gouvernement et parlement, témoin d'un malaise sociétal et d'un sentiment d'injustice sociale, il prône l'exploration d'une « troisième voie ouverte par le gaullisme[1] », dans le droit fil de la Nouvelle Société de Jacques Chaban-Delmas. Comment y parvenir ? Sur le plan économique, par une redéfinition du rôle de l'État, un « socialisme tel que peut l'offrir une société libérale[2] ». Sur le plan social, par un combat accru contre les inégalités et une meilleure application des principes gaullistes de la participation. Le lecteur y retrouvera des principes déjà défendus par le passé : on ne se refait pas.

Fin avril 1973, dans son bulletin *Asnières spéciale*, Albin Chalandon définit sa ligne politique comme celle du « oui, si ! » (comprendre fidélité à la majorité présidentielle et aux politiques gouvernementales, si tant est qu'elles respectent une certaine ligne idéologique

---

* Aymeric Simon-Lorière, conseiller parlementaire de Michel Debré, ministre de la Défense, fut maire de Sainte-Maxime de 1971 à 1977 et député du Var de 1973 à 1977.

fidèle à l'héritage gaulliste). Quant à l'UDR, son parti irréformable, ses critiques pleuvent :

> Le caractère flou et contradictoire de son image ne lui permet pas encore de peser. Elle compte à la fois les hommes les plus à droite et les plus à gauche de la majorité. Aucun visage ne la personnifie, aucun programme ne la définit. Le moment est venu pour les partisans du mouvement de se compter sur des propositions précises. Leur regroupement partira de l'UDR, car elle seule a un électorat assez populaire et contient en elle assez d'hommes ouverts aux changements et aux réformes pour échapper à l'alternative gauche-droite[3].

Théoricien du « en même temps », Albin Chalandon veut ressusciter à tout prix l'ambition gaullienne de dépassement des clivages pour imposer son parti sur la scène politique nationale. Sa critique vise notamment Jean de Préaumont, député de Paris, secrétaire général par intérim de l'UDR, qui a succédé à René Tomasini mais n'a pas brillé par le courage de ses décisions. Il reprend donc son idée d'un parti fort face aux institutions gouvernementales et force de propositions dans le débat public. Membre de la commission des Finances, Albin Chalandon participe aux débats du 24 mai 1973 sur la politique économique, financière et monétaire du gouvernement. Abandonnant sa thèse passée d'une réglementation permanente des salaires, dont il admet désormais le « caractère illusoire », il n'en demande pas moins « la définition d'une politique économique en fonction des finalités sociales », tenant compte des disparités et des inégalités dans la société française[4].

Le 26 mai, tout en saluant la gestion économique de la crise par Valéry Giscard d'Estaing, il n'épargne pas les critiques à la politique gouvernementale. La période le voit ainsi s'exprimer sur de nombreux sujets économiques mais aussi sociétaux. Ainsi, le 7 juin, il s'engage en faveur de l'abrogation de la loi de 1920 sur l'avortement, s'associant au prêtre Marc Oraison et au médecin Jean Bernard; combat qui trouve sa concrétisation dans le vote de la loi relative à la libéralisation de l'avortement, dite « loi Veil », le 17 janvier 1975.

Le 8 juin 1973, pris d'une frénésie d'idées, il propose d'encadrer davantage les écoutes téléphoniques et de limiter la détention provisoire, « abus inacceptables » – polémique reprise au Sénat, le 20 juin suivant, lors d'une séance de questions orales, puis le 8 novembre sous la forme d'un rapport parlementaire. Sa prise de conscience fait suite à la découverte d'une « commode à grandes oreilles » dans le bureau de Jacques Foccart à l'Élysée en 1969 et précède de quelques mois le scandale des micros installés au *Canard enchaîné* en décembre 1973. Une fois de plus, Albin Chalandon est un homme en avance sur son temps et le prouve par ses prises de parole.

Le 27 juin 1973, il forme un groupe d'une vingtaine de députés UDR pour, selon sa formule, « aider les âmes en peine à la remorque du pouvoir » et « secouer le groupe UDR »[5]. Un frondeur est-il né au sein de la majorité pompidolienne ?

Se défendant de vouloir fracturer le parti, il plaide au contraire pour jouer le rôle de rabatteur auprès des centristes et des réformateurs, afin de refaire de l'UDR le pivot central de la majorité présidentielle. Dans ce combat, il reçoit l'assentiment d'Alexandre Sanguinetti, ex-numéro deux du parti et candidat au secrétariat général, mais s'oppose violemment à Hector Rolland, député-maire de Moulins.

Qui sont les « Chalandoniens » de 1973 ? Trois anciens ministres pompidoliens entourent d'abord l'ex-banquier de Dassault, devenu la figure des réseaux gaullistes franciliens : Michel Cointat, ministre de l'Agriculture de 1971 à 1972 ; Gabriel Kaspereit, secrétaire d'État au Développement industriel et scientifique de 1969 à 1972 ; et Robert-André Vivien, secrétaire d'État au Logement de 1969 à 1972, avec qui Chalandon s'est réconcilié sitôt sorti du gouvernement Chaban-Delmas.

Chalandon retrouve aussi son vieil ami Lucien Neuwirth, ainsi que le résistant Claude Labbé – futur président du groupe UDR à partir d'octobre 1973 – et le préfet Maurice Papon, rapporteur général du Budget. L'assemblée est enfin composée des députés Emmanuel Aubert*, Marc Bécam**, Michel de Bennetot***, Claude Peyret****, Aymeric Simon-Lorière et Jean Tibéri*****, parmi lesquels beaucoup ont partagé son combat en faveur de l'interruption volontaire de grossesse à l'été 1973.

Agacés par ses petites phrases et initiatives à répétition, Georges Pompidou fait connaître son mécontentement à

---

* Emmanuel Aubert, général de brigade aérienne, a été député des Alpes-Maritimes de 1968 à 1995. Il fut également maire de Menton de 1977 à 1989.

** Marc Bécam, ingénieur agricole de formation, a été député du Finistère de 1967 à 1978. Maire de Quimper de 1977 à 1989 et secrétaire d'État chargé des Collectivités locales de 1978 à 1980, il partageait le combat d'Albin Chalandon sur l'IVG et vota la loi Veil en 1975.

*** Michel de Bennetot, PDG de la société Le Matériel magnétique, fut député du Finistère de 1968 à 1978.

**** Claude Peyret, médecin et résistant, fut député de la Vienne de 1958 à 1975. Il fut l'auteur d'une proposition de loi sur l'IVG dès juillet 1970.

***** Jean Tibéri, suppléant du gaulliste de gauche René Capitant, fut député de Paris de 1968 à 2012, secrétaire d'État en 1976 et maire de Paris de 1995 à 2001.

Albin Chalandon, mais l'attitude de son ancien ministre lui permet aussi de porter discrètement certains débats dans l'hémicycle – ainsi son avis favorable à une réévaluation du franc (contre la politique menée par son ministre Giscard d'Estaing), dont Chaban-Delmas et Debré se font également les ambassadeurs et porte-paroles à l'été 1973.

Le 6 octobre, tandis qu'Alexandre Sanguinetti devient le nouveau secrétaire général de l'UDR, Albin Chalandon intègre la délégation du bureau exécutif chargée de plancher sur la politique économique et financière. Aux manettes Maurice Papon*, à la plume Albin Chalandon. Il y retrouve trois anciens Premiers ministres, chargés de contribuer à renforcer le programme du parti gaulliste : Chaban-Delmas, Couve de Murville et Debré. La preuve de son ancrage dans la famille gaullo-pompidolienne est ainsi toute trouvée et la réconciliation est actée.

Dans la foulée, il porte la contradiction à Jean-Pierre Chevènement à la télévision, dans le cadre d'une émission diffusée sur la première chaîne, consacrée aux travailleurs et à leur participation à la gouvernance des entreprises. Le 1er novembre, sa délégation à l'UDR rend un rapport choc sur l'inflation, critiquant le bilan de Giscard d'Estaing et prônant le maintien du pouvoir d'achat des Français. Il en assure la diffusion massive auprès de l'ensemble des parlementaires gaullistes des deux chambres.

Le 20 novembre, aux assises de l'UDR de Nantes, il se fait également le chantre de la Nouvelle Société de Chaban-Delmas et d'une vision sociale du gaullisme :

---

*Maurice Papon, préfet puis président de Sud-Aviation, a été député du Cher de 1968 à 1981. Maire de Gretz-Armainvilliers de 1955 à 1958 puis de Saint-Amand-Montrond de 1971 à 1983, il fut également ministre du Budget de 1978 à 1981.

> Le temps n'est plus où, entre les communistes et nous, il n'y avait rien. Aujourd'hui, il y a le parti socialiste. C'est lui notre vrai concurrent. Si nous ne menons pas une action dynamique, audacieuse, généreuse, nous serons de plus en plus pris en tenaille entre la droite conservatrice et lui. Nous risquerons alors de nous réduire comme peau de chagrin, et nous n'aurons pas d'autre choix que de nous confondre avec cette droite, alors qu'une partie d'entre elle nous tend les bras pour mieux nous étouffer. Chaban nous avait montré le cap en dessinant à notre horizon le profil d'une Nouvelle Société. Comment oublier ce que, dans un premier temps, nombre d'entre nous ont refusé de voir ? Ouvrons les yeux. Là est notre avenir[6].

Pour tromper l'ennui de son retour sur les bancs du Palais-Bourbon, Albin Chalandon aiguise parallèlement sa plume en publiant à intervalles réguliers dans la presse. Les 12-13 juillet, dans *Le Monde*, il signe ainsi deux articles sur la politique monétaire internationale, appelant le gouvernement français à investir massivement aux États-Unis (pour faire contrepoids aux investissements américains en Europe) et soutenant le principe de création d'une monnaie européenne. Le 4 août, dans *Asnières spéciale*, il s'inquiète par ailleurs des désordres diplomatiques internationaux :

> On peut imaginer que l'Union soviétique cherche à faire basculer dans son camp l'Allemagne en en payant le prix, c'est-à-dire en acceptant la réunification des deux Allemagnes. L'Europe de l'Ouest se trouvera disloquée et se réduira à un tandem franco-britannique. [...] Il faudra, dans une Europe où la pression soviétique sera de plus en plus forte, un axe Paris-Londres avec un contrepoids américain toujours aussi nécessaire. Il faudra donc que cet axe maintienne des rapports étroits avec les États-Unis[7].

Le 15 novembre, dans *Le Monde*, il regrette encore l'inexistence politique de l'Europe dans le conflit au Proche-Orient, soulignant « l'esprit de Munich de la classe politique », l'ascension diplomatique de l'Union soviétique sur la scène internationale et la mise en cause de l'indépendance pétrolière de la France à la suite du choc pétrolier. Comment se prémunir d'une disparition totale de la France sur l'échiquier mondial ? En soutenant la politique nucléaire, répond l'ancien ministre, à la fois sur le plan militaire comme arme de dissuasion, et sur le plan énergétique comme nouvelle ressource nationale, y compris en créant un consortium énergétique européen sur un modèle de coopération franco-britannique – son *credo* depuis l'été 1973 – et en relançant la construction européenne, notamment dans l'expression d'une position concertée sur le conflit du Proche-Orient. Le 6 décembre, dans *Le Monde*, il conclut :

> Voilà donc le monde bouleversé parce que quelques pays arabes, agrégats de déserts, creusets d'une foi brûlante, ont déclenché la guerre du pétrole. [...] La France espère échapper à ce péril. Elle retire en effet les fruits de quinze ans de politique pro-arabe, conforme à une longue tradition d'amitié et de liens culturels, rompue accidentellement par la guerre d'Algérie. [...] Si la France devait céder devant l'extrémisme arabe alors qu'elle a refusé de céder devant l'extrémisme israélien, elle serait conduite non seulement à l'indignité, mais à la méconnaissance des conditions réelles de la paix.

Une mission au service de la France

Le 13 février 1974, considéré comme le poil à gratter de la majorité présidentielle, Albin Chalandon est nommé parlementaire en mission auprès de Michel Jobert, ministre des Affaires étrangères. Édouard Balladur, alors secrétaire général de l'Élysée, l'a reçu et a appuyé sa demande auprès du Quai d'Orsay. Il regrette que cet « esprit fertile, imaginatif, toujours tenté par l'originalité, [qui] aime les idées nouvelles [et] n'hésite pas à prendre avec fracas des positions iconoclastes[8] » ne soit pas plus mobilisé au service du gouvernement. Étudiant le développement de la coopération dans les domaines agricoles, industriels et financiers avec les pays du Proche-Orient, Albin Chalandon est donc chargé d'une mission prospective, mais il est aussi associé à différents aspects des négociations d'entreprises dans la région.

Après une ultime saillie politique, le 28 décembre précédent, à l'encontre de Valéry Giscard d'Estaing – inspirée, entre autres choses, par son récent rapport parlementaire sur les mérites de l'économie brésilienne* –, cette mission parlementaire est censée l'écarter des débats sur la conduite de la politique économique et monétaire du pays. Celui qui s'en pense débarrassé a pourtant bien tort. L'élection présidentielle de 1974, organisée à la hâte après le décès du président Pompidou, signe en effet son grand retour. Malheureusement, en avril, le début d'une grave affaire ternit rapidement ses

---

*Dans une tribune au *Monde* du 28 décembre 1973, présentant ses propositions sur l'épargne, les prêts ou encore le statut des entreprises, Albin Chalandon commence d'ailleurs son propos par une réflexion sur l'opportunité de s'inspirer du modèle économique brésilien.

ambitions. À Brest, cent cinquante propriétaires décident en effet de se fédérer en comité pour dénoncer des malfaçons dans la construction de leurs Chalandonnettes et la presse parle d'un scandale national.

Lorsque, le 10 avril, Jacques Chaban-Delmas présente son équipe de campagne présidentielle au 25, avenue Charles-Floquet, Albin Chalandon n y figure pas. Il fait pourtant partie de ses proches et l'a même encouragé à déclarer sa candidature le plus tôt possible. Qu'importe. Michel Debré, Olivier Guichard et lui sont tenus à distance par Jacques Chaban-Delmas, parce que tous les trois trop symptomatiques d'un ancien monde dont il veut rapidement tourner la page. Pour gagner sa place au soleil et prouver son utilité politique au candidat Chaban, Albin Chalandon démultiplie donc les actions publiques. Il accepte ainsi de débattre avec Pierre Mendès France, le 23 avril, sur RTL, pour y défendre la Nouvelle Société et les orientations économiques du candidat gaulliste.

Son fils, Fabien Chalandon, alors étudiant à HEC, prend également des responsabilités importantes dans la campagne présidentielle, ainsi au Comité de jeunes en faveur de Chaban, soutenu par Jean Charbonnel, Claude Peyret et Michel Vauzelle, et où se retrouvent Renaud Donnedieu de Vabres, Nicolas de Tavernost et même un certain Nicolas Sarkozy.

C'est pourtant peine perdue, car le 5 mai, Jacques Chaban-Delmas n'est finalement que le troisième homme de l'élection présidentielle, derrière François Mitterrand et Valéry Giscard d'Estaing. La scission d'une partie des gaullistes de l'UDR, emmenée par Jacques Chirac et son appel des Quarante-Trois, a eu raison des ambitions de Chaban et ouvre finalement les portes du pouvoir aux centristes. Un adversaire socialiste reste cependant encore à abattre. Le 8 mai, résigné, Albin Chalandon annonce en conséquence son soutien à Giscard d'Estaing, tout en souhaitant que, dans le parti gaulliste, « les méthodes et les hommes soient renouvelés[9] ». Le 16 mai, dans *Le Monde*, il précise les conditions de son ralliement à Giscard d'Estaing, sous la forme d'un « oui, si ! », qu'il avait déjà fait sien en 1973 :

> Mon soutien va à Valéry Giscard d'Estaing. Les convergences sont nombreuses. Fondamentalement, le choix de société est le même, parce qu'il procède de la même foi dans les libertés pour assurer le progrès de l'homme. [...] J'appuie aussi sa volonté de sortir l'Europe des Neuf des décombres, en introduisant des idées plus mobilisatrices et plus hardies, en matière d'institutions, notamment, et de défense. [...] Si, comme il le soutient, les problèmes de notre pays viennent de ce qu'il nous faut brûler les étapes pour passer d'une France rurale, encore présente dans nos comportements et notre droit, à une France post-industrielle, il nous faut inventer pour cela un nouveau type d'économie, d'urbanisme, de formation et, sans doute, de culture.

Le 21 mai, encore sous le choc de la victoire de Giscard d'Estaing sur Chaban au premier tour de l'élection présidentielle, il assure : « Il n'y a ni vainqueur, ni vaincu[10]. » Le 29 mai, prenant acte de la nomination de Jacques Chirac à Matignon, en remerciement de son soutien pendant la campagne, Albin Chalandon fait partie de la délégation UDR chargée de le rencontrer – avec Jacques Chaban-Delmas, Maurice Couve de Murville, Michel Debré, Pierre Messmer, mais aussi Alain Peyrefitte et Robert Poujade.

Est-il surpris ? S'inquiète-t-il des velléités du Premier ministre vis-à-vis du parti gaulliste ? Les souvenirs de la journaliste Michèle Cotta, consœur de Catherine Nay à *L'Express*, semblent dire le contraire. Selon son récit de la rencontre du 29 mai, Albin Chalandon y aurait dit son soutien entier à Giscard d'Estaing, donc à Chirac, justifiant auprès d'elle ce ralliement de dernière minute par une conversation passée avec Giscard d'Estaing, en date du 12 février 1974 :

> Giscard d'Estaing : Je me présenterai. J'ai un accord dans ce sens avec Lecanuet.
> Chalandon : Chaban se présentera !
> Giscard d'Estaing : Il n'osera pas.
> Chalandon : Vous devriez le devancer [*sic*]. Et que va faire Jean-Jacques Servan-Schreiber ?
> Giscard d'Estaing : Oh, Jean-Jacques, la perspective d'un portefeuille le fera se tenir tranquille[11].

Brièvement membre de la commission d'enquête sur la situation de l'énergie en France, en juin-juillet 1974, Albin Chalandon est peu présent dans les débats politiques du début du septennat giscardien. Orateur lors des discussions sur le projet de loi de finances et le projet de loi relatif à la radiodiffusion et à la télévision, ses interventions sont surtout techniques, à l'instar de ses passes d'armes avec Jean-Pierre Fourcade, nouveau ministre de l'Économie et des Finances du gouvernement Chirac, entre autres sujets sur les prélèvements obligatoires.

Le curieux ne s'étonnera toutefois peut-être pas vraiment qu'Albin Chalandon ait rendu la monnaie de sa pièce à l'ancien maire de Saint-Cloud, qui avait polémiqué à de nombreuses reprises avec lui sur le passage du doublement de l'autoroute de l'Ouest par sa commune en 1972. Fourcade fait en tout cas ses classes parlementaires à l'été 1974 et apprend, à ses dépens, que la majorité présidentielle comprend une aile gaulliste moins docile qu'il y paraît et même difficile à dompter.

Alors que faire ? « Une cure d'austérité », répond Albin Chalandon à l'été 1974 :

> Après l'ivresse verbale d'une campagne électorale, où l'on peut rêver de l'avenir, il faut se dégriser et revenir au présent. [...] Valéry Giscard d'Estaing a promis le changement. Le changement peut être celui des personnes qui gouvernent le pays : j'en suis partisan, car l'alternance des hommes au gouvernement est nécessaire pour éviter leur usure. Mais le changement important est celui des choses[12] !

Il est donc facile de comprendre le relatif silence d'Albin Chalandon pendant quelques mois après cette main tendue au tandem Chirac-Giscard d'Estaing... malheureusement pour lui restée sans suite.

De retour sur la scène nationale en octobre 1974, armé de son rapport sur le Proche-Orient, il se désole de la passivité de l'Occident, de l'accumulation massive des pétrodollars et prévoit une asphyxie énergétique du pays à moyen terme. En conséquence de quoi, l'ancien ministre propose deux solutions : la réduction des importations pétrolières par un effort d'austérité énergétique et – ô surprise, une vieille lubie ! – un encadrement de la hausse des prix.

Le maître-penseur de la chiraquie

Chantre des réformes économiques et fiscales du printemps 1974, intrigant des coulisses politiques à l'automne suivant, Albin Chalandon gagne progressivement sa place en chiraquie au prix de quelques ennemis féroces. Ainsi, le 20 décembre, Jacques Chirac annonce la nomination de cinq secrétaires généraux adjoints à l'UDR : Maurice Cornette*, Yves Guéna**, Lucien Neuwirth, Jean Taittinger***... et Albin Chalandon ! L'alliance est donc scellée et le « champion du libéralisme économique modernisé[13] » est de retour au siège du parti, rue de Lille.

Lors de la désignation des parlementaires UDR au comité central du parti, Olivier Guichard obtient toutefois d'écarter Albin Chalandon et Yves Guéna, jugés trop proches du nouveau secrétaire général (Jacques Chirac). Au malheureux vaincu, le Premier ministre confie à titre de lot de consolation la responsabilité des affaires publiques puis de l'action politique (comprendre les relations extérieures du mouvement gaulliste).

Crépuscule de l'ère des barons du gaullisme, la victoire de Valéry Giscard d'Estaing à l'élection présidentielle et l'accession de Jacques Chirac à Matignon conduisent les vieux grognards de l'UDR à emprunter des voies différentes, entre loyauté à la nouvelle majorité présidentielle et indépendance politique, parfois même dissidence et rupture – à l'image de Jean Charbonnel, ministre du

*Maurice Cornette, vétérinaire de Bergues, fut député du Nord de 1967 à 1983.

**Yves Guéna, conseiller de Michel Debré, garde des Sceaux du gouvernement du général de Gaulle, fut député de 1962 à 1981 puis de 1986 à 1988, sénateur de Dordogne de 1989 à 1997, ministre de l'Information en 1968, ministre des Postes et Télécommunications de 1967 à 1968 et de 1968 à 1969, ministre des Transports de 1973 à 1974, ministre de l'Industrie, du Commerce et de l'Artisanat en 1974. Il fut également président du Conseil constitutionnel de 2000 à 2004.

***Jean Taittinger, fils du député-maire Pierre Taittinger, fut député de la Marne de 1958 à 1973, maire de Reims de 1959 à 1977 et garde des Sceaux de 1973 à 1974.

général de Gaulle et de Georges Pompidou, entré en résistance face au nouveau gouvernement.

Début janvier 1975, le portefeuille d'Albin Chalandon à l'UDR est élargi aux entreprises et problèmes de l'emploi. À charge pour lui d'organiser un programme d'action en vue des prochaines assises du parti, prévues à Nice, en juin, afin que la majorité gaulliste pèse sur l'agenda politique giscardien. Message bien reçu par l'intéressé, qui précise dans l'édition du 6 janvier du *Point* :

> L'irrésolution des caciques et leur mésentente laissaient planer une ambiguïté qui risquait de conduire au dépérissement du mouvement [gaulliste]. Ce qui peut être sauvé du gaullisme le sera par Jacques Chirac car le Premier ministre exerce une influence certaine sur l'action présidentielle.

Au même moment, Albin Chalandon prend position dans l'affaire des « appelés de Draguignan ». En septembre 1974, deux cents soldats ont défilé dans les rues de Draguignan (dans le Var) pour dénoncer la condition militaire et demander le libre choix de la date d'incorporation, la suppression des brimades ou encore la liberté d'expression. En janvier 1975, le procès de leurs trois meneurs par le tribunal militaire de Marseille donne l'occasion à l'ensemble de la classe politique de s'exprimer sur la question, y compris à notre cacique gaulliste :

> Le service militaire est le théâtre d'une contradiction fondamentale. D'un côté, des jeunes qui refusent la contrainte, l'autorité hiérarchique et n'acceptent d'agir que s'ils sont motivés. De l'autre, une organisation qui exige discipline, autorité, hiérarchie, où l'exécution ne peut s'ouvrir à la contestation, où l'attitude requise est

l'abnégation. [...] Se boucher les yeux devant cette crise serait la plus dangereuse des attitudes. [...] La condition du service militaire doit faire l'objet d'un grand débat public. On ne peut plus dire comme dans la chanson « Tout va très bien, madame la marquise », alors que l'incendie couve dans le château[14].

Le 12 janvier 1975, devant 700 cadres du parti gaulliste rassemblés par Jacques Chirac, Albin Chalandon plaide encore pour le sursaut politique, tout en défendant les bases intangibles de la République gaullienne. Devant les menaces d'intervention américaine ou soviétique au Proche-Orient, il rappelle l'importance de la « liberté de jugement » de la France par rapport au bloc atlantiste, de même que « la politique d'entente et de coopération avec l'URSS », entreprise par le général de Gaulle[15]. Le 23 janvier 1975, il répète son intervention dans le domaine des affaires internationales, à la suite de la décision unilatérale du gouvernement britannique d'arrêter les travaux du tunnel sous la Manche. « Une absence d'intérêt, d'ambition et de solidarité », pis « un goût aussi faible pour l'Europe qu'on est amené à se poser la question : "Faut-il s'obstiner à vouloir faire boire un âne qui n'a pas soif[16] ?" » L'idylle franco-britannique n'aura donc pas duré plus de quelques mois.

Soutien de la politique de Valéry Giscard d'Estaing en faveur de l'apaisement de la situation au Vietnam, il la place dans la droite ligne du discours gaulliste de Phnom Penh. Face à l'obstination américaine, il rappelle que la France, depuis longtemps, avait proclamé que seule une solution politique aurait permis d'éviter la catastrophe, dont l'épilogue est la chute de Saïgon, en avril 1975. En tant que parlementaire, il s'était déjà exprimé en ce sens, le 23 mars 1968, lors d'un échange avec le secrétaire d'État américain Dean Rusk, échange à l'occasion duquel il s'était inquiété (de manière prophétique) des conséquences mondiales du conflit et de son enlisement[17].

La période est aussi celle des règlements de comptes. Ainsi le journaliste Maurice Siegel, directeur de l'information à Europe 1, limogé à la demande de Jacques Chirac en 1974, prend-il plaisir à raconter, dans son livre *Vingt ans, ça suffit!* (1975) une anecdote sur un petit-déjeuner partagé avec Albin Chalandon, à l'occasion duquel ce dernier aurait renvoyé à deux reprises ses *toasts* car pas assez chauds puis bien trop… « C'est un homme qui soigne sa forme : il fait de la culture physique tous les matins et sa ligne le préoccupe[18] », ajoute-t-il pour adoucir le ton de sa critique.

Par ailleurs, Albin Chalandon démultiplie sa présence dans les médias en janvier-février-mars 1975 : lundi, adversaire résolu des communistes staliniens; mardi, partisan d'une main tendue aux socialistes, qu'il faudrait extraire de l'union de la gauche; mercredi, défenseur d'une UDR, « innovante dans le concret, conservatrice dans ses principes[19] », pièce maîtresse de la majorité présidentielle. Le 18 février, dans *Le Monde,* il défend « l'édification d'une société libérale avancée », se fait l'apôtre du respect de la diversité des soutiens du président de la République et le critique des « procès d'intention, des rancunes et des vendettas » de certains centristes. A-t-il quelques prétentions à la tête du parti gaulliste, dont Chirac ne pourra éternellement garder la direction? Il s'en défend.

Omniprésent sur la scène politique nationale, il encense le programme nucléaire français, critique la réforme foncière de son successeur Robert Galley, appelle de ses vœux l'émergence d'une nouvelle politique de lutte contre les inégalités, etc. Aux assises de Nice de l'UDR, les 14-15 juin 1975, il plaide même pour un réinvestissement du syndicalisme par les gaullistes – une position qui n'est pas sans rappeler l'aventure de l'Action ouvrière du RPF sous la Quatrième République, dont Albin Chalandon fut l'un des brillants représentants.

Un petit tour et puis s'en va…

Le 19 juin 1975, lorsque Jacques Chirac réunit les principaux cadres du parti gaulliste à Matignon pour désigner le nouveau secrétaire général de l'UDR, Albin Chalandon se fait porter pâle. Le choix d'André Bord, résistant, député gaulliste et surtout fidèle chiraquien, laisse en effet l'ancien ministre plein d'amertume. Blessé dans son amour propre, il en veut surtout à Chirac de ne pas l'avoir tenu dans la confidence. Dans la foulée, il abandonne son bureau à l'UDR et renonce à ses fonctions de secrétaire général adjoint du parti. Bord tente bien une opération de réconciliation, mais sans succès. Retour à la case départ et au Palais-Bourbon.

Or, quand Albin Chalandon n'est pas à la tâche politique, on le sait maintenant, il s'occupe d'actualité économique et financière. Membre du Conseil national de la statistique depuis juin 1973, il suit alors de nombreuses entreprises à problèmes. Au printemps 1975, il s'investit ainsi dans le dossier de l'avenir de la Compagnie internationale pour l'informatique (CII). Créée en décembre 1966, à la demande du général de Gaulle et dans le cadre du plan Calcul, la CII avait été imaginée pour faire émerger la France sur le nouveau marché mondial de l'informatique, face à des concurrents américains voraces (Bull, Control Data, IBM). Elle avait été chargée de l'informatique militaire tricolore (équipements du sous-marin nucléaire *Le Redoutable*, du char *Pluton* et du programme nucléaire civil), déployant des trésors d'innovation. Au début des années 1970, devenue suffisamment puissante pour s'imposer sur la scène internationale, il avait été décidé de l'associer au groupe néerlandais Philips et à l'Allemand Siemens dans un consortium européen baptisé Unidata.

En février 1974, un accord tripartite est ainsi obtenu, au grand désespoir d'Ambroise Roux, PDG de la Compagnie générale d'électricité (actionnaire de la CII), et de Valéry Giscard d'Estaing, ministre des Finances. Les deux hommes auraient en effet préféré un partenariat avec l'entreprise américaine Bull, deuxième constructeur mondial après IBM. D'autant que la Compagnie générale d'électricité, fleuron français, et le groupe allemand Siemens sont alors des opposants sérieux dans d'autres secteurs industriels, en particulier dans le domaine nucléaire, ce qui explique leur hostilité réciproque. Le dilemme est de taille : faut-il jouer la carte européenne au détriment des acteurs américains ou protéger le pré carré énergétique des entreprises françaises ?

L'élection présidentielle de Valéry Giscard d'Estaing remet le dossier sur la table, mais le sujet divise rapidement le gouvernement. Soutenue par Michel d'Ornano, ministre de l'Industrie, la mise à mort d'Unidata et la création d'un consortium Bull-CII n'est pas du goût du Premier ministre, Jacques Chirac, qui y voit une « colonisation américaine[20] » de l'industrie française. Le ministre des Affaires étrangères, Jean Sauvagnargues, ancien ambassadeur de France en Allemagne, abonde en ce sens et prévient d'une réaction en chaîne des Allemands et des Néerlandais en cas de mise à mort d'Unidata. Or, dans cette vague d'hésitations des pouvoirs publics, le 10 mai 1975, Albin Chalandon prend position en faveur de la solution giscardienne. Pourquoi ? « Parce qu'une solution européenne dans le cadre d'Unidata ne peut aboutir qu'à la domination de Siemens[21]. »

L'ancien ministre de l'Industrie préfère donc que la France garde la tête du classement européen en opérant un mariage avec les Américains, plutôt que de s'unir avec ses voisins européens au risque de perdre sa mainmise au profit de l'Allemagne. L'affaire Bull-CII dévoile ainsi les limites de l'esprit européen d'Albin Chalandon, encore profondément marqué par la Seconde Guerre mondiale et la germanophobie. La fusion Bull-CII sera finalement opérée le 20 mai et Unidata dissoute le 19 décembre suivant, mettant fin à l'initiative informatique européenne.

L'enthousiasme d'Albin Chalandon pour les questions internationales se retrouve également dans une série de deux tribunes, publiées dans *Le Monde* à l'été 1975. Observateur de la conférence sur la sécurité et la coopération d'Helsinki, l'ancien ministre note une régionalisation des affaires, agaçante à la fois pour les États-Unis et pour la Russie soviétique : montée en puissance de la Chine en Asie, positionnement neutre du Japon, des Philippines ou de la Thaïlande, création d'un axe Arabie saoudite-Irak-Iran autour d'une zone d'influence commune, unité du monde arabe constituée autour de « la volonté d'éviter de donner prise aux protecteurs dangereux[22] ». Seule l'Europe de l'Ouest, marquée « par sa passivité et sa mollesse[23] », reste ainsi le terrain de jeu des rivalités entre les grandes puissances. « Les petits pays préfèrent la domination lointaine des États-Unis à celle de leurs grands voisins[24] », s'amuse Albin Chalandon. Une remarque fort de café, quand on sait sa position pro-américaine dans l'affaire Bull-CII. Bateau sans gouvernail, incapable de s'unir face à la crise énergétique, l'Europe n'a guère ses faveurs durant cette période.

D'après lui, quatre chantiers sont nécessaires pour assurer l'avenir de l'alliance européenne : l'affirmation d'une conscience européenne, fondée sur l'élection au suffrage universel de l'Assemblée des Communautés européennes ; l'engagement de chaque pays à consacrer un pourcentage minimal de son produit national brut (PNB) à une défense commune ; l'accélération de la coopération militaire ; enfin, la protection des États membres par le bouclier nucléaire franco-britannique. À l'automne-hiver 1975, au retour d'un voyage diplomatique en Roumanie qui l'a amené à rencontrer le dictateur communiste Ceausescu, Albin Chalandon persiste sur sa ligne dans une tribune en faveur de la constitution d'une défense européenne :

> Aujourd'hui, la préoccupation principale nous vient de l'Est. […] Comment ne pas parler d'une faiblesse de l'Europe, dès lors que sa sécurité repose sur une organisation militaire dont elle n'est pas maîtresse et dont la stratégie exclut l'arme principale à sa disposition ? […] La sécurité de l'Europe et son indépendance supposent une défense de l'Europe par elle-même[25].

Comment la mettre en œuvre ? Albin Chalandon rappelle la recette de juillet 1975 : investissement d'un capital minimal dans la défense commune, mise sous protection du parapluie nucléaire franco-britannique, création d'un pouvoir politique européen doté d'un budget important et d'un parlement élu par les peuples européens, assurant ainsi sa légitimité. L'Europe aura décidément été le cœur de son combat politique pendant deux ans.

***

Député aux airs frondeurs à la fin de la présidence pompidolienne en 1973-1974, soutien fidèle de Jacques Chaban-Delmas lors de la présidentielle de 1974, mais bien vite rallié à Jacques Chirac et Valéry Giscard d'Estaing en 1974-1975, Albin Chalandon n'a malheureusement pas été récompensé à la hauteur de son investissement politique.

La nomination d'André Bord à la tête de l'UDR en juin 1975 a en effet conduit à sa marginalisation dans la famille gaulliste. Commentateur des affaires diplomatiques ou économiques, il s'est alors investi dans de nombreux dossiers techniques, comme la défense européenne ou le marché international de l'informatique. Loin d'être enterré politiquement, il trouve cependant, au début de l'année 1976, l'occasion d'un dernier baroud d'honneur au Parlement.

9

Un politique à la tête des affaires pétrolières

Banquier, trésorier puis patron du parti gaulliste, parlementaire et ministre, Albin Chalandon a traversé la galaxie politique française en moins de vingt ans. Après son retour au pouvoir manqué en 1974 et sa mise à l'écart de l'UDR en 1975, une certaine lassitude s'empare toutefois de lui. Les dossiers économiques – à l'image de la crise autour de l'avenir de CII au printemps 1975 – l'intéressent plus que les combats politiques de l'ombre. « Gaulliste giscardien », il troque donc son soutien en échange d'une nouvelle carrière dans le secteur pétrolier, à la tête du groupe public Elf Aquitaine.

L'homme-lige de Giscard d'Estaing

Début janvier 1976, les prises de position d'Albin Chalandon en faveur de l'élection de l'Assemblée des Communautés européennes au suffrage universel lui valent une attaque en règle de l'Union des jeunes pour le progrès (UJP). Association des jeunes gaullistes, l'UJP est à la fois sensible aux idées des gaullistes de gauche et en rupture avec la chiraquie et la giscardie depuis la présidentielle de 1974. Dans *Le Monde*, le mouvement fait sienne la thèse d'un Chalandon « atlantiste notoire[1] », affidé aux intérêts américains en Europe et hébété devant la politique présidentielle :

> M. Chalandon se fait l'apôtre de la soumission et de l'abandon. [...] Puisqu'il estime nettement que les positions de Charles de Gaulle ne sont plus valables, qu'il cesse immédiatement de faire croire aux électeurs qu'il est encore gaulliste. Nous savions que M. Marchais interprète Marx à sa manière, nous venons de voir que l'UDR transforme la pensée gaulliste dans le sens de ses intérêts[2].

La position d'Albin Chalandon n'est pourtant pas aux antipodes de celle des autres barons du gaullisme. Olivier Guichard prend ainsi fait et cause pour l'élection au suffrage universel, tout en posant pour condition l'uniformisation du mode de scrutin partout en Europe. Toutefois, de vieux caciques, comme Michel Debré ou Alexandre Sanguinetti, trouvent dans la querelle européenne l'occasion de dire leur désaccord avec Jacques Chirac et de rappeler leur attachement à un gaullisme historique.

À titre de remerciement pour son positionnement public en faveur de la réforme souhaitée par le président de la République, Albin Chalandon est gratifié d'une nouvelle mission parlementaire sur le problème énergétique, plus particulièrement sur les approvisionnements pétroliers de la France, auprès de Michel d'Ornano, ministre de l'Industrie, à compter du 14 février 1976. C'est le prolongement logique de sa mission auprès de Michel Jobert. Ragaillardi par cette annonce, Albin Chalandon reprend l'offensive médiatique dans *L'Est républicain*, le 17 février, plaidant en faveur de la construction européenne, de l'élection de son parlement au suffrage universel et même de la dissolution de l'OTAN, afin de créer un organisme de défense purement européen.

Le 23 février, à bord d'un vol Air France Buenos-Aires-Paris, l'ancien ministre est victime d'une grève des hôtesses et stewards, qui oblige l'appareil à se poser à Dakar. Si l'épisode peut sembler anecdotique, loin s'en faut car l'ex-ministre en fait un sujet personnel, interpellant le gouvernement sur la situation d'Air France à l'Assemblée nationale, rappelant ses engagements passés dans le secteur aéronautique et se désolant de la décadence de la compagnie nationale, réclamant même une réforme rapide de l'opérateur pendant plusieurs semaines.

Le 10 mars, dans *Le Monde*, commentant les accords monétaires de la Jamaïque, il s'insurge encore de la supériorité monétaire des États-Unis et relance son idée de monnaie européenne, « susceptible de concurrencer le dollar dans son rôle international ». Le 18 mars, sur France Inter, s'alarmant de la victoire de la gauche aux cantonales, il se laisse aller à quelques critiques sur la giscardie, estimant que l'autorité du président de la République a été atteinte par cet échec et qu'un changement des chefs de la majorité est nécessaire. Le lendemain, Roger Chinaud, président du groupe des républicains indépendants à l'Assemblée nationale, abonde en son sens et salue son rôle de trait d'union entre centristes et gaullistes. Moins enthousiaste, *L'Humanité* lui tire le portrait le 31 mars et dénonce un « américanolâtre », loin des rêves de grandeur et d'indépendance du général de Gaulle :

> M. Chalandon dit tout haut ce que M. Giscard d'Estaing pense tout bas : la construction d'une petite Europe intégrée dans laquelle la souveraineté de la France serait

nécessairement noyée et dominée est une assurance contre le libre choix des citoyens français décidés à porter au pouvoir une majorité comprenant les communistes.

Le 9 avril, fragilisé par la défaite de son parti aux cantonales, André Bord remet sa démission du secrétariat général de l'UDR. Albin Chalandon va-t-il signer là son grand retour ? Populaire chez les députés et les militants, il compte néanmoins des ennemis politiques féroces chez les cadres du parti. Michel Debré comme Pierre Messmer y voient en effet un « giscardo-gaulliste », atlantiste plutôt que fidèle à l'héritage du Général. Ce n'est pas complètement faux, mais loin d'être un calcul politique, ses positionnements tiennent davantage de convictions personnelles et d'une forme de pragmatisme (gaulliste) face aux enjeux de son époque.

« Il écrit et parle avec aisance, ne manque ni d'imagination, ni de répartie politique et possède une réputation de libéralisme[3] », souligne le journaliste André Passeron dans un portrait pour *Le Monde* en avril 1976. Albin Chalandon compte alors le soutien du président de la République, qui mesure l'intérêt d'un tel allié libéral dans le turbulent parti gaulliste. Il peut aussi s'appuyer sur celui de Marie-France Garaud, âme damnée de Jacques Chirac, qui n'hésite pas à le harceler, jusque chez lui au milieu de la nuit, pour l'encourager dans sa candidature[4]. Pourtant, prudent, il se méfie d'Yves Guéna, son concurrent soutenu en coulisses par Charles Pasqua et la frange orthodoxe des gaullistes*.

---

*Dans ses mémoires, Yves Guéna s'en défend en présentant Albin Chalandon comme un « parlementaire de grande qualité », mais en justifiant sa candidature par « une espèce de fronde [ayant] soulevé le groupe gaulliste à l'Assemblée. On a reproché à Chalandon d'être peu présent dans l'hémicycle, comme aux réunions de groupe ».

Le 12 avril, devant les multiples soutiens déclarés en faveur de son adversaire, Albin Chalandon abandonne finalement la course interne à la direction du parti afin d'éviter une crise politique et de préparer les législatives de 1978 dans l'unité la plus totale. Élu secrétaire général de l'UDR le 29 avril, Yves Guéna offre certes à son adversaire un poste de conseiller spécial à ses côtés, mais la proposition ne rencontre pas d'écho favorable, l'ancien ministre ne voulant pas d'un titre fantoche et préférant garder intacte sa liberté d'expression. Fatigué de ses échecs politiques répétés, il veut tirer un trait sur l'aventure gaulliste et les facéties du parti chiraquien. Le 8 juin, dans *Le Figaro*, il tente bien un énième appel à l'unité autour de la majorité présidentielle, mais une certaine fatigue morale l'étreint déjà :

> Certains gaullistes, plus royalistes que le roi, font au président de la République un procès de tendance. Il n'est pas trop tard pour que la mission de coordination confiée par le président de la République à Jacques Chirac s'accomplisse afin de sauvegarder l'unité de la majorité en y restaurant loyauté et confiance réciproques.

Le 11 août 1976, en accord avec Jacques Chirac et Yves Guéna, Albin Chalandon démissionne de son mandat parlementaire, en demandant la prolongation de sa mission sur les approvisionnements pétroliers auprès de d'Ornano. Remplacé par Yves Cornic, adjoint au maire d'Asnières et conseiller général des Hauts-de-Seine, il prend ses distances avec la vie publique pendant quelques mois, cherchant la quiétude et le repos dans la littérature et l'écriture de poèmes*.

---

*En 1978, Yves Cornic est remplacé par Georges Tranchant, fondateur d'une société de composants informatiques, député RPR des

Le 25 août, l'économiste Raymond Barre remplace Jacques Chirac à Matignon, ouvrant la seconde partie du septennat giscardien. Dans un article du *Quotidien de Paris* du 14 octobre 1976, Albin Chalandon sort alors de sa retraite et exprime ses regrets sur ce changement de couple Élysée-Matignon, boussole de la majorité présidentielle :

> Le tandem Giscard-Chirac était bon. Il était ressenti comme tel par l'opinion. Aujourd'hui, l'action lancée par Jacques Chirac au sein de la majorité me paraît plutôt bonne, dans la mesure naturellement où elle n'apparaît pas comme étant dirigée contre le président de la République, ni n'est ressentie comme un élément de division et d'affaiblissement de la majorité.

Fin 1976, le scandale des Chalandonnettes le rattrape toutefois à nouveau, expliquant pour partie son silence dans les médias. À divers endroits, des malfaçons apparaissent dans la construction des pavillons créés à son initiative, conduisant à des assignations des constructeurs par les habitants. En novembre 1976, des propriétaires en colère occupent même de force les locaux de FR3 à Montpellier après une rencontre infructueuse avec le ministre du Logement d'alors. En décembre 1976, les contestataires investissent également brièvement la cathédrale Saint-Pierre de Montpellier, affichant des banderoles sur l'ensemble des portes du monument. Le gouvernement est en conséquence forcé de préfinancer les travaux de réparation et d'accorder des prêts pour

---

Hauts-de-Seine jusqu'en 1993. À l'automne 1977, l'hypothèse d'une candidature de l'ancien préfet Maurice Doublet, Némésis de Chalandon, avait été évoquée, avant que l'ancien ministre n'y fasse savoir sa vive opposition.

aider les propriétaires lésés, reconnaissant ainsi sa responsabilité dans l'affaire. Plus de 2000 propriétaires bénéficieront de cet accompagnement d'urgence mais une enquête révélera plus tard que seuls 4077 logements étaient concernés par de réelles défectuosités sur les 60000 construits[5].

Croire qu'une telle affaire pourrait rendre muet l'ancien banquier et ministre serait toutefois une erreur. En octobre 1976, il entame en effet une croisade en faveur d'une réforme constitutionnelle pour aller vers un régime plus présidentiel, tel que (selon lui) le général de Gaulle aurait voulu le faire en 1958 et en 1962, notamment à travers l'élection du président de la République au suffrage universel direct. Le 20 octobre 1976, dans *Le Monde*, il explique :

> La puissance du président de la République repose sur l'autorité de fait que lui confère son élection, non sur des pouvoirs constitutionnels. [...] Le Premier ministre a, sur les situations, des analyses et des conceptions qui s'affirment avec le temps et qui, si elles divergent de celles du président, les grignotent par l'usure des discussions répétées. Ainsi Georges Pompidou a-t-il pu freiner pendant six ans l'ardeur réformatrice du général de Gaulle, jusqu'au moment où celui-ci ne le supporta plus.

Alors quelle solution pour assurer un vrai pouvoir présidentiel ? D'une part, la suppression de la responsabilité du gouvernement devant le Parlement, d'autre part l'instauration d'un scrutin proportionnel aux législatives, « qui rendrait les partis politiques indépendants les uns des autres et assurerait davantage de souplesse dans leurs rapports[6] ». Stupeur et tremblements dans la classe politique : l'ancien ministre gaulliste propose tout simplement de revenir à la mécanique parlementaire de la Quatrième République, pourtant honnie du Général ! Pis, il se marie avec le camp des proportionnalistes, longtemps apanage de la famille centriste et démocrate-chrétienne[7]. De fait, Albin Chalandon ne fait plus l'unanimité dans son parti. Avec l'accord d'Yves Guéna, le journaliste gaulliste Pierre Charpy mène une charge très dure à son encontre dans *La Lettre de la nation* au printemps-été 1977, mais l'ancien ministre a déjà la tête ailleurs.

Les joueurs de flûte de la gauche

Le 1er janvier 1977, Albin Chalandon publie son livre *Les Joueurs de flûte. Le rêve économique de la gauche*, chez Plon. L'ouvrage fait suite à un débat avec Michel Rocard à Strasbourg, à l'automne 1976, sur le thème du programme commun de la gauche, base idéologique posée en 1972 et matérialisée dans la candidature unique de la gauche à la présidentielle de 1974. En 1976, fort de sa victoire aux cantonales, le Parti socialiste a pris ses distances avec le texte de 1972 pour présenter « sa nouvelle compétence économique et son indépendance à l'égard du PCF[8] ». L'occasion est donc trop belle de faire voler en éclat ce socle commun de la gauche française, menace inquiétante pesant sur les législatives de 1978 et la présidentielle de 1981.

Par le passé, Albin Chalandon a déjà égratigné le programme commun de la gauche : « effort de mise en pièces des institutions établies par le général de Gaulle[9] », « ensemble de contradictions, auquel [elle] s'accroche comme à un catéchisme, mais qui ne prévoit que quelques nationalisations[10] », ou encore « dernière radicelle entre le parti communiste et le parti socialiste, mais document d'un autre âge complètement inutilisable[11] ».

Opposé à son programme économique et social, Albin Chalandon ne se dit pourtant pas hostile à la gauche en tant que telle – il a d'ailleurs, à plusieurs reprises, tenté d'extirper les socialistes de l'emprise des communistes dans le cadre du programme commun et s'exprime même régulièrement en faveur d'une politique sociale de la droite. Faut-il y voir la résurgence de vieilles fidélités socialistes d'après-guerre ? Dans l'avant-propos de son livre, il rappelle ainsi son lien intime à la gauche française :

> J'ai souvent frôlé l'adhésion au socialisme, dans ma jeunesse notamment, au sortir de la Résistance et d'une guerre qui avait fait exploser les idées reçues et m'avait conduit, jeune fonctionnaire, jusqu'au cabinet de Léon Blum et de Paul Ramadier. J'en ai été empêché, d'abord par le général de Gaulle que, par fidélité à la Résistance, je suivais lorsqu'il créait le RPF ; puis, plus tardivement, par l'horreur que m'a de plus en plus inspirée, au cours de ma vie professionnelle, la bureaucratie[12].

Dénonciateur de la bureaucratie communiste et soviétique, Albin Chalandon reprend ici la thèse trotskyste d'un collectivisme bureaucratique, selon laquelle la révolution russe n'aurait pas fait naître le régime socialiste idéalisé, mais plutôt un modèle ouvrier « dégénéré », dans lequel une nouvelle élite bureaucratique – la *Nomenklatura* – se serait emparée du pouvoir. Le fil conducteur de son ouvrage repose ainsi sur une volonté de faire éclater l'union communistes-socialistes au titre de leurs divergences sur la finalité de leur action.

Le positionnement n'est pas sans rappeler le mot de l'ancien ministre gaulliste de gauche Gilbert Grandval, en octobre 1972, à l'encontre de François Mitterrand : « Qu'il sache que la rose coupée par la faucille, écrasée par le marteau, ne vivra même pas l'espace d'un matin[13]. »

En fait, le livre d'Albin Chalandon, plus qu'une critique du programme commun de la gauche, doit être lu comme un instrument de dénonciation de l'accord entre les gauches. Ne s'y interroge-t-il pas, dès l'avant-propos, sur une potentielle rupture à venir ? Il y use en tout cas de la flatterie, rappelant ainsi que si la gauche française est inspirée par le marxisme, « religion possessive et cruelle », elle est aussi guidée par « une aspiration généreuse mais vague, la société autogestionnaire »[14].

Assurément, l'épisode de l'usine Lip – horlogerie de Besançon reprise par ses salariés en autogestion en 1973-1974 et accompagnée avec bienveillance par le ministre gaulliste Jean Charbonnel – a marqué les esprits et creusé un sillon social dans la droite française, mais les multiples initiatives du gaullisme social ne perceront jamais vraiment au-delà de petits rassemblements, faute de chef assumé et reconnu par tous[15]. Albin Chalandon a donc à la fois conscience de l'importance de ce discours de la droite sociale… mais aussi de la vacuité de son positionnement politique.

Pour montrer l'absurdité du programme commun de la gauche, l'économiste sort d'abord sa calculatrice. Avec 170 milliards de francs de dépenses annuelles et 82 milliards de francs de dépenses exceptionnelles, notamment au titre des nationalisations, la gauche menace de faire « exploser l'économie française[16] ». D'ailleurs, l'objectif de ce programme n'est-il pas fondé sur une fausse idée de l'économie capitaliste et de la richesse des chefs d'entreprise ?

> L'activité la plus visée par la gauche, l'industrie pétrolière, n'a en réalité les moyens ni pour faire efficacement de l'exploration, ni pour faire les investissements nécessaires en matière de raffinage. Où est le trésor ? On ne le trouve pas non plus dans la sidérurgie, ni dans la chimie, ni dans la plupart des grands secteurs de base, qui n'ont pas des taux de profit suffisants pour assurer la modernité de leurs produits ou de leurs installations, et pour rémunérer leur capital[17].

Il va même plus loin dans sa critique du rapport de la gauche à l'entreprise. En voulant sauver coûte que coûte des sociétés sur le déclin – citant les aciéries de Decazeville (fief historique de Ramadier, dans l'Aveyron) ou les forges d'Hennebont (dans le Morbihan) –, n'investirait-on pas de l'argent public qui pourrait, ailleurs, créer autant voire plus d'emplois ? La destruction créatrice de l'économie théorisée par Joseph Schumpeter n'est-elle pas le cycle naturel de la vie des entreprises, par lequel une innovation nouvelle en remplace une autre passée ?

L'ancien ministre en est persuadé : le programme économique de la gauche n'est qu'un « panneau-réclame », fondé sur « un mythe populaire de la fin de l'exploitation de l'homme par l'homme »[18]. La nationalisation ? « Le fantasme de l'épée de l'archange socialiste qui exterminera les démons[19]. » Qui est-il pour critiquer avec une telle ardeur les propositions de la gauche ? Résistant, il raconte avoir fait brûler des caisses de billets récupérées par les Allemands, « acte coupable au regard de la morale bourgeoise mais réaction légitime au regard de l'intérêt collectif[20] », ceci afin de lutter contre l'inflation galopante. Haut fonctionnaire, il rappelle avoir suivi le dossier aéronautique à la Libération, secteur nationalisé par le Front populaire, pour renforcer son efficacité. La nationalisation n'est donc pas mauvaise par essence, c'est la nationalisation à outrance qui l'est, en plaçant certains secteurs économiques dans l'incapacité de faire concurrence à des entreprises étrangères. Au passage, il s'en prend à la gauche, coupable d'avoir, dans son programme, abandonné l'idée de nationaliser les filiales de certains groupes étrangers, comme Honeywell Bull (qui s'était uni avec CII en 1975), et de miser sur des contrats de programme avec les futures sociétés publiques, « jamais durablement appliqués[21] ».

Un ouvrage de combat

Dès la publication de son livre en janvier 1977, Albin Chalandon fait sensation dans les médias et les milieux politiques. « Ouvrage de combat, dans une période où l'on sort contre l'adversaire toutes les armes de sa panoplie, des fléchettes au bazooka[22] », *Les Joueurs de flûte* se veut aussi une œuvre de réalisme politique, levant le voile sur les désillusions du programme commun de la gauche, de la nationalisation à la planification. Fort de son expérience, l'ancien ministre y dresse ainsi un portrait sans concession des politiques de planification, « aggravé[es] par l'irresponsabilité qui caractérise l'élaboration elle-même du Plan, […] fruit de réflexions entremêlées d'experts, de représentants des professions, de fonctionnaires qui, agissant chacun dans leur secteur, dressent le catalogue du souhaitable[23] ».

La critique n'est pas nouvelle : elle reprend en effet les grandes lignes de sa proposition de réforme du Plan de l'été 1963 et dénonce « un amoncellement d'aspirations contradictoires qui ne peuvent coexister entre elles que dans le rêve[24] ». S'il se réjouit que les communistes et socialistes partagent son constat, il n'approuve toutefois pas leur solution, à savoir la construction d'un Plan par la base – c'est-à-dire par l'ensemble des entreprises et collectivités locales. Elle ne peut, selon lui, que rendre l'effort de réforme insurmontable.

Quittant, l'espace de quelques chapitres, les débats matériels des nationalisations et de la planification, il se prête également à une réflexion plus philosophique sur la notion d'égalité dans les sociétés modernes. Là encore, l'image d'ultralibéral est volontiers écornée par son propos humaniste et progressiste :

> Sur le plan politique, l'histoire montre que dans les sociétés trop inégalitaires, le lien communautaire se distend, se brise. Le maintien de l'unité sociale commande, non seulement l'effort pour égaliser les chances, mais la limitation des écarts de fortune : lorsque les intérêts divergent trop, la société cesse d'être une communauté[25].

La mesure a quelque chose de précurseur, car cette notion d'écart salarial sera reprise, quarante ans plus tard, par François Hollande, lors de l'élection présidentielle de 2012, et a même été récemment remise à l'ordre du jour parlementaire par une proposition de loi du député socialiste Dominique Potier, en janvier 2021.

Un peu plus loin dans son livre, après avoir ergoté sur les chiffres réels du chômage en France, Albin Chalandon donne raison à ses adversaires de gauche en reconnaissant la nécessité de transformer rapidement l'enseignement supérieur, afin de mieux former les jeunes aux métiers en besoin et d'arrêter la politique des « passeports pour le chômage[26] ».

Au passage, il en profite pour liquider son passif avec Olivier Guichard, regrettant sa formule malheureuse sur le gouffre financier que représente l'enseignement en France après les événements de Mai 68. S'il partage le constat d'une société en crise, l'ancien ministre n'est cependant pas partisan des solutions simplistes et des promesses mensongères :

> La soif d'égalité, comme toutes les passions de l'homme, ne peut se nourrir que d'espoir et d'illusion. La société égalitaire n'existe pas. Ceux qui ont voulu la réaliser n'y sont jamais parvenus[27].

S'il faut résumer en une phrase *Les Joueurs de flûte*, on peut avancer que son but est de percer l'illusion des promesses économiques et sociétales de la gauche. Contre la douce mélodie du joueur de flûte de Hamelin, l'ancien ministre rappelle de dures réalités. Contre les paris ambitieux du programme commun, il soulève les douloureuses conséquences de chaque action. Contre les idéaux marxistes, il dénonce l'ambivalence d'une gauche, soutien affiché des États producteurs de pétrole dans leur lutte contre le joug occidental, mais incapable, sur le plan national, d'assumer les conséquences de telles orientations, par exemple sur le pouvoir d'achat des Français.

Aux thuriféraires du modèle autogestionnaire de Lip, le banquier répond en s'inquiétant du précédent par lequel « chaque fois que des entreprises privées décideront de cesser leur activité, le personnel demandera de prendre le relais, alors obligé de choisir entre l'étatisation et la disparition, comment le gouvernement ou le Parlement pourront-ils s'y opposer[28] ? » Son inquiétude reste d'une profonde actualité !

Au fond, l'intention d'Albin Chalandon est de prouver l'incapacité de la gauche à créer la réalité socialiste promise par le programme commun. Si, d'ailleurs, elle n'est pas capable de montrer un autre régime en modèle, c'est bien là la démonstration qu'il n'en existe pas et qu'il faut se garder de considérer l'Union soviétique comme un jardin d'Éden. À ce jeu, « prisonnière de son aventurisme[29] », destinée à promettre toujours plus pour garder captif son électorat, la gauche française s'enferme dans la logique marxiste et le socialisme s'efface derrière le communisme.

Il conclut :

> Le monde communiste, dans la diversité de ses expériences, reproduit partout le même processus : une accumulation d'efforts, d'erreurs, de souffrances, d'échecs et de mensonges pour manquer finalement son but : la fin de l'exploitation, de l'oppression, de l'inégalité, l'avènement d'un homme nouveau et libre. Il est devenu une si triste réalité historique qu'il ne peut plus servir de référence à nos rêves, ni de remède contre les maladies mortelles qui menacent l'univers[30].

L'élection du roi du pétrole

Si l'année 1977 s'ouvre sur la parution du livre d'Albin Chalandon, elle est aussi marquée par la question de la difficile succession de Pierre Guillaumat à la tête du pétrolier d'État. Établie en octobre 1966, l'Entreprise de recherches et d'activités pétrolières (ERAP) a été créée par le regroupement de plusieurs compagnies pétrolières et fait figure de porte-étendard des intérêts français en la matière.

Elle réunit la Régie autonome des pétroles (RAP), chargée d'exploiter le gisement de gaz de Saint-Marcet en Haute-Garonne, la Société nationale des pétroles d'Aquitaine (SNPA), société d'exploitation gazière et pétrolière sur le territoire métropolitain, notamment chargée du gisement de Lacq dans le Béarn, enfin le Bureau de recherche de pétrole (BRP), structure publique créée à la Libération pour rechercher et exploiter des gisements dans l'empire colonial et au-delà, porte d'entrée de la Françafrique et des réseaux occultes de Jacques Foccart.

Devenu Elf-ERAP en avril 1967, le groupe pétrolier est renommé Elf Aquitaine en septembre 1976. Pour le piloter, au 7, rue Nélaton, à Paris, le général de Gaulle a nommé Pierre Guillaumat, fils d'un général d'armée, polytechnicien, ancien du Bureau central de renseignements et d'action (BCRA) pendant la Seconde Guerre mondiale, devenu directeur des carburants à la Libération puis premier directeur du BRP de 1945 à 1950. Administrateur général du Commissariat à l'énergie atomique (CEA), il a été ministre des Armées (1958-1960) puis ministre de l'Énergie atomique, de la Recherche et de la Fonction publique (1960-1962), enfin ministre (par intérim) de l'Éducation nationale (1960-1961). PDG de l'Union générale des pétroles de 1962 à 1966, il est devenu le premier président d'Elf-ERAP en 1967.

Cependant, atteint par la limite d'âge à l'été 1977, il doit être remplacé par… Albin Chalandon, successeur désigné par l'Élysée. En août 1976, le secrétaire général du gouvernement, Marceau Long, a en effet informé Michel d'Ornano de la nomination prochaine de l'ancien ministre du général de Gaulle comme numéro deux du groupe pétrolier à compter du 23 janvier 1977, afin qu'il succède à Guillaumat à l'été 1977. Si certains y voient le prolongement logique de ses deux missions parlementaires auprès de Jobert puis d'Ornano, d'autres y trouvent plutôt l'explication à sa démission abrupte de l'Assemblée nationale.

Seulement, le nouveau Premier ministre Raymond Barre ne voit pas l'affaire du même œil et envisage plutôt la candidature de Jérôme Monod, ancien délégué à l'aménagement du territoire (DATAR). En outre, Pierre Guillaumat, polytechnicien et patron du corps des Mines, sentant un vent d'indécision planer sur sa succession, se met à défendre la candidature de son poulain, André Giraud, lui aussi polytechnicien et ingénieur du corps des Mines, délégué du gouvernement auprès du CEA, ancien directeur de cabinet d'Olivier Guichard, ministre de l'Éducation nationale.

Dès lors, comment « débrancher » Albin Chalandon, candidat de Valéry Giscard d'Estaing ? Guillaumat exhume un vieux décret relatif à l'organisation d'Elf Aquitaine, dont l'article 5 précise que le groupe doit être dirigé par un haut fonctionnaire. Or, Albin Chalandon a démissionné de l'inspection des Finances en janvier 1955, on s'en souvient, par coquetterie et souci de liberté de parole. En mars 1977, le rapport Chalandon sur l'industrie pétrolière est enfin remis à René Monory, nouveau ministre de l'Industrie, sans qu'aucune suite n'y soit donnée. Rapport de circonstances, il a en effet été enterré par la course pour la succession de Guillaumat.

Début juin 1977, l'indécision plane toujours dans le dossier de la future direction du groupe. Monory plaide en conséquence pour prolonger de six mois le mandat de Guillaumat afin de trouver une solution, ce qui nécessiterait alors de modifier le décret relatif à l'organisation de l'ERAP afin de changer la limite d'âge de son président. Autant en profiter pour changer le portrait-type du président, plaident les amis d'Albin Chalandon, en invoquant le parcours de l'ancien ministre de l'Industrie, passé par le secteur bancaire et les affaires publiques. Une lutte d'influence occupe bientôt les cabinets ministériels, les coulisses du pétrolier et les travées du Parlement.

Le 8 juillet 1977, le « décret ERAP » est finalement modifié afin de rendre toutes les options envisageables et de laisser le président de la République trancher en faveur de son candidat favori. Le 3 août, à quelques jours de l'échéance fixée, Albin Chalandon est reçu à l'Élysée, d'où sa nomination est officiellement confirmée par voie de communiqué. Désormais conseiller du prince, il ouvre un nouveau chapitre de son histoire personnelle.

Pour l'aider dans cette nouvelle mission, deux vice-présidents sont nommés à ses côtés : Raymond Lévy et Gilbert Rutman. Le premier, major de l'École polytechnique à son entrée et à sa sortie, ancien de la RAP, a été directeur général d'Elf-Union de 1972 à 1976. Un temps envisagé comme successeur de Guillaumat, il est le gardien du temple et le défenseur des ingénieurs du corps des Mines face à l'arrivée au pouvoir d'un ancien inspecteur des Finances. Le second, ancien polytechnicien lui aussi, a fait ses classes à la SNPA, avant de s'intéresser à la branche exploration-production du groupe pétrolier. Il est le négociateur attitré des concessions étrangères et l'homme des relations internationales, en binôme avec Maurice Robert, ancien chef du secteur Afrique au SDECE, homme de Foccart au renseignement français et chef des services secrets d'Elf Aquitaine de 1974 à 1979.

L'accueil d'Albin Chalandon est donc glacial, comme il le raconte quelques années plus tard :

> Dès le jour de mon entrée dans l'entreprise, j'eus à présider le comité exécutif composé des douze dirigeants les plus importants. La tradition voulait que ses membres partagent ensuite le déjeuner. J'étais donc, d'entrée de jeu, la cible de ces regards, à la fois indulgents et respectueux, pour la plupart polytechniciens ou énarques, pour la majorité issus de l'administration. [...] Je n'étais pas un ingénieur du corps des Mines, je volais donc une place qui, par l'usage, revenait de droit à l'un de ses membres. Dans le regard de tous ces hommes, mon intrusion posait une interrogation, fille de leur inquiétude : serais-je un président soliveau et lointain que l'on allait circonvenir et domestiquer ; ou allais-je leur échapper, mettant en cause les règles, les habitudes, les privilèges, les croyances établies ? Les rangs s'étaient rapidement resserrés, la manœuvre minutieusement organisée, pour me proposer un marché cordial : laissez-nous le pouvoir et vous n'aurez pas d'histoire[31].

Le nouveau patron du pétrolier d'État ne l'entend cependant pas de cette oreille et réalise sa première sortie publique le 11 octobre 1977, à Saint-Nazaire, pour le baptême du plus gros pétrolier au monde, le *Pierre-Guillaumat*, 474 mètres de long, 555 000 tonnes de cargaison. Un hommage à peine déguisé, mais surtout une manière de tourner définitivement la page de la décennie Guillaumat, désormais rangée au rayon des archives.

Une prise en main rapide s'impose pour le nouveau patron, car Elf Aquitaine a besoin d'une réorganisation en profondeur de son activité après dix ans de croissance prodigieuse. À l'été 1977, la filiale pétrochimique du groupe, l'Union chimique Elf Aquitaine, a engagé des négociations avec le groupe Rousselot pour acquérir ses activités de production de gélatine industrielle. Or, l'arrivée d'Albin Chalandon, loin de ces rêves expansionnistes, correspond à une volonté d'assainir les finances au lendemain du premier choc pétrolier.

Pendant des années, les compagnies pétrolières, dont Elf Aquitaine, ont en effet massivement investi dans la construction de nouvelles unités de raffinage de pétrole, mais le renchérissement des coûts d'achat du brut et la baisse de la consommation métropolitaine ont rendu le système dysfonctionnel. Albin Chalandon plaide donc pour une limitation des importations pétrolières extra-européennes, afin de soutenir les compagnies publiques (Elf Aquitaine, ENI, Petrofina, VERA) ; puis, faute de décision des pouvoirs publics, pour des subventions d'équilibre de l'État.

Afin de se présenter en interlocuteur sérieux de l'Élysée et de Matignon, il lui faut cependant faire ses preuves. En novembre 1977, il négocie donc un contrat d'un million de tonnes de pétrole algérien – une première depuis le départ d'Elf-ERAP d'Algérie et la nationalisation de ses ressources en 1971. À l'époque, le succès de la négociation franco-algérienne est vivement salué, y compris par ses principaux détracteurs, et conforte donc sa nomination. Preuve qu'Albin Chalandon est de plus en plus respecté dans ce milieu : sa mode personnelle de porter des chemises anglaises à col boutonné… est bientôt reprise par tous les grands cadres du groupe pétrolier[32].

***

Giscardien assumé et pourfendeur de l'union des gauches, Albin Chalandon a opéré un virage politique en 1976-1977. La parution de son livre, *Les Joueurs de flûte*, a fait de lui un des visages de la droite anticommuniste, alors qu'une lecture attentive montre pourtant son adhésion à un certain nombre de valeurs de la gauche, voire à certaines de ses propositions.

Son arrivée à la tête du groupe Elf Aquitaine à l'été 1977 l'a cependant emmené vers d'autres chemins, plus internationaux que tricolores. Voix de la France à l'étranger, l'ancien ministre n'est cependant jamais resté très loin des sphères du pouvoir et de la vie politique nationale.

10

Le magnat du pétrole

Ancien député et ministre, rodé à l'art de la négociation après son passage auprès de Marcel Dassault à la Banque commerciale de Paris, Albin Chalandon épouse donc enfin, à cinquante-sept ans, la carrière de chef d'entreprise. La présidence d'Elf Aquitaine, loin d'être l'aboutissement tranquille d'un parcours déjà riche et trépidant, s'impose comme une nouvelle épreuve politique et professionnelle. En effet, la difficile succession de Pierre Guillaumat est le prélude à des affrontements répétés entre Albin Chalandon et ses ministres de tutelle, René Monory d'abord jusqu'en mars 1978, André Giraud ensuite jusqu'en mai 1981. Le pétrolier d'État est ainsi le théâtre d'affrontements multiples et réguliers sur la conception gouvernementale des affaires pétrolières.

Le défi de la rentabilité

Fort du succès de son premier contrat avec les Algériens en novembre 1977, Albin Chalandon prend part à la délégation accompagnant la visite du président de la République Valéry Giscard d'Estaing en Côte d'Ivoire en janvier 1978. Dans le cadre des négociations bilatérales, le patron d'Elf Aquitaine obtient de Félix Houphouët-Boigny, infatigable président depuis 1960, le retour de son groupe dans le pays et l'ouverture d'une série de négociations à Abidjan pour définir le périmètre précis de futures concessions pétrolières, notamment au large des côtes. Le gouvernement ivoirien espère ainsi bénéficier de l'expertise française pour prospecter dans la région littorale du Grand-Bassam, tandis que le pétrolier français y voit une nouvelle victoire dans sa reconquête du continent africain et de l'ancien empire colonial. Elf Aquitaine en a alors bien besoin. En effet, la branche raffinage enregistre une perte annuelle d'un milliard de francs, tandis que les efforts d'exploration-production se chiffrent à 2 milliards de francs par an.

Une aide de l'État est en conséquence nécessaire pour maintenir l'ensemble à flot, ce que plaide Albin Chalandon auprès de René Monory, Raymond Barre puis Valéry Giscard d'Estaing. Pour montrer patte blanche, il propose même qu'Elf Aquitaine signe avec l'État un contrat de programme, à l'image de ceux signés par Air France ou Charbonnages de France. On se souvient toutefois que l'ancien ministre ne croit pas vraiment à cet outil, dont il a fait la critique dans son livre, en janvier 1977…

En avril 1978, il se rend de nouveau en Algérie pour signer des contrats additionnels dans les secteurs gazier et pétrolier. Il y est reçu en grande pompe par le président Houari Boumediène, puis par Ahmed Ghozali, le ministre algérien de l'Énergie et des Industries pétrochimiques, avec lesquels il parle longuement de la contribution d'Elf Aquitaine à la rénovation des usines algériennes (pour certaines construites avant l'indépendance) et d'une reprise prochaine de l'activité française dans le secteur du gaz algérien.

Dans la foulée, il mène une grande tournée africaine, passant par la Côte d'Ivoire, le Congo, puis le Niger et le Mali, afin d'entamer ou de poursuivre les négociations sur l'obtention de permis d'exploration au large des côtes. Il pousse même jusqu'en Angola, où il décroche deux permis d'exploration, à Araouane et Macina, dans l'ex-zone d'influence britannique. À chaque étape, son arrivée est précédée d'un important travail de déminage politique et de renseignement, mené par les équipes du colonel Maurice Robert, chef du renseignement d'Elf Aquitaine.

Quant au jeu des deux grandes puissances internationales, l'ancien ministre sait les flatter en cas de besoin, dans le climat si particulier de la guerre froide. Son premier voyage à l'étranger, à l'automne 1977, a ainsi été réalisé en Union soviétique, à la fois pour évoquer l'implantation d'Elf Aquitaine en Europe de l'Est, « cinquième pôle d'intérêt du groupe[1] », mais aussi pour s'installer au Vietnam et dans les autres pays de la zone d'influence russe.

De manière générale, tous ses interlocuteurs voient alors en Albin Chalandon l'homme d'une nouvelle génération, moins inflexible que Pierre Guillaumat et plus ouvert aux compromis des négociations commerciales. En effet, apôtre de la libéralisation du groupe, il est aussi le capitaine d'un navire à l'assaut de nouveaux territoires. En mai 1978, il se rend ainsi en Norvège, aux côtés du roi Olav V, pour inaugurer le début de la production du champ de gaz de Frigg, à cheval sur les eaux territoriales britanniques et norvégiennes. Plus vaste gisement de la mer du Nord, deuxième champ norvégien d'hydrocarbures, Frigg est un véritable succès français. Découvert en 1971 par Elf-ERAP pour le compte d'un consortium franco-norvégien dans lequel les Français sont majoritaires – Elf Aquitaine (41,42 %) et Total Oil Marine (20,71 %) –, le champ est détenu intégralement par les Français dans la partie britannique (deux tiers Elf Aquitaine, un tiers Total). Une bonne étoile brille enfin sur le destin d'Albin Chalandon et finit de convaincre Valéry Giscard d'Estaing qu'il a fait le bon choix.

Le 15 juin 1978, le président d'Elf Aquitaine fait monter la pression vis-à-vis des pouvoirs publics pour obtenir l'aide financière demandée en janvier de la même année, estimant que le maintien de l'activité de raffinage en France ne dépend désormais plus que de leur bon vouloir. Si le ministère des Finances et le ministère de l'Industrie sont défavorables à une subvention publique, qui créerait assurément un précédent dans le secteur industriel, Matignon craint l'effet d'une vente de la branche raffinage et d'une suppression d'emplois métropolitains, à l'image de la liquidation opérée par le pétrolier allemand VEBA. La manche est donc remportée par le nouveau PDG et l'enveloppe financière est validée.

Ayant obtenu l'aide qu'il souhaitait, Albin Chalandon décide de réformer l'organisation du groupe pétrolier à l'automne 1978, notamment afin de placer un nouveau protagoniste à son sommet. Le directeur général du groupe sera désormais le baron belge Charles-Everard de T'Serclaes de Wommersom. C'est un ami intime de trente ans d'Albin Chalandon et un partenaire essentiel dans la reprise en main du groupe, notamment dans son combat contre le corps des Mines.

Diplômé de l'École libre des sciences politiques, T'Serclaes est un ancien cadre de la Société générale.

Administrateur général adjoint de la société France Éditions et Publications, il a géré les journaux *France-Soir*, *Elle* ou encore *Le Journal du dimanche* à la fin des années 1960. Brièvement chargé de mission au cabinet d'Albin Chalandon, ministre de l'Industrie puis de l'Équipement et du Logement en 1968-1969, il a ensuite pris la direction des entreprises de presse du groupe Hachette de 1969 à 1973. Entré chez le pétrolier Elf Aquitaine en 1977 comme conseiller du président, il est devenu directeur des relations extérieures en 1978, puis directeur général en 1979. Sa mission est simple : assurer une direction politique du groupe au service d'Albin Chalandon, renforcer la cohésion entre les branches raffinage et exploration-production, enfin, accroître la concurrence entre Elf Aquitaine et Total.

Avec lui à ses côtés, Albin Chalandon est déterminé à écrire une nouvelle page de l'histoire d'Elf Aquitaine et n'a pas peur de le dire : « L'État est actionnaire en même temps que cent cinquante mille autres actionnaires. Je considère que je n'ai plus de mission de service public[2]. » Propos audacieux qui valent au patron d'entreprise un recadrage public de son ministre de tutelle, André Giraud, par courrier du 16 décembre 1978 :

> Si le gouvernement approuve le souci que vous manifestez de maintenir, voire d'accroître, la rentabilité du groupe, celui-ci, parallèlement, doit continuer à agir en conformité avec les textes qui l'ont créé [...] pour consolider l'approvisionnement pétrolier de la France. Le groupe doit [donc] continuer à considérer cet objectif comme prioritaire, sans que ceci puisse être jugé inconciliable – pas plus que dans le passé – avec la recherche de la rentabilité[3].

Par monts et par vaux

Début février 1979, indifférent aux critiques d'André Giraud, Albin Chalandon est de nouveau sur les routes pour négocier des permis d'exploration à l'étranger. En Algérie, il tente ainsi d'obtenir des permis de recherche en échange d'achat de gaz, toujours produit en excédent par le pays. Au Nigeria, pays de l'ancienne sphère d'influence britannique, il propose d'augmenter ses achats de brut, raffiné ensuite en France, en échange d'achats de biens d'équipement français.

Négociateur en chef du pétrolier d'État, il a la confiance du président de la République pour négocier directement avec les dirigeants africains et mener, d'une certaine manière, une diplomatie parallèle. Pourtant, l'équilibre financier du groupe reste encore précaire : si le bénéfice net oscille entre 1,2 et 1,4 milliard de francs, la branche raffinage continue d'être déficitaire, tout en ayant réduit ses pertes à 880 millions de francs (contre 1,2 milliard de francs en 1978). En outre, certaines filières extra-pétrolières ont été gravement fragilisées par la réorganisation du commerce international au lendemain du premier choc pétrolier, comme la société d'exploitation minière Le Nickel*. Albin Chalandon et Raymond Lévy sont donc sur la piste d'un acheteur pour éviter de grever plus longtemps les comptes du groupe.

---

*Rachetée en 1973 à Rothschild, l'entreprise avait subi un effondrement des prix de vente au niveau international, l'arrivée sur le marché de nouveaux concurrents, comme le Guatemala ou l'Indonésie, et une grève longue des mineurs de Nouvelle-Calédonie. Elle souffrait alors de 600 millions de francs de pertes et d'une dette d'1,6 milliard de francs.

En mars 1979, Albin Chalandon se rend à Caracas pour y négocier une augmentation des importations françaises de brut – 800 000 tonnes en 1978. En conséquence, début avril, le président Carlos Andrés Pérez annonce prendre ses distances avec ses collègues de l'Organisation des pays exportateurs de pétrole (OPEP) et geler les prix du pétrole dans le cadre des contrats de long terme avec la France.

En avril 1979, les élections européennes et l'échec de la famille gaulliste – emmenée par un binôme Chirac-Debré, coalisés autour du discours de Cochin, critique du « parti de l'étranger » – amènent Albin Chalandon à revenir sur la scène politique nationale. Avec neuf anciens secrétaires généraux de l'UNR et de l'UDR, parmi lesquels Yves Guéna, Alain Peyrefitte, Robert Poujade et Alexandre Sanguinetti, l'ancien ministre signe un appel à Jacques Chirac, lui demandant de corriger ses prises de position qui discréditent le mouvement gaulliste. Remis à Chirac le 9 mai, puis transmis aux députés gaullistes à la mi-juin, le « courrier des neuf » est mis au débat du comité central du RPR du 20 juin suivant :

> Dans la campagne pour les élections législatives de mars 1978, le mouvement est apparu comme un champion de la majorité et comme un sauveur des institutions de la Cinquième République. [...] Mais nous devons vous dire avec amitié que, depuis lors, le mouvement a fluctué et a perdu sa bonne position dans l'opinion. [...] Et tout d'abord, nous réprouvons la politique qui consiste à pourfendre quotidiennement le gouvernement et le président, proclamer leur insuffisance, dénoncer leur carence, tout en votant régulièrement au Parlement avec la majorité. Il est possible de tenir un tel équilibre pendant quelques mois ; guère plus. Ces quelques mois sont passés. Persister

dans cette attitude incomprise du pays discréditerait notre mouvement[4].

Le 2 octobre 1979, dans *Le Monde*, Albin Chalandon s'emporte à nouveau face à la « croisade [menée] contre le gouvernement », une « politique dont les Français ne veulent pas ». Patron d'entreprise publique et personnalité du débat politique, l'ancien ministre joue sur plusieurs tableaux à la fois. Son positionnement pro-giscardien n'est toutefois pas dénué d'intérêt pour son entreprise. Il lui assure en effet un soutien de l'Élysée dans ses joutes régulières avec Giraud – le « ministre soviétique », selon une boutade de son cru –, avec qui les relations s'aggravent de mois en mois.

Comble de l'affaire, Albin Chalandon propose même dans la presse des mesures pour réformer la politique industrielle du pays, champ de compétence de son ministre dont il n'a pourtant pas à se mêler. La recette est bien connue – libération des prix industriels, renforcement des protections en temps de crise, effort d'investissements dans les secteurs les plus faibles, comme la construction navale –, mais la sortie médiatique détériore encore plus leurs relations.

L'affaire Kerr McGee

En janvier 1980, Albin Chalandon est résolument optimiste quant à l'avenir de son groupe pétrolier : Elf Aquitaine a enregistré 55 milliards de francs de chiffre d'affaires en 1979 (contre 41 milliards en 1978), la production de pétrole brut et de gaz naturel a augmenté, la branche raffinage dispose désormais d'un bénéfice d'un milliard de francs, enfin des gisements prometteurs ont été découverts au Congo et au Gabon. En outre, le patron du pétrolier d'État vient d'annoncer fièrement un programme d'investissement de 80 milliards de francs sur cinq ans, en faveur de l'exploration-exploitation en Afrique, en Amérique du Nord et en mer du Nord, mais également dans des opérations de diversification des activités d'Elf Aquitaine, notamment dans le secteur chimie-pharmacie.

Dans cette période de liesse, Albin Chalandon et André Giraud s'entendent sur une implantation d'Elf Aquitaine aux États-Unis. Fin 1979, la banque Lazard a identifié une possibilité d'achat de la société américaine Kerr McGee – 128e du classement *Fortune* – dont l'activité couvre l'exploration-production, le raffinage, les mines de charbon et de phosphate, mais également d'uranium. Coût de l'opération : 16 milliards de francs. Une petite fortune, qu'Elf Aquitaine peut pourtant se permettre de financer pour partie sur ses fonds propres.

La banque Lazard a également proposé une autre entrée sur le marché américain par l'acquisition de deux sociétés plus petites, Louisiane Land Southland Royalty d'une part et Penzoil d'autre part. Si Albin Chalandon et Gilbert Rutman sont favorables à un accord avec Kerr McGee, Raymond Lévy, lui, s'y oppose frontalement et le directeur financier adjoint du groupe, Jacques Pavard, demande même à être relevé de ses fonctions et muté à Londres si un tel accord venait à être passé[5].

En janvier 1980, un comité interministériel donne son accord au rachat de Kerr McGee… avant qu'Albin Chalandon ne soit convoqué en urgence à Matignon par Raymond Barre lui-même et se voie opposer un refus formel d'aller plus loin dans l'opération, compte tenu du risque pour le groupe pétrolier au-delà du milliard de francs. Inquiétude réelle des pouvoirs publics sur les capacités financières du groupe? Mauvais coup de Giraud? Tout tend à croire qu'Albin Chalandon a été victime d'un piège politique de la part de son ministre de tutelle. Dans la foulée, Giraud propose en effet de clarifier le *distinguo* entre la présidence d'Elf Aquitaine d'une part et l'ERAP d'autre part, afin de confier la direction de l'entreprise française à Georges Besse, polytechnicien et président de la Cogema, tout en laissant celle de la *holding* à Albin Chalandon.

Le coup est perfide, mais l'ancien ministre entend bien vendre chèrement sa peau. Les barons du gaullisme Jacques Chaban-Delmas et Roger Frey font immédiatement savoir leur colère à Giscard d'Estaing; plusieurs chefs d'État africains, parmi lesquels Omar Bongo (Gabon) et Sassou N'Guesso (Cameroun), téléphonent également à l'Élysée pour manifester leur incompréhension quant au destin de leur ami français. Informé, le président de la République met donc la décision en suspens, sans pour autant donner raison à l'une ou l'autre des parties.

En juin 1980, Raymond Barre somme finalement Albin Chalandon de plancher sur une restructuration organisationnelle du groupe et annonce que la *holding* publique ERAP va réduire sa participation dans Elf Aquitaine dans le cadre d'une politique générale de désengagement des entreprises publiques, passant ainsi de 70 % à 51 %. Observateur de l'époque, le journaliste Jean-Michel Quatrepoint a tenté d'expliquer les racines de cette guerre Chalandon-Giraud :

> Derrière le conflit de doctrine (l'opposition entre un tenant du libéralisme pur et un ministre qui a une

> formation plus dirigiste), il y a aussi l'affrontement de deux personnalités, voire de deux clans. [Elf Aquitaine], on le sait, était un fief du corps des ingénieurs des Mines. Or M. Chalandon ne fait pas partie du sérail. Pis, il n'aurait rien fait pour se concilier les bonnes grâces de ce corps tout-puissant. Mais il a été nommé à son poste par le président de la République, et son mandat à la tête [d'Elf Aquitaine] n'expire qu'en juin 1983. De là à imaginer que, à travers une réorganisation du groupe Elf Aquitaine, on pourrait réduire progressivement les pouvoirs de M. Chalandon au profit des PDG des futures filiales... Pour compléter le dispositif, on pourrait même encadrer M. Chalandon par un nouveau président de l'ERAP (le mandat de M. Chalandon à la tête de cette *holding* expirant en août 1980). Comble du machiavélisme, on ferait en sorte que ce soit M. Chalandon lui-même qui propose un plan de restructuration débouchant sur un affaiblissement de ses pouvoirs[6].

Le 4 juillet, Albin Chalandon est reçu à l'Élysée pour évoquer la situation de son groupe et son avenir personnel. Son différend avec André Giraud est de notoriété publique et le récit médiatique de leurs passes d'armes commence à indisposer le président de la République. Accepterait-il de le remplacer au ministère de l'Industrie ? lui demande innocemment Michèle Cotta. « Je n'accepterai pas. Je veux régler ce problème avant. Pas question de dégager pour un poste ministériel[7] », répond l'intéressé.

Remis le 7 juillet 1980, le rapport Chalandon sur la réforme du pétrolier d'État est couplé à l'annonce publique d'une fusion des actifs chimiques d'Elf Aquitaine (anciennement branche chimie de Rhône-Poulenc) avec ceux d'ATO-Chimie (filiale commune d'Elf Aquitaine et Total). Deuxième chimiste de France, après l'acquisition de Rousselot en 1977, le pétrolier d'État continue donc sa mue sous le règne d'Albin Chalandon, malgré les hésitations du pouvoir. Dans *Le Monde* du 18 juillet, le journaliste Bruno Dethomas commente :

> Ce n'est pas que M. Chalandon ait failli à sa mission (même si on peut lui reprocher les investissements financiers dans Locatel* ou Waterman** de sa filiale Elf Gabon) – comme le répète trop complaisamment M. Giraud – mais plutôt que la mission a changé avec l'arrivée d'hommes nouveaux à la tête de la politique énergétique. Il serait cruel de rappeler la présentation divergente à quelques heures d'intervalle – à la fin du mois d'août 1978 – des nouvelles dispositions de la politique pétrolière française par un ministre de l'Industrie, M. Giraud, haut fonctionnaire naturellement porté à l'interventionnisme, et par son homologue de l'Économie, M. Monory, alors chantre du libéralisme retrouvé.

Le 31 juillet 1980, à titre d'épilogue de l'affrontement Chalandon-Giraud, Pierre Alby, PDG de Gaz de France, haut fonctionnaire plus traditionnel et polytechnicien, est nommé président de la *holding* ERAP. Albin Chalandon, lui, conserve la présidence d'Elf Aquitaine jusqu'au 5 mars 1983, date d'expiration de son mandat. Gilbert Rutman, artisan de l'opération Kerr McGee, perd sa vice-présidence, au profit de Georges Dominjon, énarque, ancien adjoint de Giraud à la direction des carburants, ancien directeur de cabinet de François-Xavier Ortoli, ministre du Développement industriel et scientifique.

---

*Locatel, spécialiste français de la location de téléviseurs, était alors détenu par la banque Lazard (36 %) et Elf Gabon (13 %).

**En juin 1977, la Société financière internationale de participation, filiale d'Elf Gabon, avait acquis 10,30 % du capital de Waterman, premier fabricant français de stylos.

Quant à Raymond Lévy, en guerre avec son patron, il part de lui-même d'Elf Aquitaine, conservant néanmoins ses fonctions de vice-président d'ERAP, aux côtés d'Alby.

En août 1980, le directeur du personnel (Jacques Casanova) et le directeur exploration-production (Roger Vincent Aiello) publient dans la presse une tribune des cadres d'Elf Aquitaine en soutien à Albin Chalandon, pour dénoncer son harcèlement par les équipes du ministère de l'Industrie. Plus qu'un baroud d'honneur, la lettre repositionne en fait Albin Chalandon dans une deuxième manche face à André Giraud, en particulier dans la perspective de l'affaire des actifs chimiques et pétrochimiques du groupe pétrolier.

Fin août 1980, au terme de deux mois de négociations intenses, Elf Aquitaine et Total trouvent en effet miraculeusement un terrain d'entente, tandis qu'Albin Chalandon prend la direction d'Elf France, en plus de celle du groupe international ; mais la question chimique n'est pas réglée et va malheureusement revenir avec insistance sous le septennat mitterrandien.

Le bâton de pèlerin

Les 19 et 20 novembre 1980, après plusieurs mois d'un silence déroutant, Albin Chalandon se rend à Tripoli pour discuter des actifs locaux d'Elf Aquitaine. Or, la Libye de Kadhafi est alors en guerre ouverte avec le Tchad voisin, sous le regard inquiet des grandes puissances étrangères. Début février 1980, l'ambassade de France à Tripoli a même été mise à sac sous l'impulsion d'un commando d'opposants tunisiens, ce qui donne à imaginer l'état de tension dans lequel se trouve le pays.

Après plusieurs mois d'atermoiements, la France dépêche finalement un nouvel ambassadeur sur place en juillet 1980, avant que le colonel Kadhafi ne propose une série de contrats « de réconciliation » en septembre suivant, y compris dans le domaine pétrolier. Si l'ambassade de France se désole donc de ne pas avoir été informée de la venue d'Albin Chalandon, celle-ci intervient bien dans le cadre de cette réconciliation franco-libyenne de l'automne 1980.

Le 7 janvier 1981, Elf Aquitaine annonce la signature de cinq permis d'exploration en Libye, dans le golfe de Syrte, dans la région d'Hamada, à la frontière tunisienne, ainsi qu'au large des côtes. La France a-t-elle négocié sa passivité dans le conflit tchado-libyen en échange de nouvelles concessions pétrolières ? Interrogé sur son voyage dans *Paris-Match*, le 26 décembre 1980, Albin Chalandon confirme s'être rendu en Libye « avec le feu vert » du gouvernement français :

> La règle générale que nous appliquons est de poursuivre nos activités à l'étranger – nous travaillons dans 43 pays – sans nous préoccuper des relations politiques entre ces pays et le nôtre. Quand nous nous établissons dans un pays, c'est pour vingt ou trente ans. Nous avons besoin de stabilité. Il nous faut donc échapper aux aléas de la politique. [...] Toutefois, quand les relations avec un pays étranger soulèvent des problèmes particuliers, ce qui est le cas aujourd'hui avec la Libye, il est évident que nous ne prenons aucune initiative sans une consultation préalable des autorités compétentes de l'État.

Dès lors, quelle « autorité compétente de l'État » a été interrogée et a donné son aval à l'opération ? Car le 9 janvier 1981, pris dans la vague des articles de presse et des interpellations politiques, le président de la République s'étonne publiquement de la signature de l'accord pétrolier d'Elf Aquitaine avec la Libye de Kadhafi. Camouflet pour Albin Chalandon, certes, mais confusion surtout sur les initiatives commerciales et diplomatiques de son groupe dans le reste du monde.

Le 16 janvier, le Premier ministre Raymond Barre demande à ce que l'entrée en vigueur des accords soit différée au 1er décembre 1980, ce qui est évidemment validé par le conseil d'administration de l'entreprise. Tout en gagnant un temps précieux, il reconnaît ainsi et du même mouvement que les contrats ont été signés par Albin Chalandon « dans l'exercice de ses fonctions », le dédouanant de certaines accusations de franc-tireur, provenant notamment d'André Giraud et de son entourage.

Se serait-il fait petit, l'espace de quelque temps, pour échapper à la vindicte populaire et politique ? Pas du tout. Le 31 janvier 1981, le patron d'Elf Aquitaine profite de ce blanc-seing matignonien pour redire l'importance d'investir rapidement aux États-Unis, après l'échec de l'opération Kerr McGee de 1980. En mars 1981, la rumeur de négociations avec le groupe américain Ashland Oil, spécialisé dans le raffinage et la distribution, par ailleurs grand groupe de production de charbon, paraît dans la presse.

Ces discussions bilatérales sont éventées par René Monory, ministre des Finances depuis mars 1978, et leur annonce tue dans l'œuf les projets américains d'Albin Chalandon. Quant à y voir la rancune d'un vieil adversaire, voire l'action coordonnée de deux ministres giscardiens agacés des libéralités du très gaulliste chef d'entreprise, chacun se fera son opinion…

Ce même 31 janvier, Albin Chalandon est élu président du comité de patronage de la toute-puissante association

France-Gabon, présidée par l'ancien ministre giscardien Jean-Pierre Fourcade*. Volontairement silencieux à l'approche de l'élection présidentielle de 1981, Albin Chalandon s'exprime une seule et unique fois, dans *Le Monde*, pendant l'entre-deux-tours, le 30 avril 1981, pour mettre en garde contre le danger d'une victoire socialiste :

> Le 10 mai, le choix ne sera pas seulement entre deux hommes, mais entre deux politiques. Quelle que soit la sympathie que m'inspire la générosité socialiste, je ne puis m'associer à un programme économique qui, négligeant les données essentielles de la réalité actuelle, conduirait à l'inverse de ce qu'il promet. [...] D'autre part, ayant été le collaborateur de ministres socialistes après la guerre, j'ai été le témoin des dommages irréversibles causés par la présence de ministres communistes au gouvernement, dont les traces se manifestent encore trente-cinq ans après. [...] Dans ces conditions, l'électeur de tradition gaulliste que je suis, quelle que soit son aspiration à un changement, doit voter pour Valéry Giscard d'Estaing, dont la candidature est celle qui, le 10 mai, répondra le mieux aux nécessités de l'heure et se rapprochera le plus des orientations gaullistes.

***

Le 10 mai 1981, au terme d'un second tour marqué par l'ambivalence du RPR, François Mitterrand est élu président de la République. Coup du sort pour Albin

---

* Pierre Péan, dans *Affaires africaines* (1983), voit dans cette association une volonté du régime gabonais de diminuer le rôle d'Elf Aquitaine et des réseaux de Maurice Robert dans les relations franco-gabonaises. Présidée par un ancien ministre giscardien, elle aurait ainsi accueilli Albin Chalandon à la tête de son comité de parrainage pour éviter de trop froisser la famille gaullo-chiraquienne.

Chalandon, destiné à être chassé par la gauche, ou occasion de mettre fin à sa guerre larvée avec André Giraud et le ministère de l'Industrie ?

Son succès dans la conduite des affaires pétrolières, tout au long de la période 1977-1981, penche plutôt en sa faveur. Quant à la désastreuse affaire Kerr McGee de 1980, si personne ne comprend encore vraiment les ressorts de l'abandon du rachat, tout le monde (y compris la presse étrangère[8]) a bien saisi que la décision venait d'en haut et avait été imposée au patron du pétrolier d'État. Un chemin de crête existe donc pour mener à terme son mandat, sous l'égide de nouveaux chefs communistes et socialistes.

11

Cohabitation avec Mitterrand

Lorsque François Mitterrand entre à l'Élysée en mai 1981, Albin Chalandon lui remet naturellement sa démission, mais le chef de l'État la refuse et le maintient en poste, comme d'ailleurs de nombreux autres dirigeants d'entreprises publiques. Au service des socialistes pour la seconde fois de sa carrière, après ses années en cabinet ministériel de 1947 à 1950, l'ancien ministre aborde la période avec un certain enthousiasme, espérant tourner la page de ses querelles homériques avec André Giraud. Il est alors loin d'imaginer que sa liberté d'action et de parole va s'opposer à de nouveaux adversaires beaucoup plus féroces…

Coup de balai à Elf Aquitaine

Sitôt l'élection présidentielle passée et son maintien en fonction assuré, Albin Chalandon fait connaître sa « liste de courses » au nouveau président de la République : davantage d'indépendance et une tutelle plus souple, fondée sur « un contrat entre l'État actionnaire majoritaire et l'entreprise, qui fixerait des objectifs à réaliser mais laisserait à la société la liberté d'agir[1] »; mais aussi une implantation rapide aux États-Unis après l'échec du rachat de Kerr McGee en 1980 et la tentative manquée d'Ashland Oil en 1981. La troisième tentative d'entrée sur le marché américain est-elle la bonne ? Mitterrand n'y est pas opposé et donne même son accord « dans un temps record et dans des conditions de discrétion exemplaires[2] », pourtant en pleine période d'élections législatives. Le 29 juin, Elf Aquitaine fait en conséquence connaître une offre publique d'achat de la compagnie américaine TexasGulf.

Pour mener à bien l'opération, Elf Aquitaine achète les parts de la Corporation de développement du Canada chez TexasGulf (38 %), en échange de la cession de ses actifs pétroliers au Canada, notamment l'Aquitaine Company of Canada, détenue à hauteur de 75 %. Solde de la transaction : 1,3 milliard de dollars. Une formalité pour le pétrolier français. Pour les commentateurs de l'époque, l'opération marque surtout le début d'une reconversion sectorielle du groupe qui abandonne une exploitation pétrolière canadienne – Albin Chalandon dira plus tard que les réserves canadiennes n'étaient plus que de quelques années ! – pour absorber un groupe minier américain, spécialisé dans l'exploitation de l'argent, du cuivre, des phosphates et de la potasse. Le projet américain est cette fois-ci mené à son terme, mais l'opération n'est « pourtant qu'un pis-aller et une consolation[3] » pour l'ancien ministre, encore empreint du regret de n'avoir pu faire aboutir le rachat de Kerr McGee en janvier 1980.

La lune de miel Chalandon-Mitterrand se poursuit pendant tout l'été 1981*. Mi-juillet, le gouvernement

---

*Par l'intermédiaire de Catherine Nay, un dîner secret est ainsi organisé autour d'Albin Chalandon et François Mitterrand chez la fille

socialiste annule même la suspension des accords commerciaux avec la Libye. Loyal au moment des faits en 1980, lucide sur la manipulation libyenne, qui avait consisté à mettre « cet accord dans un tiroir [et à attendre] leur entrée à N'Djamena au Tchad pour le publier », le patron du pétrolier d'État refuse toutefois de jouer le rôle de bouc-émissaire politique :

> Je n'avais agi dans cette affaire qu'avec la couverture explicite du chef de l'État, à moins que son secrétaire général ne se soit engagé à son insu, hypothèse que j'exclus. [...] Je ne vois pas l'intérêt qu'il y a pour une entreprise travaillant dans le monde entier à être sous l'emprise déclarée d'un État. C'est pour elle, et pour le pays auquel elle appartient, à l'évidence, un handicap[4].

Le 20 novembre 1981, il est même reçu officiellement à l'Élysée par François Mitterrand pour un déjeuner « convivial » autour de la situation économique et financière du pays, preuve de la complicité et de la proximité des deux hommes.

Toutefois, en décembre, une première querelle entre le pouvoir socialiste et le pétrolier d'État trouble ces bonnes relations. En effet, Pierre Marion, le nouveau patron du SDECE, le service de renseignement français, veut faire du ménage parmi les anciens de la maison – une pratique déjà opérée par son prédécesseur, le comte Alexandre de Marenches, au moment de son entrée en fonction en 1970. Dans le viseur de Marion : les hommes des réseaux Foccart, anciens des équipes du colonel Robert – parti chez Elf Aquitaine puis devenu ambassadeur de France

---

de Jean Bernigaud, ancien maire de Magny-Cours, figure du socialisme nivernais.

au Gabon en 1979. En tout, une soixantaine d'agents sont priés de quitter le service dans les meilleurs délais.

En décembre 1981, Albin Chalandon et Pierre Marion se rencontrent boulevard Mortier, au siège du SDECE, et conviennent de faire fermer le service de renseignement d'Elf Aquitaine dans les mois suivants. À l'époque, à la suite du départ du colonel Robert, la cellule de renseignement, officiellement chargée de l'intelligence économique, a fusionné avec le service de Protection et de sécurité administrative (PSA) de Jean Tropel, un ancien du SDECE[5]. La nouvelle structure est désormais commandée par le colonel Jean-Pierre Daniel, ancien membre des équipes du colonel Robert au SDECE, honorable correspondant à Libreville et finalement dernier vestige d'une génération disparue de barbouzes. Dire que le colonel Daniel est réfractaire à la fermeture de son service est une litote. L'opération de mise en sommeil des services de renseignement d'Elf Aquitaine est donc un échec et, malgré une nouvelle tentative en 1989, ils resteront actifs jusqu'en 1998*.

À l'automne 1981, outre Marion, toute une palanquée d'officiels du gouvernement cherchent à s'imposer comme les nouveaux chefs d'Albin Chalandon. C'est le cas, par exemple, de Jean-Pierre Chevènement, ministre d'État, ministre de la Recherche et de la Technologie, qui lui rappelle lors d'un colloque qu'Elf Aquitaine est « un

---

* Dans ses mémoires, Pierre Marion accuse François de Grossouvre, chargé de mission auprès du président de la République, ami proche et parrain de sa fille cachée, d'avoir fait échouer l'opération de fermeture du service de renseignement d'Elf Aquitaine. À l'identique, Pierre Péan, dans *Affaires africaines*, évoque une série de réunions entre Grossouvre et Chalandon-Daniel-Tropel au printemps 1982 sur les réseaux d'Elf Aquitaine en Afrique.

outil de la collectivité », mais c'est aussi le cas de Pierre Dreyfus, ministre de l'Industrie, chargé de la tutelle du groupe, et d'Edmond Hervé, ministre délégué chargé de l'Énergie. Le PDG les craint-il? Au contraire, il sait les utiliser. Il a ainsi pu engager le rachat de TexasGulf grâce à l'accord express de Dreyfus, ce qui, en d'autres temps, aurait nécessité de longs et pénibles mois de négociation avec Giraud.

Début 1982, Albin Chalandon fait encore alliance avec Pierre Alby, qui préside alors à la fois l'ERAP et Gaz de France, pour cadrer les négociations commerciales franco-algériennes sur l'achat de gaz, craignant qu'un contrat trop avantageux n'amène d'autres pays producteurs, comme le Cameroun, le Congo ou le Nigeria, à demander les mêmes conditions*. Quelques années plus tard, le patron du pétrolier d'État raconte : « À Elf, l'on était terrorisé chaque fois qu'un ministre allait visiter un pays producteur de pétrole : il était bien rare en effet que, pour se faire bien voir, il ne promette pas quelque achat[6]. »

François Mitterrand, pourtant, échappe à la règle. Le 29 mars 1982, il donne même son accord à ce qu'Elf Aquitaine et Total accentuent la pression sur les pays pétroliers pour renégocier à la baisse les contrats étatiques signés après les chocs pétroliers de 1973 et 1979. En outre, contre l'avis de l'administration et de certains ministres, il soutient la liberté de l'approvisionnement des pétroliers tricolores, rompant avec une politique pourtant

*Albin Chalandon, dans *Quitte ou Double*, salue d'ailleurs la « modération » de son successeur à la tête de l'ERAP, évoquant un seul désaccord sur la tentative de prise de contrôle d'Elf Aquitaine sur la Compagnie générale de chauffe.

fixée de longue date. Le bras de fer s'engage ainsi avec les pays producteurs, l'Arabie saoudite menaçant de ne plus vendre son pétrole aux compagnies qui tordent le bras à leurs alliés, le Koweït évoquant même des mesures dures et sans précédent.

« La renégociation de ces contrats de longue durée est une question de survie », se justifie Albin Chalandon sur RTL, le 30 mars. Est-il bien normal qu'il vienne faire, sur les ondes, la pédagogie de la politique pétrolière française, lui plutôt qu'un membre du gouvernement ? Il s'en défend : « Le président d'une entreprise publique doit avoir le droit d'exprimer son opinion. Cela me paraît aller d'autant plus de soi que nous sommes dans un système politique où le gouvernement affirme une volonté de dialogue, une volonté de démocratie accentuée. » L'ex-commentateur du programme commun de la gauche sait en effet se souvenir des bonnes feuilles de son dernier livre. Le 1er avril, il décroche même un plan de soutien public en faveur de la société Le Nickel, pour laquelle il n'avait pas encore réussi à trouver de repreneur depuis ses premières difficultés dans les années 1970.

Comme souvent dans la carrière d'Albin Chalandon, lorsque les lauriers sont enfin tressés sur sa tête, les tracas ne sont jamais très loin. En juin 1982, le journaliste Daniel Schneider mène en effet une enquête à charge contre l'empire d'Elf Aquitaine : « un poulpe sans âme, ni loi, manipulant dans l'ombre les gouvernements fantoches », un « État dans l'État », un « colosse financier » doté d'un chiffre d'affaires de 150 milliards de francs en 1982, profitant « d'une certaine inexpérience des nouveaux responsables de l'État » pour imposer des orientations refusées par les gouvernements précédents (comme le rachat de TexasGulf ou la renégociation des contrats pétroliers[7]). Il évoque même des écoutes téléphoniques illégales et des recrutements au sein des services spéciaux français, mais aussi des études sur les lendemains sans pétrole, détaillant le début de la reconversion pharmaceutique du groupe, avec notamment la création de Sanofi, en 1973.

Chef incontesté de cet empire international, Albin Chalandon est toujours flanqué de ses deux adjoints, Rutman pour les questions techniques, T'Serclaes pour tout le reste. Par ailleurs, en 1981, il a quitté la présidence d'Elf Aquitaine France pour la confier à son ancien directeur de cabinet à l'Équipement et au Logement, Jean Chapon. Les deux hommes se connaissent bien, s'estiment et partagent pour seul différend, au demeurant bien minime, une bête histoire de mécénat automobile[8]. Après le second choc pétrolier, Albin Chalandon a en effet orienté le groupe vers un mécénat environnemental, soutenant le navigateur Marc Pajot à l'occasion de ses traversées La Baule-Dakar, de l'Atlantique Nord et de la Route du Rhum. Jean Chapon, lui, préfère investir les crédits du groupe pétrolier dans les écuries de la Régie Renault en Formule 1, malheureusement sans succès.

L'affaire des avions renifleurs

En septembre 1982, la curiosité d'un inspecteur du fisc, chargé du redressement d'ERAP pour exportation de capitaux en violation du contrôle des changes, va brutalement mettre fin à l'idylle entre Albin Chalandon et les socialistes. Les services des impôts ont en effet relevé des anomalies multiples, de l'ordre de plusieurs millions de francs déboursés dans les comptes de l'entreprise publique et versés à des banques suisses.

Elf Aquitaine botte d'abord en touche, renvoyant à un rapport de la Cour des comptes et s'abritant derrière le secret-défense pour ne pas répondre aux questions. Or, Bernard Beck, le premier président de la Cour des comptes, fait savoir à Bercy que ledit rapport a malencontreusement disparu à la suite de son départ, amenant le service des impôts à alerter son ministre de tutelle. Suspicieux, Laurent Fabius prévient immédiatement l'Élysée de cette drôle d'affaire. Elle remonte en fait à 1975 et à l'époque Guillaumat.

À ce moment, deux ans après le premier choc pétrolier, l'état-major d'Elf-ERAP a été informé de l'existence d'un prototype de machine à détecter le pétrole : embarqué à bord d'un avion, le dispositif localiserait les gisements lors du survol de certaines zones. Son inventeur, un ingénieur italien du nom d'Aldo Bonassoli, est un autodidacte, qui a tour à tour été agriculteur, réparateur de télévision et sourcier. Son parrain dans les affaires, le comte belge Alain de Villegas de Saint-Pierre-Jette, a lui aussi un parcours pour le moins original, celui « d'un mystique à la limite de la folie[9] », dira plus tard Albin Chalandon.

Après avoir essayé de commercialiser une technique de dessalement de l'eau de mer, le comte de Villegas a créé une société de commercialisation d'un pavillon en kit (Extrolane), puis tenté d'établir plusieurs brevets de transformation du pétrole en eau et de l'eau insalubre en eau potable, sous le patronage d'une société co-portée par son frère, banquier de son état, et grâce aux inventions fantaisistes de Bonassoli (société Kervil). À court de fonds mais pas d'idées, les deux hommes s'adressent au financier italien Carlo Pesenti, patron de différentes sociétés italiennes (Francotosse, Italcimenti, RAS), banques (Banque provinciale lombarde) et journaux (*Il Tempo* à Rome et *La Notte* à Milan). Endetté, impliqué dans plusieurs scandales politico-financiers italiens et vraisemblablement lié à la Mafia – notamment par Michele Sindona, suspecté d'en être l'un des principaux banquiers à l'époque –, Pesenti consent à aider le couple belgo-italien dans son projet, à hauteur de 80 millions de francs.

Entre 1969 et 1975, Pesenti finance donc les activités de recherche d'eau douce du duo Bonassoli-Villegas pour découvrir, grâce à leur machine miracle, des sources cachées d'eau potable et alimenter ses établissements hôteliers dans le sud de l'Espagne et de l'Italie. Au cours de ses recherches, Bonassoli prétend rapidement avoir trouvé une utilisation nouvelle de son dispositif : il permettrait de découvrir des ressources pétrolières inexploitées. L'invention prend ainsi une nouvelle dimension.

Informé de ces recherches et de leurs ramifications pétrolières, l'avocat français Jean Violet, conseil de Pesenti, ex-agent secret, à la fois proche du SDECE et du Vatican, fait connaître les deux inventeurs aux autorités françaises, craignant que le procédé ne soit sinon racheté par les Anglais ou les Américains – voire, pis, par les Soviétiques.

À l'époque, leur technologie a été présentée en Espagne à deux « Américains » : Crosby Kelly, un homme d'affaires dans le secteur de l'armement, ancien diplomate à Cuba ; et Daniel Boyer, ancien réfugié yougoslave, maquisard en France, bref conseiller à l'ONU, devenu président des démocrates américains en Europe et patron du mensuel belge *L'Événement*[10]. Boyer est d'ailleurs parfois considéré comme un agent sous couverture de la CIA, ce qui pimente rapidement l'affaire[11].

Me Violet craint alors que la compagnie américaine Exxon ne mette la main sur le procédé et en parle donc à son ami Jean Tropel, ancien du SDECE, lui aussi, et à l'époque responsable du PSA chez Elf-ERAP*. La confiance est de mise car, par le passé, Me Violet a déjà porté assistance à Elf-ERAP, notamment dans l'acquisition de droits miniers en Afrique du Sud[12]. Lui-même ancien du BCRA, Pierre Guillaumat est par ailleurs sensible aux arguments des deux « agents » et accepte en conséquence qu'une rencontre soit organisée avec ses équipes. Interrogé sur son rôle précis dans l'affaire, Jean Violet ne nie pas avoir introduit les deux hommes auprès de la société pétrolière française :

> Je reconnais [avoir] été déterminant au début, dans le sens où j'ai plaidé de toutes mes forces pour que le procédé soit présenté à Elf-ERAP plutôt qu'à une société américaine dont il était alors question. J'avais d'ailleurs deux raisons objectives de le faire. D'une part, les dirigeants d'Elf m'avaient demandé de les assister à titre privé pour arrondir les angles avec M. de Villegas, qui a un caractère très difficile et qui menaçait constamment d'aller porter son invention à des concurrents. D'autre part, l'ingénieur belge s'était engagé auprès du groupe Pesenti, en lui promettant de l'associer ultérieurement à l'exploitation des gisements d'hydrocarbures qui viendraient à être découverts de façon probante. Bien que M. Pesenti se fût complètement retiré de l'affaire, cet accord avec M. de Villegas justifiait que l'on gardât un œil sur l'évolution de l'expérience[13].

*Pour convaincre Tropel, Me Violet fait appel à François Bistos, ancien directeur de cabinet du général Paul Grossin (directeur général du SDECE de 1957 à 1962), qui se trouve être l'ancien chef de réseau de Tropel au SDECE. Bistos et Grossin jouent ainsi un rôle important dans la suite de l'affaire.

Me Violet mobilise également son réseau politique pour appuyer la proposition de coopération de Bonassoli et de Villegas avec le pétrolier français. L'ancien ministre Antoine Pinay est ainsi appelé comme caution morale, convainquant Elf-ERAP, sous l'autorité de Pierre Guillaumat et de Pierre Michaux, son secrétaire général, de mener une série d'expérimentations aériennes et au sol dans le Sud-Ouest : Bazordan, Bonrepos, Castéra-Lou, Lannemezan et Saint-Marcet[14]. Naïfs, les cadres du pétrolier d'État fournissent une carte des gisements connus dans la région… que l'appareil de Bonassoli identifie alors miraculeusement. Un seul représentant d'Elf-ERAP assiste à l'expérimentation à bord de l'avion, mais son témoignage suffit à conclure l'affaire. Le 28 mai 1976, le pétrolier français signe en conséquence un accord avec l'Union des banques suisses de Philippe de Weck, mandataire de la société panaméenne Fisalma, représentant le comte de Villegas.

En échange de 200 millions de francs suisses, Elf-ERAP obtient l'exclusivité d'emploi des procédés pour une période de douze mois. L'accord du président de la République Valéry Giscard d'Estaing est formellement donné le 2 juin 1976 – à la suite d'un échange avec Guillaumat et Pinay –, mais le Premier ministre Barre n'est informé de l'opération que le 8 octobre suivant[15]. Étrangement, la direction de la recherche scientifique et technique du groupe pétrolier est tenue à l'écart du projet et le pilotage des travaux est confié à Paul Alba, ancien directeur de la recherche de la branche exploration-production*. En juin 1976, une nouvelle

---

*Paul Alba s'entoure notamment de Claude Fabre, responsable du domaine minier, connu pour ses découvertes dans l'Est saharien, et de

expérimentation du dispositif dans la région de Lacq conduit Elf-ERAP à acquérir une concession à Montégut dans le Gers, mais en septembre 1977, après plus de six mois de forage à 4000 mètres de profondeur, les ingénieurs doivent reconnaître qu'ils ont fait chou blanc pour ce premier test officiel du procédé.

L'expérience malheureuse de Montégut n'empêche pas Guillaumat de signer un nouvel accord-cadre, le 11 juin 1977, pour prolonger le partenariat avec le couple belgo-italien. Par note au président de la République, tout en reconnaissant n'avoir découvert aucun hydrocarbure à ce stade, il souligne l'importance de poursuivre les recherches, « dans un métier où neuf forages sur dix en moyenne échouent[16] ». Le 6 juillet, Barre reçoit Me Violet en tête à tête, avant de dîner, le 26 juillet, avec Pinay, Villegas, Violet, Weck, ainsi qu'avec toute l'équipe d'Elf-ERAP pour discuter du projet.

En septembre 1977, tout juste arrivé à la présidence d'Elf Aquitaine, Albin Chalandon fait cesser les recherches dans le Gers, arguant de son fort scepticisme quant à la fiabilité du procédé de Bonassoli. Cependant, deux autres forages sont déjà en cours, suivant les indications de « l'appareil Delta » (aérien) et de « l'appareil Oméga » (terrestre). Le premier se situe dans les Hautes-Pyrénées, à Castéra-Lou. Entamé en février 1977 sur le site d'un précédent forage réalisé en mars-avril 1976, il est finalement arrêté en mai 1978, faute de résultat. Le second se trouve en Afrique du Sud, au Zoulouland. Lancé en mai 1977 sur le site d'anciennes

---

Maurice Jeantet, directeur exploration-production France, pionnier des découvertes en Aquitaine.

exploitations du début des années 1960, il est arrêté en décembre 1978, lui aussi sans succès*.

En septembre 1977, les équipes d'Elf Aquitaine alertent Albin Chalandon, nouveau président du groupe, sur « le comportement de l'équipe Villegas », le manque de « reproductivité des résultats obtenus » et la possibilité d'une tromperie[17]. Toutefois, Pierre Guillaumat est chargé de garder contact avec les inventeurs après son départ du groupe, décision confirmée par un courrier de Raymond Barre à Albin Chalandon le 21 février 1978. Sous couvert de cette autorité, Guillaumat fait renouveler le contrat avec Elf Aquitaine le 24 juin 1978, après avoir obtenu l'accord exprès de Matignon, ceci malgré les inquiétudes du nouveau PDG. Coût de l'opération : 500 millions de francs suisses. De nouvelles recherches sont programmées en France, au large de Belle-Île et dans le golfe du Lion**, ainsi qu'au Gabon et au Maroc***.

---

* Dès l'été 1975, avant même le lancement du projet d'Elf Aquitaine, Pesenti et Violet avaient mené une expérimentation avec l'équipe de Villegas, en Afrique du Sud, dans le Zoulouland, en lien avec le gouvernement sud-africain et avec le concours de Bistos et Grossin. Conduit en partenariat avec la société pétrolière Soekor, le forage avait rapidement été abandonné, mais à l'automne, le survol d'une ancienne mine, classée secret-défense et utilisée comme stockage de dépôt, avait redonné espoir à l'ensemble des participants.

** Faute de découverte, les sondages de Belle-Île sont arrêtés dès novembre 1978. Ceux du golfe du Lion en janvier 1979 et ceux du Gabon, où un gisement maritime géant (Pongara Marine) a pourtant été identifié, en mai 1979.

*** Lancée en août 1978, la mission marocaine débute par un survol du Rif et du Gharb. À l'issue d'une rencontre entre Guillaumat, Pinay et Violet d'une part, le roi du Maroc d'autre part, ce dernier fait état de la découverte de gisements lors d'un discours public du 13 octobre 1978. Dans la foulée, l'hebdomadaire *Jeune Afrique* évoque « un procédé de recherche inédit », mentionné par plusieurs sources

Pendant le printemps-été 1978, Albin Chalandon diligente bien une enquête de deux polytechniciens (Bernard Michaux* et Brigitte Serreault), chargés de se rendre au château de Rivieren, en Belgique, où Bonassoli travaille sur son procédé, mais leur rapport, remis en octobre suivant, ne dit pas grand-chose de nouveau, tant le fonctionnement de la machine est tenu secret. À l'automne 1978, Michaux et Serreault se rendent de nouveau en observation en Belgique, alertant *in fine* les autorités parisiennes sur « les contradictions et contre-vérités manifestes[18] » du duo belgo-italien. Sommés de venir s'installer en France dans un atelier acquis à Rueil-Malmaison, les deux inventeurs refusent, ce qui conduit Elf Aquitaine à exiger un exemplaire de la machine en février 1979.

À cette date, informé de l'affaire et toujours prompt à indisposer Albin Chalandon, André Giraud demande au physicien Jules Horowitz, délégué à la recherche fondamentale du CEA, d'examiner la machine de Bonassoli. En avril 1979, une démonstration est faite à Soudron, dans la Marne, devant le président de la République, qui masque ses inquiétudes en public – « N'y aurait-il qu'une chance sur mille, vous devez la tenter[19] ! » – mais s'en ouvre à ses collaborateurs les plus proches en privé**. Présents,

algériennes, ce qui crée des tensions entre les autorités françaises et marocaines.

*Bernard Michaux, ancien normalien, agrégé de physique et professeur à l'université de Compiègne, est le fils de Pierre Michaux, secrétaire général d'Elf Aquitaine.

**Valéry Giscard d'Estaing fait notamment part de ses inquiétudes à Philippe Wahl, secrétaire général de l'Élysée, qui en informe Raymond Barre. Le directeur de cabinet du Premier ministre, Philippe Mestre, alerte en conséquence Albin Chalandon et André Giraud, proposant qu'une enquête scientifique soit menée.

nombre d'ingénieurs d'Elf Aquitaine ne cachent pourtant pas leur gêne.

Le 24 mai, à Rueil-Malmaison, Horowitz découvre enfin le pot aux roses en cachant un objet tordu derrière un mur et en demandant à Bonassoli de le faire apparaître sur l'écran de sa machine. La règle graduée apparaît bien, mais loin d'être tordue, elle est droite et se révèle être une simple image préenregistrée. Depuis le début, les deux inventeurs ne font donc que montrer des copies de cartes existantes ou modifiées. Le 28 juin, au château de Wolfsberg, en Suisse, Bonassoli est à nouveau mis à l'épreuve devant Chalandon, Guillaumat et Pinay. La supercherie étant flagrante, l'association avec Fisalma est dissoute en juillet, tandis que le comte de Villegas disparaît à l'étranger, manifestement réfugié dans un monastère en Amérique du Sud, d'où il ne reparaîtra plus.

La moitié des 500 millions de francs suisses de l'accord de 1978, mis sous séquestre dans l'attente d'une découverte, est récupérée par Elf Aquitaine, de même que 207 millions de francs suisses déjà versés, retrouvés sur les comptes gelés par UBS. Quant aux 43 millions de francs suisses manquants, Bonassoli et Villegas s'engagent à les rembourser en cas de retour à une meilleure fortune. Ils le feront effectivement en mars 1984. Les 200 millions de francs suisses de 1976-1977, eux, sont considérés comme perdus au titre des pertes et profits de l'entreprise…

L'affaire aurait pu s'arrêter là, mais fin 1979, la Cour des comptes effectue un contrôle financier sur les dépenses de recherche d'ERAP, parmi lesquelles le milliard de francs consacré au « projet Aix » (son nom de code). Elle estime que l'entreprise a perdu entre 740 et 790 millions de francs français en quatre ans – vraisemblablement plutôt entre 534 et 579 millions selon les estimations d'Albin Chalandon[20]. Réalisé par François Gicquel en janvier 1980, ce rapport est édité en seulement six exemplaires – trois conservés rue Cambon, dans le bureau du premier président de la Cour des comptes, détruits par ses soins à l'automne 1982 au moment de son départ, et trois autres remis au Premier ministre, dont un est ensuite donné au président de la République.

Après la double enquête de la direction générale des impôts de septembre puis novembre 1982, le journaliste Pierre Péan révèle l'affaire des « avions renifleurs » de pétrole dans *Le Canard enchaîné* en juin 1983, mettant en cause Giscard d'Estaing, Barre, Giraud, Chalandon et Guillaumat. Le 21 décembre 1983, alors peu médiatisé, le dossier prend un nouveau tournant lorsque le secrétaire d'État au Budget Henri Emmanuelli confirme les informations et, devant l'Assemblée nationale, accuse Bernard Beck, ex-premier président de la Cour des comptes, de « forfaiture » pour avoir détruit ses trois exemplaires du rapport.

Le 29 décembre, dans *Le Monde*, écœuré du sens pris par l'affaire, Albin Chalandon appelle François Mitterrand à mettre fin à une « misérable querelle », révélant avoir informé le président de la République du potentiel scandale dès l'élection présidentielle de mai 1981[21]. Le 22 décembre 1983, Valéry Giscard d'Estaing doit même se rendre à la télévision, sur Antenne 2, pour s'expliquer sur le dossier, montrant le fameux rapport, finalement rendu public le 2 janvier 1984. C'est ainsi que Giscard d'Estaing sort pour la première fois de la réserve dans laquelle il s'était enfermé depuis son échec à la présidentielle de 1981 !

Mi-janvier 1984, Pierre Guillaumat tente bien de porter seul la responsabilité de l'affaire des avions renifleurs, mais son intervention publique n'empêche pas la création d'une commission d'enquête parlementaire. En novembre 1984, elle rend un épais rapport de plus de six cents pages, regrettant de n'avoir pu entendre certains des protagonistes les plus importants – comme Giscard d'Estaing, que Mitterrand n'a pas souhaité voir auditionné mais que la commission lave de tout soupçon, ou le comte de Villegas, porté disparu ! Elle souligne surtout le rôle occulte joué par un certain nombre d'anciens agents des services de renseignement français, affairistes et barbouzes. De manière générale, elle fait part de son étonnement tant l'affaire paraît improbable et aurait dû être identifiée comme une escroquerie par les ingénieurs du pétrolier d'État. Toutefois, ne faisant pas de nouvelles révélations sur le fond du dossier, la commission d'enquête parlementaire ne relance pas vraiment l'affaire et son rapport ne donne même pas lieu à un procès*.

Ainsi, si son nom a longtemps été associé au scandale des avions renifleurs, Albin Chalandon n'a pas été un acteur central, ni même l'un des nombreux accusés du scandale politico-financier de 1983-1984. Ses doutes exprimés dès 1977, ses enquêtes en 1978-1979 et son action éclair en faveur de la dissolution du contrat en 1979 l'exonèrent d'une part importante des responsabilités de cette triste affaire. Dans un texte personnel écrit au début des années 2000 et précieusement conservé dans ses archives, l'ex-patron du pétrolier d'État se justifie :

> J'ai été tenu à l'écart de cette affaire. [...] J'ai accepté d'endosser ce rôle de responsable d'Elf Aquitaine, à une certaine époque, mais cette opération a été conduite par mon prédécesseur, de son propre chef. J'ai reçu une lettre

*Une information pour recel d'escroquerie est bien ouverte en janvier 1984, mais finalement classée sans suite.

> du Premier ministre me disant que c'était M. Guillaumat qui s'occupait de cela. J'ai repris ma liberté d'action pour récupérer les fonds [en 1979] et j'ai récupéré un peu du deuxième versement [de 250 millions de francs[22]].

Reste que l'affaire des avions renifleurs a été et reste définitivement attachée à son nom dans l'imaginaire collectif, participant (sans fondement réel) à nourrir la fiction savamment entretenue d'un mélange des genres autour d'Albin Chalandon, à la fois banquier de Marcel Dassault, organisateur des circuits financiers du parti gaulliste et désormais personnalité au cœur d'un scandale politico-pétrolier.

L'affaire Dailly

Au printemps 1983, quelques mois avant le déclenchement médiatique et politique de l'affaire des avions renifleurs, Albin Chalandon et Elf Aquitaine sont également percutés, de manière assez inattendue, par l'affaire Étienne Dailly. Petit-fils du fondateur du Crédit foncier de France, cet ancien élève du lycée Janson-de-Sailly a été juriste pour différentes compagnies privées dans les années 1960 et 1970, fréquentant alors les grands noms de la finance française. Sénateur radical de Seine-et-Marne à partir de 1959, maire de Nemours à partir de 1965, il est vice-président du Sénat de 1968 à 1995. À ce titre, il exerce d'ailleurs la présidence du Sénat par intérim du 2 avril au 24 mai 1974, lorsqu'Alain Poher prend temporairement la succession de feu Georges Pompidou à l'Élysée.

En mars 1983, le gouvernement socialiste nomme Jean Peyrelevade, ex-directeur de cabinet de Pierre Mauroy,

Premier ministre, à la direction du groupe Suez. Chargé d'une opération de dégraissage du groupe, il limoge Jean Lamey, ancien PDG de la banque La Hénin, accusé d'avoir racheté, sans en prévenir personne, les établissements viticoles Cordier, l'une des plus grosses maisons de vin du Bordelais. Le rachat a coûté 600 millions de francs, justifiant donc de nombreuses critiques internes et externes sur l'origine de la décision. Pourtant, au Sénat, Dailly, ami de Lamey, s'en prend avec véhémence à Peyrelevade et à son entreprise de liquidation des anciens du groupe[23].

Piqué et peu disposé à subir une attaque injuste, Peyrelevade partage publiquement son inquiétude en demandant dans la presse si le sénateur Dailly compte un jour régler son ardoise d'un million de francs de dette auprès de la banque La Hénin. Ne manquant pas de toupet, Dailly répond en retour que la dette sera réglée lorsque la banque le rémunérera pour ses activités de conseil juridique, conduites bénévolement depuis plusieurs années auprès de son ami Lamey.

En 1984, le différend se solde finalement par un compromis financier entre les deux parties, mais la presse s'en est déjà régalée. À la même époque, une seconde affaire fait surface à propos du sénateur Dailly : l'affaire Basic Resources International. Elle tient son nom d'un groupe détenu par le financier anglo-français Jimmy Goldsmith et implique Albin Chalandon, abondamment cité en raison des ramifications pétrolières du scandale. En effet, en 1977, à son arrivée à la présidence d'Elf Aquitaine, le PDG a engagé des négociations avec l'aventurier américain John Park, patron de la société Petromaya, pour exploiter deux gisements de pétrole au Guatemala, alors en pleine guerre civile, à la frontière du Mexique[24].

Rapidement, les doutes s'accumulent cependant sur cette opération pour le moins fantasque…

Les techniciens du groupe pétrolier signalent en effet la piètre qualité des documents communiqués par Petromaya, tandis que le gouvernement guatémaltèque, s'étonnant du très faible rendement des puits, menace de mettre fin à son partenariat avec les Américains. À l'instigation de Vernon Walters, ancien directeur de la CIA et ami de Park, la société franco-britannique Basic Resources International (Brisa) prend alors la suite de Petromaya pour l'exploitation des deux puits guatémaltèques. À l'issue d'un nouvel accord, Elf Aquitaine devient l'opérateur principal des gisements pétroliers détenus par Brisa, mais ses rendements s'avèrent rapidement catastrophiques : 20000 barils par an pour 300 millions de dollars d'exploitation. Un fiasco économique et une déroute inquiétante !

Or, de multiples documents d'époque indiquent que le sénateur Dailly, membre du conseil d'administration de Brisa, a été l'un des principaux intermédiaires dans la signature du contrat Brisa-Elf Aquitaine[25]. En mars 1982, dans un revirement de situation ahurissant, estimant qu'Elf Aquitaine ne tire pas assez de pétrole de ses puits guatémaltèques, les associés de Brisa accusent leur partenaire français de négligence et portent l'affaire devant le tribunal américain d'Harris, à Houston, au Texas, demandant le remboursement de 293 millions de dollars au titre du préjudice subi, ainsi que 300 millions de dollars de pénalités.

En juin 1983, un compromis est proposé, sortant Elf Aquitaine d'affaire en échange d'un solde de tout compte de 50 millions de dollars. C'est une aubaine, dans la mesure où les derniers arbitrages du tribunal conciliatoire de Genève tournent alors autour de 600 millions de dollars, soit six fois la valeur de la production annuelle des gisements ! Restée sans suite, la proposition de Brisa est suivie, en juillet 1985, d'un second compromis, accepté *in extremis* par les deux parties, sur la base de la somme de 85 millions de dollars, plus les intérêts depuis 1983. Le groupe espagnol Hispanoil – aujourd'hui Repsol – prend alors le relais de l'exploitation des puits guatémaltèques.

C'est dans ce double climat d'affaires politiques (affaire Dailly, affaire Brisa, commission d'enquête parlementaire sur les avions renifleurs) et de scandales financiers (double contrat avec la Fisalma, différend avec Petromaya puis Brisa), tous des éléments de déstabilisation du PDG du pétrolier français, que prend place l'affaire des actifs pétrochimiques d'Elf Aquitaine, dernière bataille pétrolière et politique d'Albin Chalandon.

L'alchimiste de la rue Nélaton

En juillet 1982, les ministres Jean-Pierre Chevènement et Pierre Dreyfus demandent à Albin Chalandon de constituer un pôle national de chimie lourde. Elf Aquitaine possède déjà une entreprise conjointe avec Total (ATO), créée sous Pompidou, et un regroupement des anciennes activités chimiques de Rhône-Poulenc (Chloé). Or, Total veut se retirer de l'aventure, l'estimant loin de ses objectifs stratégiques et sans lendemains heureux, le tout, évidemment, moyennant compensation en argent frais.

De son côté, Albin Chalandon ne veut pas de cette solution financière, lui préférant (s'il faut en arriver là) un échange d'actifs, par exemple par la cession de la plateforme de Gonfreville, en Seine-Maritime. Le 8 juillet, rappelant que la branche raffinage du groupe public est en déficit de 3,2 milliards de francs pour 1982, il annonce publiquement ne pas entendre financer la restructuration du secteur français de la chimie sur ses seuls deniers.

En 1980, au moment du rachat des actifs de Rhône-Poulenc, Total avait certes accepté de participer à l'aventure chimique, mais avec un droit de divorce sous trois ans. Or, les inquiétudes renouvelées du pétrolier privé sur l'avenir de la pétrochimie française coïncident avec la volonté du groupe Pechiney Ugine Kuhlmann (PUK), dirigé par Georges Besse depuis 1982, de se séparer, lui aussi, de sa branche sectorielle.

Pierre Dreyfus et son directeur de cabinet, Loïk Le Floch-Prigent, entrevoient donc la possibilité de créer un géant national, sous la direction d'Elf Aquitaine, réunissant les actifs chimiques d'ATO, de Chloé et de PUK. Pour assurer l'affaire, le ministre promet, par écrit, de faire racheter par Elf Aquitaine la part de Total dans ATO... sans en informer – il faut le dire, avec beaucoup de maladresse – l'un des premiers concernés : Albin Chalandon. « Elf n'a pas à assumer un engagement vis-à-vis d'un tiers, pris en son nom, à son insu, fait savoir le PDG, furieux, à son ministre de tutelle. Si l'État a fait une promesse à Total, à lui de la tenir et d'en assumer les charges financières[26]. »

Un bras de fer est engagé entre les deux parties, bien que le patron d'Elf Aquitaine ne soit pas opposé au projet en tant que tel – il nomme ainsi Jean-René Sautier, PDG de Sanofi, responsable du futur groupe chimique et propose même qu'ERAP porte financièrement le dédommagement de Total, avant qu'un portage financier futur ne soit mis en place par Elf Aquitaine*.

Faute d'arbitrage, le projet prend toutefois du plomb dans l'aile et Albin Chalandon se consacre en conséquence à d'autres activités professionnelles : signature d'un accord avec le groupe japonais Toray pour produire des fibres de carbone en France en septembre 1982 ou encore déplacement au Congo pour signer de nouveaux contrats pétroliers en mars 1983.

Après plusieurs mois de blocage du dossier pétrochimique, en mars 1983, la formation d'un troisième gouvernement Mauroy fait entrer Laurent Fabius au ministère de l'Industrie. Le même Fabius qui, à l'automne 1982, avait été alerté par ses équipes sur l'affaire des avions renifleurs et les dérives financières du groupe pétrolier. Albin Chalandon appréhende donc légitimement l'arrivée de ce nouveau ministre de tutelle.

Par échange oral du 28 avril puis par courrier du 20 mai, Laurent Fabius enjoint au patron d'Elf Aquitaine de rembourser l'avance de Total dans ATO (180 millions de francs), de lui céder des actifs dans la partie britannique du gisement de Frigg en échange de ses parts dans l'affaire (250 millions) et de lui rembourser le solde (279 millions de francs). Furieux, Albin Chalandon refuse net, tant sur le fond – « Je suis donc au regret de ne pouvoir en conscience exécuter les instructions que vous m'avez adressées » – que sur la forme – « C'est la première

---

*Jean-René Sautier, énarque, passé par la direction du Budget, entré à la SNPA en 1963, en est devenu directeur des affaires économiques en 1968 puis directeur du développement en 1971. En 1973, Pierre Guillaumat l'a chargé de constituer le pôle santé-beauté d'Elf Aquitaine (devenu Sanofi). Son seul différend connu avec Albin Chalandon porte sur le rachat de la division santé du groupe industriel Clin-Midy en 1980.

fois dans son histoire que l'entreprise reçoit des instructions que l'on peut assimiler à un ordre de service qu'un ministre adresse à son administration »[27].

Fin avril 1983, en dépit de leur passe d'armes, Laurent Fabius téléphone à Albin Chalandon pour lui confirmer la prolongation de son mandat à la tête d'Elf Aquitaine, mais le 15 juin, deux heures avant l'assemblée générale des actionnaires, il le convoque brutalement pour lui annoncer son remplacement. Conséquence directe de leur affrontement dans le dossier pétrochimique, comme s'en justifia longtemps Chalandon ? Certaines langues refusent encore de se délier quarante ans après les faits.

Quelques jours avant son éviction, l'ancien banquier tente le tout pour le tout, en proposant que Total prenne finalement le pilotage du projet chimique, inversant ainsi la facture. Refus attendu, mais sortie avec panache pour l'ancien négociateur en chef des contrats pétroliers français. Le polytechnicien Michel Pecqueur, ex-administrateur du CEA et président de la Cogema, lui succède finalement, au terme de six années aussi intenses que tumultueuses, et applique, dès le 22 juin, l'indemnisation souhaitée par Fabius*.

***

Lorsqu'il est nommé à la présidence d'Elf Aquitaine, en 1977, Albin Chalandon reçoit un ordre simple de Valéry Giscard d'Estaing : « Faites des bénéfices. Et si vous avez

---

*Alain Boublil, ancien conseiller technique chargé des sujets industriels à l'Élysée, raconte dans ses mémoires que le nom de Jean-Louis Beffa, à l'époque directeur général de Saint-Gobain depuis 1982, a été envisagé pour la présidence d'Elf Aquitaine, avant le refus de ce dernier.

des problèmes, venez m'en parler. Vous ne dépendez que de moi-même[28]. » Six ans plus tard, sous un autre président et une autre majorité politique, l'ancien ministre peut compter avec fierté le nombre de ses batailles remportées contre ses ministres de tutelle : Monory, Giraud ou encore Dreyfus.

Parti sur une affaire peu médiatique, « un incident de parcours[29] » selon sa propre formule, il doit cependant souffrir de l'affaire des avions renifleurs en 1983-1984, dans laquelle, bien qu'il n'ait joué qu'un rôle mineur, son nom est abusivement affiché et vilipendé*. Revenu à la vie civile, il ne s'en avoue pour autant pas vaincu et prépare méticuleusement son grand retour sur la scène politique et parlementaire.

*Dès le mois d'octobre 1982, *Le Canard enchaîné* accuse Albin Chalandon d'avoir financé la campagne de Jacques Chirac et rempli les caisses du RPR grâce aux bénéfices d'Elf Gabon.

12

Le retour aux affaires

Remercié de la présidence d'Elf Aquitaine par le pouvoir socialiste, Albin Chalandon replonge avec une aisance sidérante dans les eaux politiques en 1983. Resté distant des affaires de la droite depuis bientôt six ans – exception faite de l'élection présidentielle de 1981 –, il doit reprendre à zéro son engagement politique, prêtant alors allégeance à Jacques Chirac, dans la perspective des législatives de 1986 et de la présidentielle de 1988. La période l'amène ainsi à participer au débat sur l'école privée en 1984, à publier son second livre politique en 1986 et à revenir au gouvernement dans la foulée.

La rentrée ratée de M. Chalandon

Le 27 octobre 1983, Albin Chalandon fait sa première apparition publique depuis son départ d'Elf Aquitaine à l'occasion d'un dîner-débat du Comité national de l'organisation française, un cercle politique longtemps dirigé par le comte Baruzy, son vieux complice gaulliste du Comité national pour l'élection présidentielle de 1965. Son état d'esprit ? « Un homme seul, un brin amer, un peu désabusé, mais indépendant, un industriel sans travail, pas tout fait à l'âge de la retraite, qui entend ne pas se rouiller[1] », note un journaliste présent lors des agapes. Invité à s'exprimer sur le chômage et la crise industrielle, l'ancien ministre ménage ses coups à l'égard du pouvoir socialiste, critiquant plutôt les dérives de l'État-actionnaire et le besoin de renouvellement de la haute fonction publique.

Début novembre 1983, il publie une série de trois articles dans *Le Monde* sur la politique de rigueur du gouvernement. Si l'action est douloureuse, elle n'est toutefois que la restauration des « bons vieux principes », nécessaires à l'assainissement financier du pays, et si l'atmosphère politique est lourde, ce n'est que parce que le gouvernement a soutenu la création de nouveaux prélèvements obligatoires, « déjà démesurément développés »[2]. « Face à une industrie appauvrie, flanquée de trous béants et de pans qui s'effondrent », l'ancien ministre se désole des « milliards vainement dépensés »[3] et appelle à accepter « l'existence d'un chômage important[4] ». Pour conduire la révolution industrielle, l'économie doit surtout accepter de détruire pour reconstruire – message déjà au centre des *Joueurs de flûte* (1976) –, ce à quoi la « *nomenklatura* qu'elle soit de gauche ou de droite[5] » se refuse obstinément.

En décembre 1983, il participe à une journée d'études du RPR, organisée à Suresnes par Jacques Chirac et Charles Pasqua, sur la politique économique du gouvernement socialiste. Albin Chalandon s'y fait le chantre de la rigueur et l'opposant farouche du protectionnisme économique, piège isolationniste dans un monde globalisé. Contre l'égalitarisme à outrance des communistes et des socialistes, outil de nivellement par le bas, il défend l'idée d'une reprise économique malheureusement couplée au chômage dans certains secteurs déficitaires ou passéistes.

« Gaulliste de réalisme », sa présence à cette modeste réunion des jeunes élus franciliens du RPR montre ses velléités de réintégration de la famille chiraquienne, auxquelles l'ancien Premier ministre n'est pas complètement opposé. Dans le tandem Chalandon-Chirac, chacun trouve son intérêt : pour le premier, c'est un retour dans la vie politique du parti néo-gaulliste ; pour le second, c'est un ralliement stratégique permettant de tourner la page de sa défaite présidentielle en 1981.

Contre la politique pétrolière du gouvernement, l'ex-PDG d'Elf Aquitaine ne retient en fait qu'un grief : les contrats pétroliers signés avec l'Irak en juin 1983. Prenant en compte le souhait du pouvoir en place d'acheter du pétrole irakien, notamment pour se prémunir d'un éventuel défaut de paiement dans la vente d'armes, Albin Chalandon a alerté Laurent Fabius sur le surcoût d'achat du pétrole irakien (par rapport aux autres sources d'approvisionnement de l'époque) et demandé, par écrit, que ledit surcoût soit compensé par l'État[6]. Un accord d'un an a été signé sous ces conditions entre Elf Aquitaine, Total et le gouvernement irakien pour l'achat de 80000 barils de brut par jour. Toutefois, en dépit d'un engagement écrit de Fabius, le ministre des Finances Jacques Delors s'y oppose finalement au dernier moment, forçant Albin Chalandon à solliciter l'arbitrage du Premier ministre Pierre Mauroy, en pleine discussion sur sa succession à la tête du pétrolier d'État.

Or, toute la période 1983-1984 est polluée par l'affaire des avions renifleurs et les révélations au compte-goutte sur la participation (en fait inexistante) d'Albin Chalandon au scandale. Le 29 décembre 1983, il se voit forcé d'interpeller par voie de presse le président de la République pour lui demander de mettre fin à la polémique :

> Bien que je n'aie pas eu la responsabilité directe de conduire cette opération, et que mon rôle ait consisté, en l'occurrence, à freiner et, finalement, à liquider, je tiens d'abord à manifester ma solidarité complète avec ceux qui l'ont initiée et dirigée : le risque méritait d'être pris. Je veux dire aussi mon indignation et ma peine devant le mal que le gouvernement est en train de faire à la première entreprise industrielle de ce pays et, à travers elle, à l'industrie française. [...] La campagne d'insinuation et de calomnie lancée par le gouvernement n'a aucun fondement[7].

Loin de simplement signer une tribune larmoyante en faveur de ses anciennes équipes, l'ex-patron d'Elf Aquitaine décoche aussi ses flèches à l'encontre du gouvernement, notamment en révélant que le groupe Schlumberger, présidé par l'industriel Jean Riboud, ami et conseiller de Mitterrand, a son siège social dans le paradis fiscal de l'île de Curaçao. Veut-on vraiment le forcer à en dire plus ? L'affaire des avions renifleurs est-elle si grave ? Le pétrolier d'État n'a, au fond, perdu « que » 500 millions de francs en quatre ans, contre 6 à 7 milliards de francs de dépenses annuelles d'exploration, parfois tout aussi décevante. Le pot aux roses est-il d'ailleurs si scandaleux ? Neuf actions sur dix engagées dans les laboratoires d'Elf Aquitaine échouent après quelques mois d'études. Sitôt le rapport de la commission parlementaire achevé, l'affaire est enterrée et les tracas sont éloignés, mettant fin à la dispute entre Albin Chalandon et le gouvernement socialiste.

La bataille de l'école libre

Début 1984, l'examen parlementaire du projet de loi sur le grand service public unifié et laïc de l'Éducation nationale – dit projet de loi Savary – permet à Albin Chalandon de revenir véritablement sur le devant de la scène politique. Proposition de campagne du candidat Mitterrand, ce texte législatif prévoit la création d'établissements d'intérêt public, intégrant à la fois les écoles publiques et les écoles privées.

En janvier 1984, plusieurs manifestations en faveur de la liberté de l'école privée émaillent l'actualité comme à Bordeaux (60000 manifestants) ou à Lyon (100000 manifestants) et Rennes (250000 manifestants). L'ancien ministre du général de Gaulle s'offusque :

> Le projet du gouvernement est de couler l'individu dans le moule d'une école unique qui efface les différences – familiales, sociales, culturelles – [...], mais il y a plus grave, car l'enjeu du débat n'est pas plus ou moins de liberté, mais la liberté elle-même[8].

Le 18 février 1984, Albin Chalandon appelle donc le gouvernement socialiste à organiser un référendum pour consulter le peuple français sur la question de l'avenir de l'école privée. Le 25 février, le Conseil du secrétariat général de l'enseignement catholique, centre névralgique de l'opposition au projet de loi, fait savoir sa gêne quant à l'initiative de Chalandon, mais il est trop tard : celui-ci est désormais au cœur de l'actualité médiatique.

Sa proposition de référendum est commentée par tous les acteurs du débat public et même reprise par le Sénat à l'été 1984. Fin mars, Albin Chalandon a retrouvé du poil de la bête, ferraillant avec Christian Goux, député socialiste du Var et président de la commission d'enquête parlementaire sur les avions renifleurs, qui s'attribue le mérite des millions de francs « retrouvés » dans le cadre du deuxième contrat avec les inventeurs.

En mai 1984, il s'affiche encore aux côtés du général François Binoche dans le cadre de la campagne des européennes. L'affaire a de quoi faire sourire : le général Binoche, compagnon de la Libération, conseiller militaire de Mendès France en 1954, mis à la retraite par Giscard d'Estaing en 1974 pour avoir critiqué sa politique militaire, a été coprésident du Front progressiste, mouvement hétéroclite où se côtoient anciens gaullistes et nouveaux socialistes, partisans du programme commun de la gauche en 1976[9]. Soutien de Mitterrand lors de la présidentielle de 1981, Binoche est revenu à ses premières amours en 1982, en prenant la tête du Mouvement gaulliste populaire, qui réunit des gaullistes de gauche, comme Jean Charbonnel ou Paul Granet, et des grognards du Front progressiste. Le hic ? Lors des européennes de 1984, Binoche et son parti soutiennent la liste d'Olivier Stirn et Brice Lalonde, étrange entente entre écologistes et radicaux, finalement sans lendemains heureux. Que vient y faire Albin Chalandon ? Le mystère reste entier.

Le 19 mai, dans *Le Monde*, il partage sa vision de l'Europe, qui reste certainement l'explication la plus logique à son positionnement lors de la campagne européenne de 1984 en faveur d'une liste fédéraliste :

> Les conditions pour que se forment les États-Unis d'Europe se déposeront peu à peu comme des sédiments : il faudra attendre sans doute le XXIe siècle pour qu'un

> gouvernement fédéral coiffe celui des nations. La France devient de plus en plus consciente que son intégrité comme son indépendance sont liées à celles de l'Allemagne de l'Ouest : leurs défenses peuvent devenir communes, dans la mesure où leurs indépendances sont déjà solidaires. [...] Certes, la majorité des Français vont se déterminer en fonction de la politique intérieure : ils voudront manifester leur confiance ou leur défiance à l'égard du gouvernement actuel. Leur vote n'en sera pas moins utile pour l'Europe, en introduisant dans la future Assemblée le nécessaire clivage entre les défenseurs et les adversaires du socialisme.

La locomotive Chalandon file bon train vers l'horizon. En juillet 1984, il publie une série de papiers dans divers journaux pour dénoncer la politique des nationalisations. Le 11 juillet, dans *Le Monde*, il s'étrangle par exemple de leur coût (178 milliards de francs), regrettant que les dirigeants des nouvelles entreprises publiques, « venus pour la plupart de l'administration, donnent la primauté à la technique », et que les entreprises soient restées « à l'écart de nombreux accords conclus ces deux dernières années entre entreprises américaines, japonaises, allemandes ou italiennes ». Leur handicap le plus lourd ? « L'entreprise publique ne peut répondre aux exigences du marché, ni en saisir les opportunités. [...] Obligés de délaisser leurs usines ou leurs bureaux, [leurs dirigeants] doivent gaspiller leur temps et leur talent, user leurs forces dans d'interminables démarches pour plaider leurs dossiers, disputer la manne publique et garder intactes les faveurs du prince et de ceux qui l'entourent. »

Le lendemain, toujours dans *Le Monde*, il se désole de « l'idéologie en bande dessinée qui fut la lecture favorite de la gauche jusqu'à l'épreuve du pouvoir » et encourage la droite d'opposition à prévoir la « dénationalisation » des entreprises publiques dans le cadre d'une future alternance politique en 1986 puis en 1988. Un mot d'ordre en trois temps l'anime et rythme son programme politique : déréglementation en faveur des entreprises privées, restauration de la liberté de manœuvre des entreprises publiques et introduction d'une gestion privée de certaines politiques d'État. Aux esprits inquiets, il répond, rassurant :

> La privatisation du secteur nationalisé n'est pas une utopie, à la condition de la faire sans hâte et sans brutalité. Un seul risque de manquer : la volonté politique, car dès que le pouvoir est conquis, on ne se défait pas aisément de ce qui le renforce[10].

Revenu à la faveur de l'actualité politique par sa proposition de référendum sur l'école libre en février 1984, Albin Chalandon s'y enracine par son opposition farouche à celui, mitterrandien, de l'été suivant. Tout début juillet, à l'initiative du groupe RPR, le Sénat a en effet voté une résolution demandant l'organisation d'une consultation sur le projet de loi Savary. Estimant que la Constitution de 1958 ne lui permet d'organiser un référendum que sur l'organisation des pouvoirs publics, le président de la République propose donc au Parlement un référendum élargissant le champ d'application du référendum législatif aux garanties fondamentales des libertés publiques, afin de pouvoir répondre à leur demande… tout en reprenant l'initiative politique. Le projet de loi Savary est ainsi retiré de l'ordre du jour parlementaire, mais le 17 juillet, Pierre Mauroy et son ministre démissionnent pour protester contre ce désaveu présidentiel, tandis que le projet de loi référendaire est rejeté sous les dures critiques du sénateur Étienne Dailly, rapporteur au nom de la commission des Lois.

Adopté par l'Assemblée nationale, le projet de loi référendaire est de retour au Sénat en septembre, offrant à Albin Chalandon l'occasion de s'exprimer de nouveau à son sujet :

> Fait à l'initiative de l'exécutif, le référendum est une source de confusion. Cela provient d'abord de la façon dont la question est posée. Comme en matière de sondage, il est facile de piéger l'électorat en lui faisant dire autre chose ou le contraire de ce qu'il pense. [...] En réalité, le référendum est un jeu où les dés sont pipés. Cette pratique prend tout son sens si elle est associée à une modification de la loi électorale dans le sens de la proportionnelle intégrale. L'objectif est clair : affaiblissement de la majorité parlementaire par la dissolution des voix entre de nombreux partis, renforcement du pouvoir référendaire pour restaurer l'autorité d'un président-arbitre[11].

Rejeté en seconde lecture par le Sénat le 5 septembre 1984, le projet de loi référendaire de Mitterrand est abandonné par le gouvernement Fabius. Albin Chalandon a ainsi gagné trois combats : son combat politique contre le projet du gouvernement et de la majorité socialiste ; son combat politicien en faveur de son repositionnement au sein de la droite française ; enfin son combat médiatique, dont les nombreux articles attestent de la vigueur. En l'espace d'un an, l'ancien ministre du général de Gaulle et de Georges Pompidou est devenu l'une des grandes figures de la droite chiraquienne et du RPR.

Direction le Nord !

Acrobate agile dans son rapport au référendum sur l'école privée, Albin Chalandon n'est toutefois pas tout à fait dans le faux quant à son analyse de juillet 1984 sur les conséquences politiques d'une évolution de l'élection de l'Assemblée nationale vers un scrutin proportionnel. D'ailleurs, le président de la République l'aime bien et partage certaines de ses analyses institutionnelles. Il apprécie aussi son inclination sociale… et son goût pour les femmes et les vies parallèles. En septembre 1984, son nom est même évoqué pour représenter la France à la Commission européenne, dont Jacques Delors vient de prendre la présidence. Les deux hommes se connaissent, s'apprécient et ont confronté leurs visions de la planification lors d'un débat de cinq heures, organisé par le magazine *L'Expansion*, en mars 1974. Certes, mais l'ancien ministre gaulliste a repris goût au jeu politique national et ne veut plus se compromettre avec la gauche.

Dans *Le Figaro*, le 3 octobre, il pose ainsi son regard sur la présidentielle de 1988, plaidant pour un « dialogue des présidentiables » de l'opposition, l'instauration d'un « code de bonne conduite » et d'un « conseil des sages au plan national » (où il se verrait bien siéger) afin d'éviter tout éclatement de la droite d'opposition, dans une nouvelle version des duels de 1974 et 1981.

Les 17-18 novembre 1984, aux assises du RPR de Grenoble, il retrouve même sa place au comité central du parti – de même que tous les anciens secrétaires généraux de l'UNR, de l'UD-V[e] et de l'UDR. Le 10 janvier 1985, à l'annonce d'un référendum sur l'indépendance calédonienne, Albin Chalandon s'emporte contre « la croisade tiers-mondiste du PS », « les dés pipés et le prix des trucages » et la « foucade idéologique des socialistes »[12]. En l'espace de quelques mois, il a adopté tous les codes du discours chiraquien. Critique sincère ou hommage « féodal » du vassal à son nouveau seigneur? Les ponts sont en tout cas définitivement coupés avec la gauche et il a pleinement retrouvé sa place dans l'opposition.

Le 26 février 1985, lors d'une réunion publique à Tarbes avec les députés RPR du Sud-Ouest, il fait toutefois part de ses inquiétudes sur la difficulté d'imposer une cohabitation en 1986 et sur la montée en puissance du Front national de Jean-Marie Le Pen – « plus son parti se développe, plus les chances de François Mitterrand et des socialistes de rester au pouvoir augmentent[13] ». Cette fracturation du spectre politique l'inquiète.

En avril 1985, le gouvernement Fabius annonce l'organisation des élections législatives au scrutin proportionnel, causant le départ de Michel Rocard du gouvernement. Pour s'opposer à l'ancien Premier ministre Pierre Mauroy dans le département du Nord, Albin Chalandon est désigné comme tête de liste RPR début juillet, malgré l'hostilité d'un certain nombre de barons locaux, parmi lesquels Arthur Moulin, sénateur-maire d'Avesnes-sur-Helpe et président de la fédération départementale du RPR, qui démissionne de ses fonctions. Pour faire taire la fronde, Serge Charles, député-maire de Marcq-en-Barœul, prend alors la présidence du comité départemental du RPR et se pose en soutien public de l'ancien ministre du général de Gaulle.

L'UDF voit immédiatement dans cette querelle entre gaullistes l'occasion de présenter sa propre liste aux élections législatives, sous la direction de Stéphane Dermaux, maire de Tourcoing et président de la fédération giscardienne du département*. Début janvier 1986, pour contrer la campagne de l'ex-ministre gaulliste, l'UDF parachute même Charles de Gaulle, aîné des petits-fils du Général, avocat international et poulain de Raymond Barre.

Afin de disposer d'appuis locaux solides et de contrer cette fronde des centristes, Albin Chalandon s'appuie dès lors sur Jacques Vernier, jeune maire de Douai, désigné tête de liste RPR aux régionales de mars 1986, ainsi que sur Alex Türk, premier adjoint de Serge Charles à Marcq-en-Barœul, conseiller régional depuis 1983 et maître de conférences en droit public à l'université de Lille. Face à un écosystème politique local très hostile et à une personnalité politique « attachante mais déconnectée des réalités[14] », les deux hommes ont fort à faire et décident de ne ménager aucun de leurs efforts. Ils ne sont pourtant pas aidés dans leur tâche, avec un ancien ministre qui a plus l'habitude des salons chics que des discussions de rue. Les attaques de leurs ennemis pleuvent en conséquence, mais l'attachement du candidat au général de Gaulle est « un facteur de rassemblement dans le Nord[15] ».

De leur côté, outre la mobilisation à outrance du patronyme de Gaulle, les centristes de Stéphane Dermaux peuvent compter sur Jean-Jacques Descamps, conseiller municipal de Lille, héritier d'une vieille famille d'industriels de la région, et Bruno Durieux, ancien collaborateur de Raymond Barre à Matignon et polytechnicien de formation, futur ministre d'ouverture du second septennat

*À l'UDF, Stéphane Dermaux représentait la tendance du PR et s'opposait à Georges Delfosse, maire de Lambersart, candidat du CDS et président de l'association des maires du Nord.

mitterrandien. Quant à Charles de Gaulle, peinant à s'imposer comme un candidat crédible, il est rapidement recasé comme tête de liste UDF aux élections régionales de mars suivant (face à Jacques Vernier) et abandonne ensuite le Nord pour Rueil-Malmaison, dans les Hauts-de-Seine, où il est élu lors des municipales de 1989 avant de candidater aux européennes de la même année.

Le 30 janvier 1986, Jacques Chirac se rend à la Foire internationale de Lille pour soutenir à la fois Jacques Vernier aux régionales et Albin Chalandon aux législatives, y rappelant que son parti est opposé à l'extrême droite et à son discours de division des Français. « Cinq ans de gauche, ça suffit ! » tonne l'ancien Premier ministre devant 3 000 militants venus l'écouter.

En retour, le 2 février, au club de la presse d'Europe 1, Albin Chalandon s'attaque à Raymond Barre, l'appelant à modérer son propos à l'encontre du clan chiraquien et regrettant son ambiguïté politique, manière de dire qu'il ne serait pas le bon candidat de la droite pour la présidentielle de 1988 parce qu'incapable de conduire son rassemblement.

Le 16 mars 1986, la gauche emporte finalement l'élection régionale (PS, 31,52 % ; PCF, 15,53 %), plus d'une dizaine de points devant la droite (RPR, 19,78 % ; UDF, 12,73 % ; DVD, 5,21 %). En outre, le Front national obtient 12 sièges (10,20 %), montrant ainsi sa capacité à peser dans les scrutins à venir et l'émergence d'une troisième force politique à droite.

Aux législatives de 1986, chef de file de la liste « Redevenons des vainqueurs », Albin Chalandon porte un programme clair et simple : des allègements de charges pour les entreprises, davantage de sécurité pour les citoyens, la restauration des libertés (notamment de l'enseignement), la préparation d'une majorité pour gouverner après 1988, le redressement du Nord et de la France, enfin un sentiment de confiance en l'avenir. Vingt-six candidats composent sa liste : l'ancien ministre Jacques Legendre (3ᵉ), maire de Cambrai, des parlementaires comme Serge Charles (2ᵉ), Charles Paccou (4ᵉ), Claude Pourvoyeur (25ᵉ) et Jacques Vernier (26ᵉ), voire d'anciens parlementaires comme Claude Dhinnin (5ᵉ), Georges Brice (11ᵉ), Claude Pringalle (15ᵉ), des élus locaux comme Olivier Marlière (6ᵉ), maire de Valenciennes, ou Michel Ghysel (7ᵉ), premier adjoint au maire de Roubaix, ainsi que quelques figures publiques locales comme Jean Degros (18ᵉ), ancien capitaine de l'équipe de France de basket-ball.

La liste fait également une place importante à de jeunes espoirs de la droite comme Jacques Houssin (8ᵉ), maire de Verlinghem, futur suppléant du ministre Marc-Philippe Daubresse, devenu député du Nord en 2004-2005 et 2010, Emmanuel Dewees (10ᵉ), conseiller général, député du Nord de 1993 à 1997, Marie-Fanny Gournay (17ᵉ), sénatrice du Nord de 1990 à 1992 puis députée du Nord de 1993 à 1997, ou encore Patrick Delnatte (21ᵉ), député du Nord de 1994 à 2007.

Elle s'ouvre en outre à toutes les tendances du gaullisme, accueillant pêle-mêle Noëlle Danès-Dewavrin (12ᵉ), présidente de Femme Avenir (ex-CFEI), mouvement féminin du gaullisme, et Jean-Yves Herbeuval (13ᵉ), adjoint au maire de Maubeuge, ancien de la Fédération des républicains de progrès du gaulliste de gauche Jean Charbonnel.

Le 16 mars, à l'issue des élections, six membres de la liste RPR sont élus à l'Assemblée nationale : Chalandon,

Charles, Legendre, Paccou, Dhinnin et Marlière. L'ancien ministre signe donc son retour au Parlement.

Le seigneur de l'or noir

S'il est porte-parole de la droite chiraquienne et candidat victorieux aux élections législatives, que fait Albin Chalandon sur le plan professionnel entre 1983 et 1986 quand il n'arpente pas le terrain ?

Les souvenirs et témoignages divergent sur ce passage précis de sa vie, mais le déroulé de sa carrière (déposé par ses soins à l'Assemblée nationale après son élection) le présente comme « président non exécutif » de la société franco-américaine Petrol Engineering, pour la période 1985-1986. Il semble toutefois que l'ancien ministre ait plutôt occupé des fonctions de conseiller du président – Paul-François Leca, un ancien cadre d'Elf Aquitaine –, au titre de sa détention d'actions dans cette société pétrolière, dont il était l'un des deux créateurs.

Petrol Engineering est une société spécialisée dans le rachat de gisements de pétrole en fin de vie, auxquels la technique de l'injection secondaire permet de redonner du potentiel. Cette seconde aventure pétrolière est intimement liée à Hubert Perrodo, patron de la société pétrolière Perenco, autodidacte, industriel et viticulteur, longtemps chef du clan familial du même nom… mais surtout partenaire financier de l'ancien ministre du général de Gaulle dans le lancement puis l'exploitation de cette entreprise.

En janvier 1981, Elf Aquitaine a en effet fait construire trois plateformes de forage en mer pour environ 115 millions de dollars, afin de diversifier ses activités et de concurrencer l'activité monopolistique de Schlumberger en la matière. Par contrat, elle a loué ses plateformes à la société de Perrodo par l'intermédiaire de sa filiale française Techfor International Limited puis, en 1982, s'est associée à lui dans la société d'exploration Cosifor (65 % Perenco, 35 % Elf Aquitaine).

En 1987, l'opposition socialiste lance d'ailleurs une vaine polémique à l'encontre d'Albin Chalandon, l'accusant d'avoir truqué les contrats de 1981-1982 en raison de participations personnelles dans les entreprises de Perrodo. Pour preuve, les détracteurs de l'ancien ministre avancent le fait que Drilling Investments (filiale d'Elf Aquitaine, faussement accusée d'avoir produit les plateformes) et Techfor disposeraient de bureaux à la même adresse aux Bahamas, au 83, Shirley Street, à Nassau*.

Ces allégations trompeuses sont rapidement écartées, mais Albin Chalandon souffre encore et toujours de la persistance de vieilles légendes : son rôle de trésorier aux origines du parti gaulliste, son passage par la banque et les cercles de la famille Dassault, le scandale des avions renifleurs... Bref, autant d'histoires répétées à l'envi qui contribuent à semer le doute dans l'esprit des observateurs de l'époque et de ses électeurs.

S'il n'est coupable d'aucun arrangement secret dans le cadre de ses fonctions à Elf Aquitaine, Albin Chalandon a bien pris des parts dans la société anglaise Kelt Energy – filiale de Perenco, créée en 1979 – après son départ du pétrolier d'État en 1984, puis dans sa filiale

---

*Il s'avère que les trois plateformes ont en fait été construites par les sociétés Promet Private Ltd (Singapour), ACSO (France) et NKK (Japon), ce qui disculpe Albin Chalandon.

franco-américaine Petrol Engineering en 1985. Dans la seconde, il a retrouvé Leca, son ancien collaborateur à Elf Aquitaine, recruté par Perrodo en 1984 et dont il est formellement le « conseiller » en 1985. Nul doute que le vizir Chalandon a donc des airs de calife à la tête de Petrol Engineering. De là à s'en dire président…

En 1986, après l'élection d'Albin Chalandon à l'Assemblée nationale, les deux hommes cessent leurs activités conjointes. « Hubert [Perrodo] a fait les trois choses que je lui avais recommandé de ne pas faire. Il a fait de l'exploration, il a voulu grossir trop vite… et il s'est surendetté[16] », explique Albin Chalandon, interrogé sur cette rupture dans *Le Nouvel Observateur* en mai 1992.

À l'époque, cependant, le cœur de l'activité privée d'Albin Chalandon est surtout littéraire. En février 1986, en pleine campagne pour les législatives, il publie en effet *Quitte ou Double*, somme de réflexions politiques sur l'avenir économique et financier du pays après la présidentielle de 1988. S'y désolant de la vision économique de la gauche – sujet perçu par ses adversaires comme une « affaire trop sérieuse pour être abandonnée aux entreprises[17] » –, il conçoit son ouvrage comme une lettre aux Français en faveur du redressement national. Il y souligne ainsi l'état de désindustrialisation grave du pays et l'impute tout à la fois à l'incapacité du gouvernement de gauche à réagir face à la situation et à « l'acharnement quasi unanime des dirigeants syndicalistes à défendre un socio-corporatisme qui refuse toute adaptation[18] ». En bref, il brosse le portrait d'une France à l'arrêt, enfermée dans un corset normatif étouffant.

Habile dans l'art de la formule, il regrette les « mauvaises graines » semées par les gouvernements de gauche, devenues tant de « plantes vénéneuses qui bloquent la croissance » : promesses illusoires du programme commun, tentation protectionniste, fantasme d'une politique des prélèvements obligatoires à l'égard des plus riches[19].

Fidèle à ses prises de position passées, l'ancien ministre propose à l'inverse une réforme du fonctionnement de l'administration – estimant pouvoir réduire d'un bon tiers ses dépenses ! –, une révision du régime des retraites ou encore une déréglementation en faveur de la liberté des entreprises. Inquiet de la hausse continue du chômage de long terme, il reprend les propositions de Lionel Stoléru, ex-ministre de Giscard d'Estaing, plus tard ministre d'ouverture de Mitterrand, en faveur d'une nouvelle approche des aides individuelles.

Sa flèche la plus perçante reste cependant sa critique de la politique industrielle de François Mitterrand, « conduite aussi loin que possible[20] » des réalités économiques. « Comme le vent qui fait tomber les feuilles mortes, le souffle du marché dépouille l'arbre étatique de tous ses rêves industriels[21] », commente-t-il avec une certaine amertume, devant la lente asphyxie économique du pays. Ses prédictions de 1977 sur le coût public exorbitant du sauvetage de quelques entreprises « perdues » se sont révélées vraies et Albin Chalandon ne boude pas son plaisir.

Pour lui, l'État, sourd et mauvais stratège industriel, a tout faux. Maintenir les mines de charbon ? « Payer l'ensemble des mineurs 10000 francs par mois et arrêter la production serait une économie pour le contribuable[22]. » Relancer l'industrie navale française ? « [Elle] ne peut survivre qu'à coups d'énormes subventions ; [...] si on avait décidé de fermer les chantiers français tout en payant les salaires, l'État aurait économisé 2 milliards [de francs[23]]. »

Tout au long de dizaines de pages, les coups pleuvent. Le soutien de la gauche au secteur de la production de papier? « Sur cent soixante-dix sites, le retour à la santé exige que la moitié d'entre eux soit fermée[24]. » Le déclin du secteur de l'industrie informatique – évoquant notamment le cas qui lui est cher de l'entreprise Bull? « [Sa] chance de survie était dans l'association conçue par Saint-Gobain avec le privé [...]. Cette alliance a été brisée par une simple décision étatique venue, semble-t-il, de l'Élysée[25]. » Les nationalisations? « Chargées d'idéologie, elles engendrent des mythes », « poussent au repli sur soi, à la recherche de l'autarcie ou au maintien forcé de l'emploi » et sont l'antithèse de l'effort de désétatisation entrepris sous sa gouverne, en 1968, au ministère de l'Équipement et du Logement[26]. Rien de plus, au fond, que ce qu'il écrivait déjà à la Libération sous le pseudonyme de « Don Albin ».

Si fin dans ses analyses économiques, Albin Chalandon fait cependant preuve d'un réel pessimisme quant à l'avenir de l'Europe et de l'Occident. Dans un style emprunté à l'écrivain allemand Oswald Spengler, il se désole ainsi d'une « France en déclin », accusant la baisse de la natalité et la hausse de l'immigration maghrébine. Fataliste, il va même jusqu'à écrire que si la France « ne peut se maintenir qu'en se peuplant d'immigrés, le prix à payer, à terme, risque d'être un changement de civilisation : l'illustre Colombey-les-Deux-Églises deviendrait Colombey-les-Deux-Mosquées, comme le pressentait, dit-on, le général de Gaulle, lorsque la France avait à choisir entre l'intégration et l'indépendance de l'Algérie[27] ».

L'œil qui s'attarde verra encore, dans *Quitte ou Double*, un hymne sincère à la France, « le pays où la vie vaut le mieux d'être vécue pour qui aime la douceur lancinante de ses paysages, l'ordonnance biscornue de ses villages, dont les toits changent de forme tous les cinquante kilomètres, l'achalandage étincelant de ses échoppes, où s'assemblent tous les produits du monde, mais où ceux du terroir – melons, reinettes, tomates, homards ou foies gras – ont des goûts à nul autre pareils. Paris, où je reviens, est bien la plus belle ville du monde, couchée lascivement le long de la Seine, dans la symphonie de ses gris, ceux du ciel, de ses pierres, de ses toits[28] ».

Dernier héros barrésien, trempant sa plume dans l'encrier de Mistral, Albin Chalandon reconnaît enfin, avec Tocqueville, que les Français préfèrent l'égalité à la liberté. L'épilogue de son livre, loin de constituer (comme souvent) une énième redite des pages passées, ouvre en effet le débat sur la génétique – « bravo la science qui aura dissous la personne humaine dans l'alchimie à rebours d'une éprouvette ! » – et la transformation de la société sous l'impulsion des nouveaux médias – « le petit écran, dépossession fascinante de soi, fige notre vie dans un tête-à-tête stérile ».

Thuriféraire de l'homme d'hier, catholique et soldat patriotique, laissons-lui les derniers mots sur son idée de la France de demain :

> L'homme d'aujourd'hui, abandonné de Dieu et des hommes, orphelin de père et de mère, est cerné par la misère : celle de sa solitude opaque, celle des autres qu'il porte comme une croix. Pour lui échapper, il se fait eau. Comme elle, il épouse tout ce qu'il rencontre, il fuit tout ce qui veut l'étreindre, il s'incruste dans ce qui lui résiste. Il se dissout dans la matière rare de la nuit sidérale où la science l'invite à d'inutiles conquêtes ; dans l'histoire de ceux qu'il croit semblables à lui, ceux d'avant, et après, dont il veut être le père[29]...

***

Revenu sur la scène politique nationale après son limogeage d'Elf Aquitaine, Albin Chalandon a profité de la polémique autour de l'école privée pour se refaire une santé politique en 1983-1984 et se réconcilier avec le clan chiraquien.

Désigné candidat aux législatives de 1986, en tant que tête de liste de la droite néo-gaulliste dans le Nord, il a suscité de sérieux remous dans Landerneau, mais son élection lui a aussi donné un nouvel ancrage et une nouvelle légitimité politique.

Doublé de ses mémoires « politico-polémiques », ce retour aux affaires préfigure en réalité son dernier portefeuille ministériel, à la Chancellerie, en pleine cohabitation avec la gauche.

13

Tohu-bohu place Vendôme

Après être revenu en odeur de sainteté auprès du RPR chiraquien en 1984, Albin Chalandon retrouve son siège au Palais-Bourbon en 1986. Habitué des affaires politiques, tour à tour ministre du général de Gaulle puis de Pompidou, enfin partenaire de Giscard d'Estaing, homme de parti donc mais aussi de négociation, il s'impose comme une pièce maîtresse du gouvernement de cohabitation de Jacques Chirac. Au ministère de la Justice, place Vendôme, il se fait l'artisan de l'application du programme d'alternance porté par le RPR, mais la multiplication des affaires et des scandales entache son action et marque le dernier chapitre de ses engagements politiques.

Le gouvernement de cohabitation

À la suite des élections législatives de 1986 et de la victoire éclatante de la droite, François Mitterrand est contraint d'accepter la constitution d'un gouvernement de cohabitation. Par conséquent, le 20 mars, il désigne Jacques Chirac comme Premier ministre et le nom d'Albin Chalandon fait alors partie des hypothèses évoquées pour constituer son équipe gouvernementale.

Pressenti pour les Affaires étrangères* – avec l'accord de Mitterrand, qui avait refusé Lecanuet puis Giscard d'Estaing –, l'ancien ministre de l'Équipement et du Logement atterrit finalement à la Justice. À l'Assemblée nationale, il est en conséquence remplacé par Michel Ghysel, septième de liste aux législatives. « Les mauvaises langues prétendent que la justice, il ne la connaît que vue d'avion [*sic*], s'amuse Claude Sarraute, dans *Le Monde*, le 22 mars. Il l'a reniflée, certes, mais de loin. Moi, le bel Albin, je l'ai rencontré. C'est fou ce qu'il est séduisant. Et d'une élégance ! »

Premier des ministres de plein exercice dans l'ordre hiérarchique du gouvernement, Albin Chalandon est ainsi de nouveau au centre de l'échiquier politique. Place Vendôme, le nouveau garde des Sceaux s'entoure d'une équipe hautement politique : l'infatigable Paul-André Sadon, soixante-deux ans, conseiller de Pleven, Capitant, puis Jeanneney, « maître Jacques de la Chancellerie[1] » ; ainsi que Pierre de Bousquet de Florian, jeune énarque, comme chef de cabinet ; Alex Türk, comme conseiller politique chargé des dossiers du Nord ; et Philippe Marini** comme chargé de mission pour les dossiers politiques.

---

*François Mitterrand a d'ailleurs reçu personnellement Albin Chalandon le 16 mars 1986. Jacques Attali, dans sa *Chronique des années 1986-1988* (2014), évoque toutefois un échange téléphonique entre Édouard Balladur et Jean-Louis Bianco, en date du 18 mars 1986, lors duquel Bianco se serait opposé à Chalandon, « à cause de ses fonctions antérieures dans une société pétrolière ».

**Ancien adjoint de Michel Pecqueur, directeur général du CEA (1979-1982), Philippe Marini devient maire de Compiègne en 1987 puis sénateur de l'Oise en 1992.

La politisation du cabinet du nouveau ministre a pour effet domino le départ de plusieurs directeurs d'administration centrale, comme Myriam Ezratty aux Prisons ou François-Victor Colcombet à l'Éducation surveillée, qui s'inquiètent d'une rupture dans le pilotage des politiques judiciaires après cinq années sous l'autorité de Robert Badinter, avocat de carrière et père de l'abolition de la peine de mort.

Quel programme de travail anime alors le ministre de la Justice à ce poste considéré par plusieurs de ses collègues comme « diabolique[2] »? Au moment des législatives de 1986, le RPR a édité un feuillet intitulé « Une politique pour la sécurité », dans lequel le parti gaullo-chiraquien s'indigne de la surpopulation carcérale (52000 détenus pour 32000 places), liée selon lui au grand nombre de prisonniers en attente d'un jugement définitif – un tiers en 1986! Pour y répondre, la droite propose une procédure de retour aux flagrants délits, par laquelle le prévenu serait désormais jugé immédiatement, sans instruction préalable et donc sans détention prolongée. Face à une justice submergée par les affaires, dont le nombre a doublé en dix ans, l'ambition d'Albin Chalandon et de Jacques Chirac est simple : accélérer le rythme de la décision judiciaire pour désengorger les prisons. Le 8 avril 1986, dans une lettre adressée aux magistrats, le nouveau garde des Sceaux donne ainsi le ton :

> Vous devez contribuer au rétablissement de la confiance que la société – dont vous êtes l'avocat – doit avoir en son défenseur et, au-delà, en l'institution judiciaire elle-même [et] contre ceux qui troublent la paix publique et créent l'insécurité, vous engagerez sans tarder des poursuites,

prendrez des réquisitions fermes et veillerez à l'exécution immédiate et effective des peines prononcées[3].

Confiance et fermeté, tels seront les maîtres-mots d'Albin Chalandon pendant ses deux années à la Justice. Les premiers mois amènent en effet le ministre à étudier et investir plusieurs dossiers techniques : encadrement des écoutes téléphoniques – sujet sur lequel personne n'a oublié son intervention publique de 1973 –, réduction de la peine incompressible de trente à vingt-cinq ans, privatisation de la construction des prisons, réforme du régime des libérations conditionnelles ou encore réforme du secret médical. Inspiré par le régime américain de construction-location des prisons par des entreprises privées, il veut tout à la fois diversifier les régimes d'incarcération, expulser les prisonniers de nationalité étrangère, enfin développer un nouveau modèle d'incarcération pour les mineurs, leur épargnant la mixité avec des détenus récidivistes et violents. Ce qu'il ambitionne n'est ni plus ni moins qu'un grand « plan Marshall » pour la prison française, entre construction de nouvelles places et réforme systémique.

Dès son arrivée place Vendôme, le ministre met aussi sur la table une réforme de la procédure applicable aux terroristes, s'indignant notamment de la libération de Frédéric Oriach, militant révolutionnaire, soupçonné d'appartenir au réseau Action directe*. Le 23 avril, en

*Frédéric Oriach appartenait à un groupe révolutionnaire maoïste français. Arrêté en 1977 pour détention d'armes utilisées dans le cadre de l'assassinat de l'ambassadeur de Bolivie en France, il est libéré en 1980, avant d'être de nouveau arrêté pour un attentat commis contre les locaux parisiens des chemins de fer allemands. Gracié par François Mitterrand en 1981, il est arrêté une troisième fois en 1982 pour

Conseil des ministres, il présente en conséquence une série de projets de loi sur la prévention de la délinquance, la toxicomanie et la lutte contre le terrorisme. Partisan de la remise en état des quartiers de haute sécurité, il confirme son intention le 26 mai – en écho à l'évasion de Michel Vaujour, l'un des détenus pourtant les plus surveillés de France, échappé à bord d'un hélicoptère, piloté par son épouse, qui avait atterri à même la cour de la prison de la Santé.

Le 28 mai, en Conseil des ministres, il présente un second programme d'actions révisé : allègement des dispositions encadrant l'action des services de police et de gendarmerie, durcissement du régime contre les casseurs, extension des contrôles d'identité et des flagrants délits. Artisan du « serrage de boulons[4] », capitaine d'un « vaisseau justice [qui ne doit] donner de gîte ni à bâbord, ni à tribord[5] », Albin Chalandon met également en œuvre son programme de financement privé de la construction des prisons, annonçant mi-juin 1986, un premier appel de 4 milliards de francs pour 20000 places supplémentaires.

En complète maîtrise de ses sujets, il se laisse parfois aller à quelques saillies politiques, ainsi en regrettant que le chef de l'État soit aussi le chef de l'opposition, en dénonçant « la dialectique diabolique des aides publiques[6] » ou même, en juin, en reconnaissant devant les cadres du RPR ne pas être opposé à un nouveau débat sur la peine de mort*. D'ailleurs, l'investissement de ces sujets

---

association de malfaiteurs et condamné en 1983 pour participation à des attentats. Après une grève de la faim en 1985, il est libéré de prison en avril 1986 dans le cadre d'un non-lieu sur les accusations de 1982-1983.

*La réouverture d'un débat sur la peine de mort est alors liée à la question du terrorisme. Albin Chalandon renouvelle son avis favorable à un débat dans *Ouest-France*, le 3 octobre 1986.

extra-judiciaires est prétexte à quelques attaques de ses opposants politiques. Le journaliste Bernard Frank dresse ainsi un portrait cruel du ministre dans l'édition du *Monde* du 11 juin :

> Albin de Chalandon [*sic*], noble baron du régime, protecteur des Sceaux, comment croyez-vous qu'il restera dans nos mémoires oublieuses ? Par ce monocle imaginaire qu'il semble porter en permanence comme Pierre Fresnay de la *Grande Illusion* ? Par ce reniflement si caractéristique qui lui permettait de sentir où se trouvaient les champs de pétrole ? Par son œuvre de justice à égale distance de celle d'Alain Peyrefitte et de celle de Robert Badinter (il faut savoir raison garder) ?

Qu'importent les critiques, tant que les résultats sont là ! Au terme d'un premier été agité, le Parlement vote en effet la loi relative à la lutte contre le terrorisme : création d'un parquet antiterroriste (confié au magistrat Alain Marsaud), extension de la durée de garde à vue, report de l'intervention de l'avocat, alourdissement des peines, incrimination pour apologie du terrorisme, ou encore indemnisation des victimes. Victoire pour le nouveau ministre ? Pas si évidente, car deux de ses condisciples du gouvernement, Charles Pasqua, ministre de l'Intérieur, et Robert Pandraud, ministre chargé de la Sécurité, n'hésitent pas à lui voler la vedette et le crédit des nouvelles mesures.

Il se remet alors à la tâche et lance, courant juillet, les chantiers de jeunesse, regroupement de jeunes délinquants dans des sites isolés, formule censée éviter leur chute dans une spirale négative au contact de prisonniers récidivistes ou violents. La mesure prend intelligemment la suite des travaux d'intérêt général, créés par son prédécesseur Robert Badinter – notamment avec leur mobilisation dans la lutte contre les incendies de forêt dans le Midi –, mais le nom du dispositif prête à polémique, rappelant les heures sombres de l'histoire de France, ce qui lui vaut donc d'être rapidement remisé*.

La politique de la fermeté

La stratégie politique d'Albin Chalandon semble néanmoins fonctionner. La presse relève ainsi que Jacques Chirac préfère le calme de son garde des Sceaux à la virulence de son ministre de l'Intérieur. Une future circonscription, dit-on, lui est même déjà réservée autour des cantons ruraux de Pont-à-Marcq et Cysoing, dans le Nord. Son expérience parlementaire est soulignée au Sénat, lors des débats sur ses projets de loi, face aux ardeurs de jeunes ministres, tandis que son initiative de libéralisation de la Justice est observée avec attention mais aussi intérêt de la part des commentateurs.

Le 26 juillet, le ministre ouvre en outre le chantier très politique de la réforme du Code de la nationalité, mesure-phare du programme législatif du RPR : remplacement de l'automaticité de la nationalité par l'acquisition, révision de la politique d'acquisition par le mariage, enfin introduction de dispositifs antifraudes. L'annonce est toutefois vite effacée par ses critiques à l'égard du Conseil constitutionnel – jugeant que son « pouvoir constitutionnel très vaste est [...] une anomalie[7] ». Sa sortie lui vaut alors

*Après l'armistice de 1940, le régime de Vichy a en effet mis en place les Chantiers de la jeunesse française, une organisation paramilitaire au service du maréchal Pétain.

l'hostilité féroce des socialistes, en tête desquels Roland Dumas et Robert Badinter, devenu président de cette institution au moment de l'instauration de la cohabitation.

Bientôt, la guerre Badinter-Chalandon fait rage. Les socialistes entendent en effet avoir régulièrement recours au Conseil constitutionnel pour bloquer les lois du gouvernement Chirac. Ils déposent par exemple un recours contre les quatre projets de loi d'Albin Chalandon de l'été 1986, ce qui explique l'âpreté du propos de ce dernier. Effet inattendu : l'attaque du garde des Sceaux contre le Conseil constitutionnel sème aussi le trouble à droite. L'ancien ministre Léo Hamon, figure du gaullisme social, rallié à Mitterrand en 1981, évoque ainsi l'importance d'une institution chargée de « contenir les écarts possibles d'une majorité à l'autre[8] » et les centristes giscardiens s'agitent contre cette critique des institutions gaulliennes. Une erreur de communication a peut-être bien été commise.

Le 23 septembre, à l'occasion d'une conférence de presse avec sa collègue Michèle Barzach, ministre chargée de la Santé et de la Famille, Albin Chalandon enfonce pourtant le clou : pour les toxicomanes, ce sera la cure ou l'incarcération. Le tournant de la fermeté agace de plus en plus les alliés centristes du gouvernement. L'ancienne ministre Simone Veil, interrogée sur Canal +, le 29 septembre, concède ainsi ne pas partager les nouvelles orientations du garde des Sceaux.

Parallèlement, les syndicats de fonctionnaires s'inquiètent bruyamment de la privatisation à venir des prisons, tandis que le syndicat de la magistrature s'attaque à l'archaïsme de son ministre de tutelle, dans un texte intitulé « Péril en la demeure » et publié le 2 octobre. L'état de grâce est terminé, mais Albin Chalandon n'en démord pas : cette assemblée de gauche en veut à son action et le Conseil constitutionnel sera son bourreau.

Le 5 octobre, sur RTL, il s'inquiète encore du rôle croissant du juge constitutionnel, qu'il estime aller à l'encontre du pouvoir conféré par le peuple à l'exécutif et au législatif au regard de la Constitution de 1958 : « Les Françaises et les Français se trouveront dans une situation où, voulant imposer quelque chose à travers une assemblée qu'ils élisent, ce sera déclaré inconstitutionnel. »

L'affaire connaît une brève accalmie courant octobre, car l'opinion est alors obnubilée par l'affaire Georges Abdallah, du nom du chef de la Fraction armée révolutionnaire libanaise, mouvement terroriste impliqué dans plusieurs attentats et enlèvements en France[9]. Albin Chalandon en profite pour remanier son équipe : Paul-André Sadon succède au magistrat Jean-François Burgelin à la tête du cabinet, tandis que le pôle communication-presse s'étoffe. Le choix de Sadon étonne, car il « représente dans l'imaginaire de beaucoup de responsables socialistes, mais aussi de dirigeants de droite, d'avocats, de magistrats, le modèle achevé du manipulateur de justice, capable à la demande de faire exploser ou d'étouffer telle affaire selon des considérations politiques[10] ». La nomination fait donc polémique !

Pour y remédier et redorer l'image du ministre, les communicants de la place Vendôme proposent de valoriser davantage l'action publique du garde des Sceaux, notamment son bilan technique en matière de justice, d'autant que quelques esprits chagrins et peu amicaux, au premier rang desquels le député UDF Georges Mesmin, remettent sur le devant de la scène l'affaire des Chalandonnettes. Loin de s'en cacher, Albin Chalandon s'enorgueillit de ce qu'il considère comme un succès national :

> C'est une des choses dont je suis le plus fier. C'est ce qui a permis un renversement complet de l'urbanisme en France, la fin de l'idéologie des grands ensembles, de ces barres monstrueuses dont nous vivons toujours les conséquences. Les Chalandonnettes n'étaient pas un type de maison, mais le résultat d'un concours qui a permis de battre des records de construction. Il y avait des choses formidables, dans lesquelles les gens ont été parfaitement heureux. Certes, il y a eu aussi des bavures, mais c'était la faute des entrepreneurs et la justice s'est prononcée là-dessus[11].

« La période probatoire de M. Albin Chalandon est terminée », constate le journaliste Thierry Bréhier, dans *Le Monde* du 29 octobre. À l'automne, l'annonce de la libération de 8 000 détenus graciés, censée donner de l'oxygène au système carcéral, enflamme les médias et multiplie les détracteurs du ministre. Simone Veil, hier déjà opposante au plan de lutte contre la toxicomanie, prend la tête de la charge contre sa politique de privatisation des prisons. Pour autant, le chef de gouvernement n'en retire en rien sa confiance à son garde des Sceaux, avec qui il déjeune d'ailleurs le 7 novembre, pour discuter de la réforme du Code de la nationalité.

L'annonce du projet de loi lui donne – mais en a-t-il besoin ? – l'occasion d'une nouvelle passe d'armes avec les institutions républicaines, cette fois avec le Conseil d'État, rappelé à l'ordre après la parution dans la presse de son avis négatif sur le projet de loi du gouvernement. Le 12 novembre, à peine ledit projet de loi adopté en Conseil des ministres, le Parti socialiste, accompagné d'associations et de syndicats, annonce lancer une campagne à son encontre. Les efforts de résistance commencent alors à se multiplier contre l'action du ministre : le plan de lutte contre la toxicomanie, la privatisation des prisons, la réforme du Code de la nationalité sont attaqués de toutes parts.

Chaque nouvelle annonce voit ses opposants plus résolus. Le 19 novembre, l'ex-secrétaire d'État à la Condition pénitentiaire de Valéry Giscard d'Estaing, Hélène Dorlhac de Borne, prend par exemple violemment position contre les réformes du garde des Sceaux. François Mitterrand, lui-même, fait part de son opposition à la privatisation des prisons en Conseil des ministres, opposition doublée d'une fronde des parlementaires UDF. « La cohabitation est perverse, car elle affaiblit le pouvoir de diriger la nation[12] », conclut Chalandon, non sans amertume, lors d'une réunion de la fédération départementale du RPR du Nord, le 2 décembre.

Le 17 janvier 1987, pour calmer le jeu, il annonce remodeler son projet de loi et lancer un nouveau cycle de consultations sur le Code de la nationalité. Une annonce bienvenue pour faire contrefeu à la décision, le même jour, du syndicat de la magistrature de ne plus rencontrer son ministre tant que ses réformes seront à l'étude. Le 20 janvier, il annonce même envisager, à contre-courant de ses annonces passées, une extension du droit du sol dans certaines situations, pour éviter des inégalités de traitement entre les différentes nationalités de demandeurs. Le 22 janvier, comme pour enfoncer le clou, François Mitterrand rend visite au Conseil d'État pour lui rendre hommage et saluer l'indépendance de son jugement. Menacé par le remaniement, Albin Chalandon sauve sa peau *in extremis*, mais le message est clair : il faut changer de tactique.

Le 11 février, sur les conseils du Dr Louis Albrand, un des membres de son cabinet et le médecin personnel du prince Murat, il reconnaît, avec beaucoup d'humilité, avoir fait fausse route dans son idée d'incarcérer les toxicomanes. Le 15 février, dans la foulée, il donne un coup d'accélérateur à ses politiques des chantiers de jeunesse, avant d'engager une tournée des prisons sur le thème de leur humanisation le 22 février. Dénonçant une mise sous verre du projet de loi de réforme du Code de la nationalité et des arrangements politiques secrets, de nombreuses organisations appellent alors à une grande manifestation, le 15 mars, fragilisant encore un peu plus le garde des Sceaux… et le forçant à concéder un nouveau délai de concertation et de réflexion sur le contenu de sa réforme.

Le temps des calvaires

Intervenant aux journées parlementaires du RPR à Saint-Germain-en-Laye, en mars 1987, Albin Chalandon s'y fait le défenseur de sa réforme du Code de la nationalité, par deux fois déjà repoussée. Fin mars, la parution du livre *Les Juges dans la balance* de Daniel Soulez-Larivière met cependant en difficulté le ministre, en raison d'une citation malheureuse sur les magistrats rapportée par l'auteur :

> C'est un milieu intellectuellement séduisant, ce ne sont pas des parachutistes avec les avantages et les inconvénients que cela comporte. Ils manquent de communication avec l'extérieur par un souci d'impartialité. Enfermés sur eux-mêmes, enserrés dans des règles rigides, ils sont obsédés par leur propre carrière, ce qui est néfaste et provoque

des divisions et des groupements en clans qui sont autant d'obstacles pour avancer[13].

Le 7 avril, désavoué, le gouvernement Chirac abandonne finalement son projet de privatisation des prisons sous l'effet de la contestation des syndicats et des recommandations européennes. Une nouvelle reculade pour le garde des Sceaux ? Au contraire, « une formidable avancée », se félicite-t-il devant la presse dès le lendemain, évoquant les crédits débloqués pour construire, grâce à des deniers publics, 15 000 places supplémentaires, hier proposées au privé.

Le 13 mai, toujours déterminé à relancer sa proposition de réforme du Code de la nationalité, Albin Chalandon reçoit des parlementaires du Front national pour « montrer progressivement que tout ce qu'ils proposent, ce sont des faux-semblants » et « les mettre au pied du mur »[14].

Le même jour, en Conseil des ministres, il présente une nouvelle version de son plan de lutte contre la toxicomanie, dans une version beaucoup plus consensuelle. D'ailleurs, preuve d'un certain apaisement de la situation, aux assises nationales du RPR de mai 1987, il est maintenu dans ses fonctions de membre du comité central du parti malgré les récentes polémiques autour de son action ministérielle.

Le 22 mai, le début de l'affaire Chaumet met cependant un terme à ces réjouissances. Ayant placé plusieurs bijoux de famille et pierres précieuses auprès du joaillier parisien depuis le début des années 1980, le garde des Sceaux a cherché à les vendre en 1984 – pour financer notamment sa participation dans l'affaire pétrolière d'Hubert Perrodo ! – mais, n'ayant pas perçu l'intégralité des sommes, il se trouve créancier de l'entreprise en faillite. Le 27 mai, *Le Canard enchaîné* accuse le ministre d'avoir perçu six millions de francs de remboursements entre 1985 et 1986 dans des conditions douteuses. Polémique stérile puisque Jean Rougier, successeur d'Albin Chalandon à la BCP et alors gestionnaire des biens du couple Chalandon-Murat, évoque le remboursement d'à peine 500 000 francs dans la plus parfaite légalité... mais le souvenir de vieilles affaires sème le doute dans les esprits.

Le 13 juin, la mise en examen des frères Jacques et Pierre Chaumet donne une nouvelle ampleur à l'affaire. Coupables d'avoir ouvert des comptes bancaires avec d'importants intérêts sur le dépôt, les deux hommes ont face à eux Albin Chalandon, à la fois créancier de la « banque » et garde des Sceaux. Or, la maladresse de quelques déclarations contradictoires du ministre – disant d'abord n'avoir eu connaissance de leurs difficultés financières qu'en avril 1987, puis concédant n'avoir reçu aucun versement de ses créances depuis décembre 1986 – donne lieu à tout un tas de rumeurs fantaisistes.

Critique d'un certain mélange des genres, l'opposition s'en donne à cœur joie, rappelant que le ministre avait déjà attaché son nom à des affaires suspectes par le passé (financement du parti gaulliste, affaire Aranda, affaire des avions renifleurs, affaire Dailly) et Albin Chalandon doit donc, une troisième fois, repousser l'examen de sa réforme du Code de la nationalité. Sa préparation est, cette fois-ci, confiée à une commission de 16 sages, présidée par Marceau Long et chargée d'étudier le dossier pendant trois mois. Couplée aux accusations mensongères sur des arrangements Chalandon-Perrodo du temps d'Elf Aquitaine, l'affaire Chaumet sape définitivement l'autorité du ministre. Le fait que Jean-Baptiste Chaumet (fils de Jacques) ait épousé une nièce par alliance du ministre n'arrange rien à l'affaire et renforce les critiques de ses opposants.

De plus, à l'été 1987, comme pour confirmer une célèbre formule chiraquienne, une série d'émeutes enflamme les prisons françaises sur fond de dénonciation des conditions d'incarcération. Le 21 août, *Le Canard enchaîné* reprend l'offensive en rappelant le passif des avions renifleurs et la face sombre du pétrolier d'État sous l'ère Chalandon. Malgré les remous des médias, Jacques Chirac garde confiance en son garde des Sceaux, dernier des barons du gaullisme encore membre du gouvernement. En témoigne l'intervention d'Albin Chalandon aux universités d'été des jeunes du RPR, le 26 août, à Arles, à l'occasion desquelles il prononce un vibrant discours en faveur de l'élection présidentielle de Jacques Chirac en 1988.

Soulagé par ce sursis, le cabinet du ministre l'encourage à présenter un visage plus humain dans les médias, cassant ainsi son image hautaine et pince-sans-rire. Au *Quotidien de Paris*, il révèle aimer déjeuner au Bristol ou au Beauvilliers, apprécier l'adaptation cinématographique du *Nom de la rose* et lire *L'Identité de la France* de Fernand Braudel. Il va même jusqu'à justifier son élégance irréprochable « par un souci de faire plaisir aux femmes[15] » ! Chassez le naturel, il revient malheureusement au galop ! Ses collaborateurs se souviennent, non sans un sourire amusé, du refus formel d'Albin Chalandon de manger un plat de moules-frites lors de la traditionnelle braderie de Lille, lui préférant un poisson vapeur[16]… Qu'importe la présence de la presse locale, qui se dépêche d'en faire un article, évidemment relayé par l'opposition socialiste.

Cette période de sursis politique est-elle une opportunité pour faire renaître la réforme du Code de la nationalité, déjà trois fois repoussée ? Le garde des Sceaux veut saisir l'occasion, mais en septembre 1987, Philippe Séguin, ministre des Affaires sociales et de l'Emploi et figure du gaullisme social, s'y oppose frontalement et Albin Chalandon est forcé de reconnaître des positions divergentes au sein du gouvernement.

Tous les voyants ne sont donc pas au vert pour faire aboutir son grand-œuvre. Coup du sort, le 11 septembre, les frères Chaumet sont remis en liberté, sans que le Parquet y trouve à redire, ce qui déclenche une énième polémique. L'opposition demande alors la démission d'Albin Chalandon par la voix du député socialiste Gilbert Bonnemaison. Le 15 septembre, venant à sa rescousse, Charles Pasqua se dit favorable au règlement de la question de la nationalité avant la présidentielle de 1988. L'affaire est néanmoins bien mal engagée, d'autant plus que début octobre, l'un des deux frères Chaumet accuse Albin Chalandon non seulement d'avoir vendu des bijoux mais encore d'avoir déposé de l'argent auprès de leur « banque ». Le 14 octobre, le ministre reconnaît finalement posséder « un compte courant [déclaré] depuis 1972 chez les Chaumet[17] ». Fiasco politique, l'affaire Chaumet signe l'arrêt de mort de sa réforme du Code de la nationalité, finalement abandonnée par le gouvernement le 20 octobre 1987.

Le marathon de 1988

À l'automne 1987, en pleine polémique sur l'affaire Chaumet, un autre scandale met Albin Chalandon sur le devant de l'actualité politico-médiatique : l'affaire des Irlandais de Vincennes. Au cours de l'été 1982, à la suite d'une vague d'attentats terroristes revendiqués par Action directe, le GIGN du commandant Christian Prouteau, cellule anti-terroriste créée par François Mitterrand, arrête un groupe d'Irlandais logés rue Diderot, à Vincennes, en possession d'armes de gros calibre et d'explosifs.

Toutefois, au cours de l'instruction, plusieurs erreurs et manipulations sont révélées, mettant en doute la présence des armes et conduisant finalement à la libération des Irlandais en mai 1983. Or, mi-septembre 1987, Albin Chalandon autorise l'inculpation du commandant Prouteau pour subordination de témoin, en accord avec le président de la République, comme il le révèle lui-même lors d'une émission sur TF1.

Le 17 septembre, François Mitterrand explique ainsi à la journaliste Christine Ockrent qu'Albin Chalandon est venu lui demander son accord avant d'autoriser le Parquet à inculper le commandant Prouteau. Inculpation que le président de la République balaye d'un revers de la main, en faisant l'éloge dudit commandant, sous la forme d'une disculpation politique. Réplique le surlendemain du garde des Sceaux, par voie de communiqué, rappelant qu'il est de la pratique républicaine de garder « la plus grande réserve sur une affaire soumise à la justice ». Dans le *Journal du dimanche* du 20 septembre, il ajoute :

> C'est surtout le ton qui m'a choqué et la présentation générale de l'affaire. François Mitterrand a donné le sentiment que c'est lui qui avait indiqué la bonne conduite à suivre, qu'il m'avait rappelé à mes devoirs. C'est une attitude peu correcte. C'est fini. Désormais, je n'irai plus le voir. On ne me verra plus tomber dans des pièges de ce genre.

« La tactique de M. Mitterrand est celle d'un chef de parti, ajoute-t-il avec une certaine férocité. Le président semble bien avoir choisi la guerre froide si l'on se réfère aux attaques tous azimuts qu'il lance en ce moment. » Affaire Chaumet contre affaire des Irlandais de Vincennes, la gauche et la droite s'affrontent par médias interposés tout au long de l'automne 1987, dénonçant les arrangements et compromissions de l'autre camp. Cette bataille des scandales est en réalité beaucoup plus vaste puisqu'elle implique, pour la gauche, l'affaire du Carrefour du développement (dite affaire Nucci, du nom du ministre socialiste de la Coopération accusé d'avoir détourné plusieurs dizaines de millions de francs), et pour la droite, l'affaire CNCL (dite affaire Droit, du nom de l'académicien gaulliste, membre de la Commission nationale de la communication et des libertés, accusé d'avoir favorisé l'accès d'une radio locale au réseau contre divers avantages).

Début novembre 1987, pilote d'un projet de réforme de l'instruction, Albin Chalandon s'engage dans une nouvelle bataille parlementaire, proposant notamment la création de chambres spéciales statuant sur la première mise en détention. Au *Quotidien de Paris*, le 24 novembre, il explique vouloir modifier les règles de l'inculpation pour mieux définir les conditions de détention provisoire – l'un de ses chevaux de bataille depuis son arrivée au ministère en mars 1986.

Le jour-même, au cœur d'une polémique sur l'encadrement du droit de grève, il dénonce sur Europe 1 l'exercice par François Mitterrand « d'une forme de pression » politique sur la justice, regrettant le fait que « le chef de l'État [fasse] l'éloge dithyrambique du commandant Prouteau, alors que Prouteau a des chances d'être entendu par la justice [et] d'être inculpé ».

Le 3 décembre, *Le Canard enchaîné* révèle qu'Albin Chalandon posséderait non pas un compte chez Chaumet, mais cinq, grâce auxquels il aurait acquis pour un montant de 20 millions de francs de bijoux entre 1983 et 1986. En outre, les joailliers auraient acheté au ministre une bague d'une valeur de 7 millions de francs, achat fictif (selon le journal satirique) destiné à maquiller le remboursement des intérêts de placements.

Silencieux sur ce nouveau rebondissement de l'affaire, Albin Chalandon accompagne Jacques Chirac les 7-8 décembre 1987, lors de sa tournée de la région Nord-Pas-de-Calais, en préparation de la présidentielle de 1988. Le 9 décembre, en embuscade, les socialistes (emmenés par Roland Dumas) l'empêchent de s'exprimer à la tribune de l'Assemblée nationale, en plein débat sur son projet de loi de réforme de l'instruction, aux cris de « Chalandon, démission ! » et de « Chaumet ».

Le 19 décembre 1987, le projet de loi Chalandon sur la répression du trafic de drogue est définitivement adopté, après une nuit entière de débats parlementaires, laquelle est suivie, le 20 décembre 1987, par sa réforme de l'instruction. En pleine tempête, le garde des Sceaux est donc malgré tout parvenu à porter ses deux textes législatifs jusqu'à leur terme.

Le 23 décembre, pourtant, à quelques jours des fêtes de fin d'année, une nouvelle confrontation a lieu avec François Mitterrand, ce dernier ayant commenté et s'étant ému sur Antenne 2 de l'incarcération de l'indépendantiste kanak Yeiwéné Yeiwéné. Ulcéré, Albin Chalandon s'indigne de ce qu'il considère comme une nouvelle preuve des pressions politiques du président de la République sur la Justice :

> Tout commentaire public de la part des autorités politiques ne peut être interprété par les juges de Nouméa que comme une pression sur le cours normal de la justice[18].

Début janvier 1988, la parution du rapport des 16 sages sur la réforme du Code de la nationalité remet une ultime fois le dossier au cœur du débat public. Va-t-il enfin parvenir à ses fins ? Il l'espère, sans vraiment y croire toutefois. Le 20 janvier, la polémique sur ses comptes détenus chez les frères Chaumet l'emporte pour la quatrième et dernière fois sur son projet politique.

Excédé, Albin Chalandon s'en prend personnellement à François Mitterrand sur les ondes, dénonçant une forme de tyrannie et une nostalgie du régime de Vichy : « Les relations entre le président de la République et les Français tiennent de celles du père et des fils. Cela me rappelle le maréchal Pétain[19]. » La réplique ne se fait pas attendre et Pierre Joxe, président du groupe socialiste à l'Assemblée nationale, sonne la charge : « M. Chalandon a perdu une belle occasion de se taire[20]. » Lionel Jospin, premier secrétaire du Parti socialiste, enfonce le clou quelques heures plus tard :

> M. Chalandon glisse sur un terrain sur lequel il vaudrait mieux qu'il soit silencieux. Il devrait être plus discret dans la vie politique française actuellement. Je connais des relations père-fils qui sont beaucoup plus saines que les relations entre certains clients et leur joaillier[21].

Non content du scandale, Albin Chalandon s'y enfonce le 24 janvier, dans le *Journal du dimanche*, en dénonçant le « culte idolâtre » du président de la République. Le 3 février, dans ce climat d'affaires et d'attaques *ad hominem*, il jette encore de l'huile sur le feu en évoquant devant les médias l'affaire des écoutes du Conseil supérieur de la magistrature (CSM). En effet, trois anciens gendarmes ont été arrêtés alors qu'ils tentaient d'installer clandestinement un dispositif d'écoute sur la ligne d'un huissier du CSM et utilisaient la voiture d'un adjudant de gendarmerie affecté à l'Élysée… par ailleurs chauffeur et garde du corps du commandant Prouteau.

Le 23 février 1988, à l'occasion d'un colloque à la Sorbonne, Pierre Arpaillange, procureur général près la Cour de cassation, entre dans la bataille et prend part aux attaques contre Albin Chalandon : « La raison d'État obscurcit l'œuvre judiciaire. Il est indispensable de rechercher l'esprit et de retrouver le souffle d'indépendance de notre métier[22]. » Le 30 mars, tenant une conférence de presse de bilan de ses deux années place Vendôme, Albin Chalandon se félicite de son côté de « l'instauration d'un esprit de fermeté, qui a remobilisé les forces de l'ordre », tout en regrettant une « politisation » de la magistrature[23]. Au passage, fidèle à lui-même, il écorne Mitterrand, guidé par « l'audace cynique d'un accapareur de l'État, d'un diviseur qui se veut le champion des rassembleurs[24] ».

À mesure que l'élection présidentielle se rapproche, les coups viennent aussi du centre-droit, ainsi du député UDF Pascal Clément, représentant de Raymond Barre, qui présente à la presse, le 12 avril, un projet de « ministère de la Loi », prenant le contre-pied de la réforme de l'instruction de 1987 et proposant la création d'une École nationale du droit, en remplacement de l'École nationale de la magistrature. La liste des alliés du ministre s'amenuise donc de jour en jour à la veille de la présidentielle de 1988.

Le 8 mai 1988, à l'issue du second tour, François Mitterrand l'emporte finalement, ouvrant le chapitre d'un nouveau septennat pour la gauche et annonçant la dissolution de l'Assemblée nationale. Dans le gouvernement de Michel Rocard, la Chancellerie revient à Pierre Arpaillange, au titre de l'ouverture à des personnalités de la société civile et en remerciement pour ses prises de position contre la politique d'Albin Chalandon. En outre, l'équipe gouvernementale accueille le centriste Thierry de Beaucé, secrétaire d'État chargé des Relations culturelles internationales, ancien directeur des relations internationales d'Elf Aquitaine de 1981 à 1986, sous l'ère Chalandon.

Quant à la sixième circonscription du Nord, épuisé par les affaires et la campagne présidentielle de 1988, l'ex-garde des Sceaux y renonce au profit de Jean-Jacques Descamps. Une page se tourne ainsi définitivement pour lui, avec les prémices de la retraite politique d'un des derniers barons du gaullisme.

***

Le bilan des deux années d'Albin Chalandon à la Justice est plus ténu qu'il n'a bien voulu le laisser entendre lors de sa conférence de presse du 30 mars 1988. Si plusieurs de ses réformes ont en effet été menées à terme (lutte contre le terrorisme, avec son pôle d'instruction spécialisé, réforme de l'instruction), son action de lutte contre la toxicomanie a créé des lignes de division durables au sein de la droite française, son plan de privatisation de la construction d'établissements pénitentiaires a été un échec (même si 15 000 places ont été construites sur les deniers publics), enfin sa réforme du Code de la nationalité, repoussée à quatre reprises, a finalement été abandonnée pour des raisons politiques.

Son analyse de la surpopulation du système carcéral était pourtant exacte et nombre de ses successeurs (y compris des membres de l'opposition) lui donneront par la suite raison. Enfermé dans son duel avec François Mitterrand et fragilisé par l'affaire Chaumet, il prend finalement la décision de se retirer de la vie politique, quarante ans après avoir fait son entrée à Matignon, sous un gouvernement socialiste.

14

Héritages

En 1988, à presque soixante-dix ans, Albin Chalandon quitte donc définitivement la scène politique. Retiré des affaires, son incroyable énergie le conduit néanmoins vers de nouvelles aventures, notamment dans l'industrie du textile, témoin s'il en faut de sa soif d'action et de travail. Les trente années courant de son départ de la vie politique à son décès en 2020 sont ainsi rythmées par quelques ultimes échecs et succès, qu'il convient évidemment de rappeler, mais surtout par le souhait de dessiner son héritage et le souvenir de son passage sur terre.

Retour à la passion industrielle

Très affecté par l'affaire Chaumet de 1987-1988 et les allégations mensongères portées à son encontre, Albin Chalandon choisit de ne pas se représenter aux élections législatives de 1988. Son retour politique est toutefois un bref moment évoqué en vue des municipales de 1989, à Lille, face à Pierre Mauroy, mais l'ancien ministre renonce aux élections pour s'octroyer un peu de repos après deux années épuisantes à la Chancellerie.

Ses proches lui permettent toutefois de garder un œil vigilant sur les affaires parisiennes. C'est notamment le cas de Claude Silberzahn, son chef de cabinet à l'Équipement et au Logement en 1972, nommé à la tête de la Direction générale de la Sécurité extérieure (DGSE) en mars 1989, ou encore de ses anciens collaborateurs à la Justice, parmi lesquels Jean-François Burgelin, devenu conseiller à la Cour de cassation.

Au printemps 1989, à soixante-neuf ans, l'ancien ministre fait l'acquisition de l'entreprise Pénicaud-Texmaille, basée à Moÿ-de-l'Aisne, près de Saint-Quentin, et alors en dépôt de bilan. Spécialisée dans la fabrication de tissus à maille rectiligne, comme la lingerie, les vêtements de sport ou les garnitures automobiles, Pénicaud-Texmaille emploie une centaine de salariés et sort de plusieurs années de crise interne.

Vendu par son actionnaire, Rhône-Poulenc, en 1983, le groupe a dû déposer le bilan, avant d'être repris par ses salariés. En 1988, Pénicaud-Texmaille a enregistré une seconde fois son dépôt de bilan et Albin Chalandon en assure en conséquence la reprise en location-gérance par l'investissement de 10 millions de francs en fonds propres.

Dans cette nouvelle aventure, il s'associe à André de Blanzy, industriel du Nord à la tête d'une société de lingerie située à Béthune et propriétaire de 25 % des parts de l'entreprise commune. Pénicaud-Texmaille n'est en fait que la première étape d'un projet ambitieux, car Albin Chalandon entend bien créer un groupe textile d'ampleur nationale. « Marcel Dassault m'a toujours appris qu'il fallait commencer petit et se développer tout seul[1] », répond l'ancien ministre à ceux qui s'inquiètent de son pari un peu fou, parmi lesquels ses enfants.

Ayant repris confiance et retrouvé son énergie, il n'hésite cependant pas à défendre son bilan politique, ainsi dans *Le Quotidien de Paris*, le 3 octobre 1989, où il rappelle son engagement en faveur de la construction de 15 000 places de prison supplémentaires. Le 24 septembre 1990, au lendemain de la réunification de l'Allemagne et toujours dans *Le Quotidien de Paris*, il tacle la politique européenne de François Mitterrand et appelle à « constituer, face aux menaces toujours présentes, un pôle de résistance avec les États-Unis et la Grande-Bretagne ». Parfois, les affaires se rappellent aussi à lui, ainsi en octobre 1991 avec l'ouverture du procès des frères Chaumet au tribunal correctionnel de Paris, ou en mars 1992, lors du procès des écoutes clandestines du Conseil supérieur de la magistrature.

Au printemps 1993, alors qu'un second gouvernement de cohabitation, dirigé cette fois par Édouard Balladur, est imposé à François Mitterrand, Albin Chalandon organise une grande manifestation publique en soutien au textile français, afin de solliciter l'appui du gouvernement. En effet, soumis à une concurrence internationale (notamment chinoise) de plus en plus intense, le textile tricolore est en crise et en souffrance. À la tête de Pénicaud-Texmaille et de Cifam-Sotta – une petite société savoyarde de tricotage qu'il a rachetée en 1992 –, Albin Chalandon est alors membre de l'Union française des industries de l'habillement et négocie directement avec Gérard Longuet, ministre de l'Industrie, un plan d'action en plusieurs points : accords européens sur le textile multifibre, lutte contre le travail clandestin, flexibilité du travail, etc.

Dans l'aventure textile, il peut surtout compter sur Rachida Dati, une jeune étudiante de vingt-sept ans qu'il a rencontrée à l'ambassade d'Algérie en France en 1987, puis aidée à intégrer le groupe Elf Aquitaine. Alors qu'elle est salariée de la Banque européenne pour la reconstruction et le développement, il la pousse à entrer à l'École nationale de la magistrature en 1997 et veille ensuite sur son parcours juridique et politique. Devenue sa fille spirituelle, elle lui rend volontiers service, l'épaule dans la gestion quotidienne de Pénicaud-Texmaille et découvre même que le comptable « piquait dans la caisse[2] », au grand dam de l'ancien ministre. Elle intègre, dès cette époque, le premier cercle d'Albin Chalandon et se rend très rapidement indispensable.

En 1997, Cifran-Texmaille connaît un sursaut économique avec l'arrivée aux commandes de l'entreprise de Christophe de Fautereau, qui aide son patron à diversifier son affaire, notamment dans le secteur des tissus techniques (comme les tissus ignifugés). En 1998, le groupe peut même acquérir son concurrent historique, la teinturerie Delcer, alors en liquidation judiciaire. Pour réaliser l'opération, l'ancien ministre a néanmoins besoin de capitaux (car il a, depuis longtemps, dû renoncer à toute forme de rémunération), raison pour laquelle il décide de s'associer avec Jérôme Seydoux, homme d'affaires à la tête du groupe Chargeurs – entreprise de transport devenue un champion du textile français, puis par la suite un grand groupe de la communication, notamment avec l'acquisition des cinémas Pathé.

Début 1999, la crise du secteur du textile, un désaccord avec Seydoux et le départ de Fautereau, critiqué par son conseil d'administration, précipitent la chute de Cifran-Texmaille, placée sous mandat pour renégociation de sa dette à l'été suivant. L'entreprise est vouée à l'échec avec 10 % de baisse de chiffre d'affaires chaque année.

Albin Chalandon tire donc son ultime révérence, après s'être investi pleinement pendant huit ans dans cette aventure économique, mais surtout humaine.

Le temps des honneurs

Pour Albin Chalandon, ces années 1990 sont aussi placées sous le sceau de ses héritiers, dont il suit attentivement les prouesses. L'heure est désormais à rendre hommage à l'ancien chef et au vieux sage. En 1994, il est ainsi promu commandeur de la Légion d'honneur, sur proposition du Premier ministre Édouard Balladur… dans la même promotion qu'André Giraud, son féroce adversaire à l'Industrie, ce qui ne s'invente pas !

Le 20 avril 1998, dans *Le Figaro*, au lendemain d'une troisième cohabitation, cette fois imposée par la gauche de Lionel Jospin à Jacques Chirac – devenu président de la République –, Albin Chalandon revient sur la scène politique et appelle à la création « d'un tiers parti qui représente authentiquement la droite » et mette fin à la querelle historique entre l'UDF et le RPR. Créé en avril 2002, le parti en question prend le nom d'Union pour la majorité présidentielle (UMP) et permet le rassemblement du centre et de la droite dans la perspective des élections présidentielles de 2002 et 2007. Le succès sera au rendez-vous à deux reprises.

Jérôme Monod, directeur de cabinet de Jacques Chirac à Matignon en 1975-1976 et conseiller politique du président de la République à l'Élysée à partir de 1999, voit souvent l'ancien ministre gaulliste, « grand bourgeois à l'allure un peu raide[3] », dont le caractère innovant et la liberté de jugement sont d'une aide bien utile dans cette construction politique. « Voilà un homme qui trouvait naturel de décider si et quand il le fallait[4]. »

L'élection présidentielle de 2002 voit aussi la montée en puissance de Nicolas Sarkozy, député des Hauts-de-Seine, maire de Neuilly-sur-Seine, ministre balladurien et candidat présumé à Matignon… finalement nommé ministre de l'Intérieur du gouvernement de Jean-Pierre Raffarin. À son cabinet, le ministre, brièvement patron du RPR, débauche Rachida Dati, la protégée d'Albin Chalandon, qui occupe alors le poste de conseillère technique et ne le quittera plus dans la suite de ses aventures politiques.

À mesure que les années passent, Albin Chalandon doit cependant dire adieu à des amis et des anciens collaborateurs politiques, comme Noëlle Dewavrin, sa colistière aux législatives de 1986 et sa conseillère au ministère de la Justice en 1986-1988, puis Gilbert Rutman, son bras-droit à Elf Aquitaine en 1977-1983, tous les deux décédés en 2001. La période lui permet aussi d'observer avec malice le destin politique de certains de ses « poulains », comme son ancien conseiller Alex Türk, devenu sénateur du Nord en 1992, réélu sans discontinuité jusqu'en 2017, puis choisi pour présider la Commission nationale de l'informatique et des libertés (CNIL) de 2004 à 2011.

En janvier 2002, sur proposition de Jacques Chirac, président de la République, Albin Chalandon est élevé à la dignité de grand officier de la Légion d'honneur, une consécration de sa carrière et de son engagement politique. Modeste, il décide de recevoir cette décoration dans l'intimité du bureau présidentiel, en présence de sa seule famille.

En mai 2007, il a encore l'immense fierté de voir Rachida Dati s'installer à la Chancellerie, place Vendôme, en tant que membre du gouvernement de François Fillon. La jeune ministre sait ce qu'elle lui doit, l'invite à sa cérémonie de passation et le consulte, de temps à autre, sur quelques dossiers sensibles du ministère.

En décembre 2009, Nicolas Sarkozy, président de la République, le fait à son tour grand-croix de la Légion d'honneur, la distinction la plus élevée de cet ordre républicain. C'est un immense honneur pour celui qui est alors l'un des derniers barons du gaullisme, après la disparition de Michel Debré (1996), Roger Frey et Jacques Foccart (1997), Maurice Couve de Murville (1999), Jacques Chaban-Delmas (2000), Olivier Guichard (2004) et Pierre Messmer (2007).

Ultimes démêlés

À l'hiver 2010, à l'âge de quatre-vingt-dix ans, Albin Chalandon est placé en garde en vue à son domicile dans le cadre d'une affaire de paris clandestins présumés. Son fils aîné, Fabien, conseil de la société française Visionex, est en effet sous le coup d'une mise en examen depuis l'été précédent (suivie d'une détention provisoire de quinze jours), le ministère de l'Intérieur ayant estimé que cette société d'installation de bornes d'accès à Internet dans les bars-tabacs dissimulait en fait des machines à sous clandestines.

Un retour en arrière s'impose. En 2007, cette société française s'était attaquée à l'installation de l'Internet fixe payant dans les lieux publics (notamment dans les bars-tabacs) *via* des bornes avec écran et clavier. Pour financer son modèle, Visionex avait organisé une loterie publicitaire sur ses bornes, après consultation des services du ministère de l'Intérieur et de la Française des Jeux, et obtention d'un accord oral de leur part permettant de lancer son produit. Néanmoins, cinq jours plus tard, le ministère de l'Intérieur avait déclenché une procédure judiciaire accélérée, pour infraction à la réglementation relative aux jeux de hasard, conduisant à la mise en examen du propriétaire de Visionex et à la fermeture de son entreprise.

Les Chalandon, père et fils, exigent en conséquence des explications sur cette situation et particulièrement sur le déclenchement de cette procédure judiciaire malgré l'accord oral donné, mais la presse les accuse parallèlement d'intervenir politiquement auprès de Michèle Alliot-Marie, alors ministre de l'Intérieur, pour obtenir des autorisations d'exploitation contre l'avis de ses services. *Le Canard enchaîné* va même plus loin, évoquant une lettre de Rachida Dati, garde des Sceaux, à sa collègue de la place Beauvau pour demander la clôture des investigations. Courrier tronqué, fuites mensongères, campagne de presse malhonnête… L'affaire prend un tournant politique. En décembre 2009, une nouvelle procédure est engagée, cette fois contre les Chalandon, pour organisation de jeux dissimulés ; c'est ainsi que Fabien Chalandon est incarcéré provisoirement.

Appuyant sa défense sur un accord oral de l'administration et dénonçant la duplicité des services, il est finalement renvoyé en correctionnelle en janvier 2014, puis condamné à une amende, tandis que son père est lavé de tout soupçon. Depuis, Fabien Chalandon a déposé plainte contre des policiers et des magistrats pour faux et usage de faux en écriture publique, destruction et soustractions de preuves à décharge, fabrication de preuves à charge, escroquerie au jugement, ainsi qu'entrave à la manifestation de la vérité, plainte dont l'instruction est toujours en cours en 2023.

Rien n'aura donc été épargné à Albin Chalandon, qui vit cet épisode dans l'amertume et la douleur. Il se sent voué aux gémonies et souffre de cette affaire qu'il considère comme une blessure intime et familiale, ainsi qu'une atteinte à son honneur. Cependant, il trouve du réconfort dans le parcours de ses proches, notamment celui de son ancien chef de cabinet à la Justice, Pierre de Bousquet de Florian, qui a pris la tête du contre-terrorisme en 2017, puis la direction du cabinet du ministère de l'Intérieur en 2020. Il restera, jusqu'au dernier jour, l'un de ses compagnons les plus loyaux.

En juillet 2019, au crépuscule d'une vie bien remplie, il accompagne à sa dernière demeure Jean Chapon, son fidèle lieutenant dans l'aventure autoroutière puis pétrolière, ami de cinquante ans, avant, en avril 2020, de dire adieu à Claude Silberzahn, un autre de ses vieux collaborateurs, figure de la réforme du renseignement moderne, décédé au terme d'une longue et prestigieuse carrière. Cette nouvelle décennie, il le sait, sera sa dernière.

Derniers soupirs

En 2016, l'épouse depuis soixante-dix ans d'Albin Chalandon, la princesse Salomé Murat, décède des suites d'une longue maladie. Il n'a jamais divorcé, tout en vivant de nombreuses autres aventures. Dans son éloge funèbre, son fils Fabien dira avec beaucoup de poésie qu'elle a été

« son pôle Nord, vers lequel l'aiguille aimantée revient toujours, particulièrement dans les moments pénibles ».

Albin Chalandon épouse alors son autre boussole, celle du cœur, Catherine Nay, restée à ses côtés pendant plus de cinquante ans. Leur amour, leur complicité, leur tendresse, leur respect mutuel, leur entraide aussi dans leurs carrières respectives, auront été son cap pendant son siècle d'existence.

C'est d'ailleurs dans ses bras, le 29 juillet 2020, qu'il s'éteint alors qu'il s'apprêtait à se rendre à Orléans, là où il s'était caché et avait combattu avec courage l'occupant allemand en 1944. Pour Catherine Nay, « la clé du mystère d'Albin, c'est le souvenir de ses années de guerre et l'horreur de ce qu'il avait dû accomplir[5] ». « Mon père a mis cinquante ans à m'en parler, mais la guerre l'avait profondément marqué[6] », abonde Fabien Chalandon. Le traumatisme des exécutions de la forêt de Lorris a donc été le cauchemar lancinant de l'ancien ministre, au point de l'envahir encore au soir de son existence. Sans doute explique-t-il à la fois sa gravité et sa hauteur de vue en toute situation.

***

Si l'industriel a succédé au politique à l'aube des années 1990, Albin Chalandon demeure un commentateur et un observateur attentif de la vie politique française après son retrait des affaires. L'attention qu'il porte au parcours de ses « poulains », Rachida Dati bien sûr mais d'autres aussi, comme Alex Türk ou Pierre de Bousquet de Florian, devient son nouveau quotidien et parvient souvent à le combler de bonheur.

En 2010, le scandale de l'affaire Visionex l'affecte cependant durablement, de même que l'ensemble de sa famille. Quelque chose s'est brisé en lui. Il se retire alors progressivement, classe ses papiers, écrit beaucoup, de la poésie autant que des souvenirs, et laisse partir, un à un, ses amis et ses compagnons de route. Aimé et entouré, il puise en lui la force de se rendre dans le Loiret, où il n'avait pourtant jamais voulu revenir depuis la guerre… avant d'en être empêché par une certaine forme de destin.

« [Pendant la guerre], il est saisi du besoin de commander. Son ton tranchant, son air de hauteur, sa rapidité de décision le désignent comme chef. Il met deux galons sur sa manche, constitue deux compagnies. La casse est terrible. Il sort de la forêt d'Orléans drogué de poudre, d'horreur, de fraternisation populaire, dégoûté de la guerre[7] », racontait déjà la journaliste Merry Bromberger dans *Le Spectacle du monde*, en 1970. Peut-être ne voulait-il pas, ne pouvait-il pas, affronter le regard de ce jumeau du passé ? Il gardera ce secret pour lui.

CONCLUSION

par Aurèle, Emmanuel et Fabien Chalandon,
et Pierre Manenti

Au terme du récit de la vie incroyable d'Albin Chalandon, il reste à résumer les grands traits de l'homme caché derrière cette longue carrière politique et ses engagements multiples. C'est donc logiquement avec ses trois fils – Aurèle, Emmanuel et Fabien – qu'a été écrite cette conclusion.

Un baron du gaullisme

Combattant héroïque de la Résistance, fonctionnaire modèle de la reconstruction du pays, banquier audacieux et militant gaulliste zélé, Albin Chalandon s'est construit par l'accumulation de mythes romanesques et politiques sur la qualité de son engagement. Toute sa vie durant, il a été l'incarnation d'une France ambitieuse et déterminée.

Ses élections parlementaires sous les couleurs gaullistes en 1967, 1968, 1973 et 1986, ses portefeuilles ministériels à l'Industrie et au Tourisme, à l'Équipement et au Logement, enfin à la Justice, en font un touche-à-tout de la vie publique et une figure centrale de la droite gaullo-chiraquienne tout au long de la Cinquième République. Son partenariat politique avec Valéry Giscard d'Estaing et sa présidence d'Elf Aquitaine dans les années 1970-1980 contribuent, quant à eux, à nourrir son parcours et sa réflexion à mi-chemin entre public et privé, entre fidélité à la tradition gaulliste et pragmatisme de l'alliance avec les centristes.

Pour autant, Albin Chalandon est toujours resté un loup solitaire, « refusant la chasse en meute, les jeux de bandes ou de clans[1] », ce que l'on pourrait appeler la politique politicienne, se parant d'une forme de noblesse politique pour refuser les intrigues basses et viles mais provoquant, sans le vouloir et du même mouvement, son isolement dans sa famille politique.

Sa hauteur de vue et son statut historique l'ont cependant toujours assuré d'une forme de reconnaissance du parti gaulliste. Il est ainsi progressivement devenu un baron du gaullisme, au même titre que Chaban, Debré, Frey ou Foccart, mais, s'il a eu des héritiers, il n'a pas eu de compagnons de route, ce qui a constitué le plafond de verre de sa carrière politique.

Représentant d'un ensemble de traditions gaullistes, patricien de la République gaullienne au sens propre comme au sens figuré, il a été un meneur d'hommes courageux, se définissant même, avec une certaine modernité, comme un « *manager*[2] », lors de son passage à la Justice.

En même temps, son parcours politique révèle surtout un homme discret, réservé, entouré d'un parfum de mystère et, au fond, profondément solitaire dans son action publique ; une sorte d'énigme comme la vie politique française aime nous en présenter.

Un ascète, un intellectuel et un séducteur

Beaucoup de ses contemporains évoquent le culte du corps chez Albin Chalandon et sa rigueur dans la pratique gymnastique – allant jusqu'à congédier ses collaborateurs ministériels à l'issue d'une réunion un peu trop longue, car l'heure était à ses exercices[3]. C'est un athlète multidisciplinaire, qui pratique l'alpinisme, la course à pied, la natation, le ski ou encore le tennis.

L'image du « Bel Albin » traverse ainsi sa vie et témoigne du souci de son apparence : charme, élégance, séduction. C'est un homme épris de liberté, aimant follement la vie après avoir frôlé la mort à tant de reprises au cours de sa jeunesse et de ses années de Résistance, ce qui le conduit à cette exigence de style en toute circonstance.

Sa passion pour les femmes doit de même se lire comme un débordement de vitalité, un désir d'exister et de vivre les choses dans leur entièreté, au mépris, parfois – souvent, diront certains –, de la souffrance de ses proches. Il est un véritable hédoniste, goûtant à tous les plaisirs de l'existence, n'acceptant de s'arrêter qu'au terme d'une vie pleinement vécue.

Son ascèse sert aussi de carburant à sa réflexion intellectuelle, où se mêlent rigueur de l'analyse et flexibilité de l'argumentation. Enfant, il s'était rêvé chef d'orchestre, inspiré par les grands opéras, mais le devoir, la guerre puis le militantisme politique l'ont détourné des plaisirs. Sa cause, c'est celle de l'intérêt général.

Son parcours dans le public et dans le privé le conduit à un haut niveau d'exigence, qu'il s'impose à lui-même autant qu'aux autres. Son sens de l'anticipation et ses critiques acerbes blessent parfois, mais la finalité de son action est noble : il veut penser les grandes transformations du pays, dans une pure tradition gaulliste, quitte à « bousculer le pot de fleurs », selon une formule si chère au général de Gaulle.

Tiraillé entre une aspiration libérale, qui le rend méfiant à l'égard de l'administration, et une inclination sociale, qui s'enracine dans l'expérience humaine de la Résistance et son engagement dans l'Action ouvrière, il recherche en permanence le compromis et la synthèse, ce qui lui vaut souvent l'agacement de ses pairs politiques.

L'homme des ruptures

Le parcours d'Albin Chalandon se situe également à la croisée de différentes visions de l'action publique et de la vie politique. Il est, comme une partie de sa génération, à la charnière entre deux mondes.

Alors que la politique a longtemps été affaire de mariage et de réseaux – ce qui se retrouve dans son parcours, à la fois par ses liens avec le secteur de l'aéronautique et de la finance, et par son union avec la princesse Salomé Murat –, la politique change de forme dans les années 1980.

Le sujet de l'argent en politique devient l'objet de fantasmes, à mesure que des enquêtes journalistiques mettent en lumière les réseaux occultes de financement des grands partis. Le fait qu'Albin Chalandon soit l'ancien trésorier du parti gaulliste, l'homme de l'empire pétrolier français, enfin l'interlocuteur des réseaux de la

Françafrique nimbe son action d'une aura mystérieuse, voire sulfureuse.

Albin Chalandon, banquier de Dassault, grand argentier du général de Gaulle puis négociateur des contrats pétroliers en Afrique, représente une certaine idée de la politique désormais rejetée avec virulence par les Français. « Chalandon n'a commis aucune faute. Sa faute, c'est d'être riche[4] », écrit ainsi Jean Mauriac dans ses mémoires.

Car, dans l'affaire Chaumet, ce qui choque, ce n'est pas tant l'existence d'un prétendu compte bancaire privé du ministre dans une joaillerie, mais surtout le fait qu'il soit suffisamment riche pour se permettre de minimiser de telles pertes. À Alex Türk qui l'interroge sur ce rapport à l'argent, il confie d'ailleurs : « La politique est devenue un métier de va-nu-pieds[5]. »

Depuis, les scandales à répétition sur le rapport des politiques à l'argent ont alimenté le besoin de davantage de transparence, dont la plus récente concrétisation a été la création de la Haute Autorité pour la transparence de la vie publique en 2013, chargée de contrôler puis de publier les déclarations d'intérêts et de situation patrimoniale de certains responsables publics.

De ce point de vue, la carrière d'Albin Chalandon marque bien le tournant entre deux époques profondément différentes dans le rapport de la politique à l'argent. Cependant, toute sa puissance réside dans ce mélange étrange mais aussi réussi de vieilles sociabilités, somme toute assez traditionnelles (celles de l'inspection des Finances, des cercles impériaux ou nobiliaires, des milieux bancaires et industriels), et d'une volonté de casser les codes.

En effet, ses écrits, ses interventions, ses propositions sont sans cesse marqués du sceau de l'anticipation et de l'innovation, quitte à brusquer certains de ses contemporains. Quand il prend la plume, Albin Chalandon est toujours un homme qui pense l'avenir, qui n'a pas peur du qu'en-dira-t-on, qui cherche à se projeter à vingt-cinq ou à cinquante ans parce qu'il a la défense des intérêts du pays chevillée au corps.

Son livre *Quitte ou Double* pose ainsi avec acuité un certain nombre de débats politiques modernes sur l'immigration, les médias ou encore la procréation. Il montre une grande capacité d'analyse des problématiques sociétales et technologiques.

Albin Chalandon a donc été tout à la fois un grand seigneur de la vie politique, mais aussi un esprit brillant, doté d'un sens de l'anticipation inné et d'un goût pour la prospective. Son passage dans le secteur privé, dans la banque, le pétrole, puis le textile, a indubitablement contribué à cette nécessité de penser les ruptures et de s'y préparer.

Le visionnaire

L'énigme Chalandon est enfin celle d'un homme avec un temps d'avance. Parfois, son incroyable lucidité l'amène même à avoir deux temps d'avance, qualité qui s'apprécie avec ce bon mot de Winston Churchill : « Celui qui a un temps d'avance est considéré comme un génie, celui qui en a deux est perçu comme un fou. »

Fou donc, mais aussi acteur engagé des combats intellectuels et philosophiques de son époque, Albin Chalandon est un visionnaire dans sa réflexion économique et sociale, dans son regard sur les solidarités, sur le rôle de la puissance publique ou encore dans ses prises de position sur les nouvelles technologies.

Père de la construction privée des autoroutes puis des prisons, figure du développement des grandes surfaces puis de l'urbanisme accéléré et de la maison individuelle, penseur de la défense et de la monnaie européennes, enfin créateur du parquet antiterroriste, il a été un précurseur dans l'histoire de la modernisation de la France.

Controversé et rattrapé par plusieurs scandales, à cause desquels il est injustement sali – qu'il s'agisse de l'affaire Aranda en 1972, de l'affaire des avions renifleurs en 1983-1984 ou de l'affaire Chaumet en 1987-1988 –, il reste un personnage méconnu et peu étudié de l'histoire de la Cinquième République. Ce livre tente modestement de lui rendre justice, lui le dernier baron du gaullisme, l'intellectuel engagé, l'homme des ruptures et le visionnaire.

***

Le 29 juillet 2020, Albin Chalandon s'est assoupi, au terme d'une carrière brillante et trépidante, dans un long et profond sommeil, fermant définitivement ses paupières et figeant pour l'éternité son sourire irrésistible.

Gaulliste de combat pendant la guerre, gaulliste social sous la Quatrième République, puis gaulliste libéral sous la Cinquième, il a épousé toutes les formes de l'engagement politique au service du général de Gaulle.

Dans le silence des forêts du Loiret, tout s'était soudainement tu face au chagrin des siens. Le dernier des barons du gaullisme était mort…

NOTES

1
La naissance d'un chef

1. Georges Chalandon, *Ludibria ventis*, Lyon, Louis Perrin, 1874, p. 10-11.

2. Archives personnelles d'Albin Chalandon (AAC), « Lily », texte dactylographié de 5 pages, 2 novembre 1982.

3. Entretien de l'auteur avec Fabien Chalandon, Paris, 28 octobre 2021.

4. Entretien de l'auteur avec le général Paul Renaud, Versailles, 30 octobre 2021.

5. Service historique de la Défense (SHD), GR3K9, 12AV37-38. Entretien de Stéphane Simonnet avec Marie-Thérèse O'Neill, Fleury-les-Aubrais, 28 février 1997.

6. Le documentaire de David André, « Les lycéens, le traître et les nazis », diffusé sur France 2 en janvier 2021, raconte le martyr des 56 jeunes exécutés à La-Ferté-Saint-Aubin, Marcilly-en-Villette, et Ménestrau-en-Villette, avec la complicité de jeunes gestapistes français. Il repose notamment sur l'ouvrage de Georges Joumas, *La Tragédie des lycéens parisiens résistants, 10 juin 1944 en Sologne*, Paris, Corsaire, 2014.

7. Cet épisode est raconté par Jean-Pierre et Marie-José Vallot-Meert dans « François Meert, fermier du château de Solterre » (2009), consultable à la bibliothèque de Solterre.

8. AAC, « La Résistance », texte dactylographié de 25 pages, septembre 1982.

9. *Ibid.*

10. SHD, GR 19 P 45/23, Maquis de Lorris. Historique du maquis de Lorris du capitaine Benjamin Passet, 30 août 1961.

11. Entretien de l'auteur avec Bernard Chalopin, Montargis, 5 août 2021.

12. AAC, décret du 16 octobre 1945 d'élévation d'Albin Chalandon au grade de chevalier de la Légion d'honneur.

2
L'expérience des cabinets ministériels

1. En 1949, face aux accusations répétées, Albin Chalandon prend la plume pour user de son droit de réponse dans le journal *Le Peuple*, organe officiel de la CGT (AAC, article « Emmanuel Chalandon a perdu une bonne occasion de se taire », *Le Peuple*, n° 438, 1949).

2. André Boulloche, « Terres et hommes de Rouergue », 1969, cité dans Aline Fonvieille-Vojtovic, *Paul Ramadier (1888-1961), élu local et homme d'État*, Paris, Éditions de la Sorbonne, 1993, p. 323.

3. Maurice Duverger, « La réforme de l'administration, tâche nécessaire et difficile », *Le Monde*, 21 février 1948.

4. Pierre Marie Gallois, *Le Sablier du siècle. Témoignages*, Paris, L'Âge d'homme, 1999, p. 200.

5. Gérard Hartmann, « Naissance d'un géant », Musée de l'ancienne aviation de Villaroche, 1987, p. 7.

6. Marcel Cherrier, René Cherrier, Henri Lozeray, « Tribune de soutien à l'œuvre commencée par Charles Tillon », *L'Émancipateur*, 18 mars 1948.

7. Archives du Sénat, Compte rendu des débats parlementaires du Conseil de la République, séance du mardi 29 juin 1948.

8. *Ibid.*

9. *Ibid.*

10. Claude d'Abzac-Epezy, « La reconstruction dans l'industrie aéronautique : l'exemple français, 1944-1946 », *Histoire, économie et société*, n° 18-2, 1999, p. 446.

11. Archives de l'Assemblée nationale (AAN), Compte rendu des débats du 29 juin 1949.

12. Maurice Thorez, André Marty, *Où en est l'aviation française ?*, Paris, Éditions du Parti communiste français, 1948, p. 15.

13. Cité dans Jacques Bonnaud, Guy Drouot, *Deux Entreprises publiques devant leur avenir, Air-France et SNCF*, Paris, Presses universitaires de France, 1973, p. 151.

14. Pierre Manenti, *Histoire du gaullisme social*, Paris, Perrin, 2021, p. 46-47.

15. Archives nationales (AN), 98 AJ 134, Archives de Michel Debré, Comité d'études du RPF, Programme pour la construction d'un système autoritaire et cohérent, 1947-1948.

16. AN, 547 AP 96, Archives de Gaston Palewski, Comité d'études du RPF, Notes, 1948.

17. Archives Fondation Charles-de-Gaulle (AFCG), série A, sous-série AF, carton RPF 274, dossier G, Compte rendu des travaux des première et deuxième commissions, 20-22 mai 1949.

18. Voir à ce propos les travaux de Thierry Noël-Guitelman, notamment « La Face cachée de l'étoile jaune » (2017), sur le recensement des exemptions de port de l'étoile jaune.

19. Azzou El-Mostafa, « La présence militaire américaine au Maroc, 1945-1963 », *Guerres mondiales et conflits contemporains*, n° 210, février 2003, p. 125-132.

20. Grathwol, Robert P., Moorus, Donita M., *Bricks, Sand and Marble, U.S. Army Corps of Engineers Construction in the Mediterranean and Middle East, 1947-1991*, Washington, Center of Military History and Corps of Engineers, 2009, p. 71-75.

3
Le temps des affaires

1. Catherine Nay, *Souvenirs, souvenirs*, Paris, Robert Laffont, 2019, p. 89.

2. Cité dans Claude Carlier, *Marcel Dassault, la légende d'un siècle*, Paris, Perrin, 2002, p. 467.

3. AAN, Fonds Albin Chalandon, Gilles Millet, « Albin Chalandon : la loi du retour », *Libération*, 29 avril 1986.

4. Luc Berger, « Dassault et les débuts de l'aviation à réaction, *Ouragan* et *Mystère* », *Guerres mondiales et conflits contemporains*, n° 238, février 2010, p. 97-115.

5. *Ibid.*

6. *Ibid.*

7. Claude Beaud, « Une multinationale française au lendemain de la Première Guerre mondiale : Schneider et l'Union européenne industrielle et financière », *Histoire, économie & société*, n° 2-4, 1983, p. 625-645.

8. Hubert Bonin, « La Compagnie algérienne, levier de la colonisation et prospère grâce à elle (1865-1939) », *Outre-Mers, revue d'histoire*, nos 328-329, 2000, p. 209-230.

9. Catherine Nay, *op. cit.*, p. 92.

10. Albin Chalandon, *Le Monde*, 14-15-16 décembre 1955.

11. Albin Chalandon, *Le Monde*, 17 décembre 1955.

12. AN, 20000046/88, Archives du Centre des hautes études sur l'Afrique et l'Asie moderne, Albin Chalandon, « La Corée et les positions américaines dans le Pacifique : méthodes d'instruction US employées pour la création de l'armée de la fédération des États malais », 1955.

13. Alexandre Astruc, Alain Menevy, *La Tête la première*, Paris, Olivier Orban, 1975, p. 94.

14. Entretien de Simone Brunau avec Bernard Lachaise et Philippe Oulmont, 13 juin 2007, cité dans Jean-Paul Thomas, Bernard Lachaise, Gilles Le Béguec, *Mai 1958. Le retour du général de Gaulle*, Rennes, Presses universitaires de Rennes, 2010, p. 201-217.

15. Philippe Nivet, « Les députés gaullistes de Paris (1958-1973) », *Parlement[s], revue d'histoire politique*, HS n° 5, mars 2009, p. 54.

16. Louis Guéry, *Les Maîtres de l'UNR*, Paris, Éditions du monde ouvrier, 1959, p. 89.

17. Jean Charlot, *L'UNR : étude du pouvoir au sein d'un parti politique*, Paris, Armand Colin, 1967, p. 302.

18. Philippe Madelin, *Les Gaullistes et l'Argent*, Paris, L'Archipel, 2001, p. 37-38.

19. Entretien de Jérôme Pozzi avec Albin Chalandon, 13 février 2002, cité dans Jérôme Pozzi, *Les Mouvements gaullistes, partis, associations, réseaux, 1958-1976*, Rennes, Presses universitaires de Rennes, 2011, p. 279.

20. Michel-Pierre Chélini, « Le plan de stabilisation Pinay-Rueff, 1958 », *Revue d'histoire moderne et contemporaine*, n° 48-4, avril 2001, p. 103.

21. Florence Descamps, Agathe Georges-Picot, *Entretiens avec Roger Goetze, haut fonctionnaire des Finances*, Vincennes, Institut de la gestion publique et du développement économique, Comité pour l'histoire économique et financière de la France, 1997, p. 179.

22. AAC, Albin Chalandon, « Peut-on éviter une crise économique ? », *Le Monde*, 27 novembre 1958.

23. *Ibid.*

4
Au service du Général

1. AAC, Albin Chalandon, Entretien avec *Paris 18e*, 12 janvier 1959.

2. AAC, Albin Chalandon, Discours devant l'Association de la presse étrangère, Maison de l'Amérique latine, Paris, 10 avril 1959.

3. Bernard Bruneteau, « La "participation" paysanne : un héritage gaulliste », *Revue française de science politique*, n° 42-6, 1992, p. 966.

4. AN, 103 AS 1, Réunion du comité central de l'UNR du 11 mars 1959, cité dans Jérôme Pozzi, *op. cit.*, p. 93.

5. Jean Charlot, « L'Union pour la Nouvelle République : un bilan », *Revue française de science politique*, n° 17-1, 1967, p. 81.

6. Jean Charlot, *L'UNR : étude du pouvoir au sein d'un parti politique*, *op. cit.*, p. 53.

7. AAC, Alain de Sérigny, *L'Écho d'Alger*, 3 juin 1959.

8. Cité dans Jean Charlot, *op. cit.*, p. 54.

9. AAN, Louis Terrenoire, Intervention en séance de questions au gouvernement, 29 octobre 1959.

10. Jean Charlot, *op. cit.*, p. 100.

11. AAC, Compte rendu dactylographié de l'intervention de Jacques Soustelle aux assises nationales de l'UNR de Bordeaux, novembre 1959.

12. Jean Charlot, *op. cit.*, p. 38.

13. Pauline Picco, *Liaisons dangereuses. Les extrêmes droites en France et en Italie (1960-1984)*, Rennes, Presses universitaires de Rennes, 2016, p. 31-32.

14. « Pas de démocratie sans socialisation des objectifs de la nation. On peut socialiser les objectifs d'une nation sans en collectiviser les moyens. Face au marxisme, socialisme du passé, face à un capitalisme dépassé, à nous de bâtir le socialisme de l'avenir, l'humanisme gaulliste » (article d'Albin Chalandon dans *La Nef*, cité dans Claude Angeli, *Les Héritiers du Général*, Paris, Denoël, 1969, p. 134).

15. AAC, Albin Chalandon, Discours devant le Rotary-Club de Paris, 13 novembre 1961.

16. AAN, Compte rendu des débats, 23 juin 1962.

17. Comité central du Parti communiste français, *Cahiers du communisme*, vol. XXXVIII, n° 7-12, Paris, 1962, p. 97.

18. Pierre Viansson-Ponté, « Les nouveaux Français », *Le Monde*, 10 mai 1962.

19. Cité dans *Le Monde*, 5 juillet 1963.

20. AAN, Jacques Duclos, Intervention en séance de questions au gouvernement, 16 mai 1961.

21. Pierre Viansson-Ponté, *Les Gaullistes, rituel et annuaire*, Paris, Seuil, 1963, p. 92.

22. AAC, Albin Chalandon, « Deux conceptions du pouvoir », *Bulletin d'information du Comité national pour la préparation de l'élection présidentielle*, 28 mars 1964.

23. Jean-André Faucher, *La Cinquième République*, Paris, Galic, 1962, p. 174.

24. Albin Chalandon, *Le Monde*, 2 juillet 1964.

25. Albin Chalandon, *Le Monde*, 3 juillet 1964.

26. Albin Chalandon, *Le Monde*, 4 juillet 1964.

27. AAC, Albin Chalandon, « La France doit reprendre l'initiative pour la construction de l'Europe politique », *Notre République*, 2 décembre 1964.

28. Cité dans Jean Lahitte, « Le marché en repli », *Le Monde*, 24 mai 1965.

5
L'aventure ministérielle

1. Frédéric Abadie, *Georges Pompidou, 1911-1974*, Paris, Nouveau Monde Éditions, 2011, p. 237.

2. AAC, Albin Chalandon, *Informations industrielles et commerciales*, 28 octobre 1966.

3. AAC, Albin Chalandon, *Asnières spéciale*, 27 janvier 1967.

4. Archives départementales des Hauts-de-Seine (AD92), 1115W248/1, fiches individuelles de renseignements sur les candidats aux législatives des 5 et 12 mars 1967 dans les Hauts-de-Seine.

5. *Le Monde*, 27 février 1967.

6. Cité dans André Laurens, « Le véritable législateur », *Le Monde*, 4 octobre 1967.

7. AAC, Albin Chalandon, Communiqué de presse, 5 juin 1967.

8. André Passeron, « Au Vietnam, la troisième guerre mondiale est engagée », *Le Monde*, 24 juin 1967.

9. AAN, Compte rendu des débats, 3 juillet 1967.

10. Cité dans Claude Angeli, *op. cit.*, p. 136.

11. Cité dans *Le Monde*, 29 août 1967.

12. AAC, Albin Chalandon, Discours aux assises nationales de l'UD-V[e] à Lille, 24 novembre 1967.

13. AAC, Albin Chalandon, *Asnières spéciale*, 13 septembre 1967.

14. AAC, Albin Chalandon, Discours à l'École supérieure d'administration et de commerce de Paris, 7 septembre 1967.

15. AFCG, série C, sous-série CE, carton n° 1, UD-V[e], Compte rendu du bureau exécutif de l'Union des démocrates pour la Ve République, 11 janvier 1968.

16. Christian Charrière, *Le Printemps des enragés*, Paris, Fayard, 1968, p. 357.

17. Michel Goldschmidt, *Propos d'un négociant*, Paris, Economica, 1994, p. 41.

18. Sur l'histoire de ce club, voir Jérôme Pozzi, *op. cit.*, p. 165-167.

19. AD92, 1154W255, Campagne électorale du 23 au 30 juin 1968, déclarations de candidatures et fiches individuelles de renseignements sur les candidats aux élections législatives dans les Hauts-de-Seine.

20. Albin Chalandon, Discours devant les présidents de chambres des métiers, cité dans *Le Monde*, 11 juillet 1968.

21. AAC, Albin Chalandon, Discours sur l'état du logement en France, Tours, 16 septembre 1968.

22. Françoise Theillou, « "Où en êtes-vous avec l'Empereur ?" Malraux et Napoléon », *Revue littéraire et électronique de Malraux.org*, mai 2019, p. 7-8.

23. AAC, Albin Chalandon, Compte rendu dactylographié d'un entretien sur France Inter, 22 octobre 1968.

6
Un baron pompidolien ?

1. André Passeron, « Une guerre de succession », *Le Monde*, 4 mars 1980.

2. Robert Poujade, *Avec de Gaulle et Pompidou*, Paris, L'Archipel, 2011, p. 66.

3. Entretien de l'auteur avec Catherine Nay, Paris, 19 octobre 2022.

4. Claude Angeli, *op. cit.*, p. 125.

5. Marc De Leusse, Raymond Nicolas, *Dossier A… comme architectes*, Paris, Alain Moreau, 1980, p. 15-16.

6. Jacques Henri-Labourdette, *Le Monde*, 3 mai 1969.

7. Maryvonne Prévot, « Aux origines du BERU, un bureau d'études pour une ville plus "humaine", 1957-1977 », *Histoire urbaine*, n° 48, janvier 2017, p. 77-93.

8. AAC, Albin Chalandon, Discours aux journées parlementaires de l'UDR de Chamonix, 17 septembre 1970.

9. *Ibid.*

10. Albin Chalandon, cité dans Jean Lojkine, *La Politique urbaine dans la région parisienne, 1945-1972*, Paris, Mouton, 1972, p. 227.

11. Sur l'opposition Chalandon-Malraux et le projet de Saint-Cloud, voir notamment Xavier Laurent, Jean-Michel Leniaud, *Grandeur et Misère du patrimoine, d'André Malraux à Jacques Duhamel*, Paris, École nationale des Chartes, 2003, p. 139-142.

12. Ezra N. Suleiman, *Les Hauts Fonctionnaires et la Politique*, Paris, Seuil, 1976, p. 80.

13. AAC, Albin Chalandon, Fascicule « Vivre parmi les arbres », ministère de l'Équipement et du Logement, juin 1969.

14. *Ibid.*

15. *Ibid.*

16. AAC, Robert Franc, « Pour ou contre Chalandon », *L'Express*, n° 962, 15-21 décembre 1969.

17. Gaëtan Avanzato, *Raymond Mondon, 1914-1970, maire de Metz et ministre de la Nouvelle Société*, Paris, Serpenoise, 2000, p. 140-141.

18. AAC, Albin Chalandon, Discours de célébration du centenaire de l'Union patronale interprofessionnelle des Bouches-du-Rhône, 8 décembre 1969.

19. Georges Dorbias, « Jean Chapon, une grande figure du monde maritime et fluvial », *La Jaune et la Rouge*, n° 749, novembre 2019.

20. Pierre Viansson-Ponté, « À la recherche des héritiers du Général », *Le Monde*, 18 février 1970.

21. AAC, Albin Chalandon, Discours aux journées parlementaires de l'UDR de Chamonix, 17 septembre 1970.

7
Grandeur et décadence

1. Hélène Steinmetz, « Les Chalandonnettes, La production par le haut d'une accession bas de gamme », *Politix*, n° 101, janvier 2013, p. 21-48.

2. Pierre Trey, « Le myosotis et le béton », *Le Monde*, 5 février 1971.

3. AAC, Bulletin *Asnières spéciale*, 27 mars 1971.

4. Albin Chalandon, « La fin des mandarins », *Le Monde*, 31 mai 1971.

5. Albin Chalandon, « L'avenir de la majorité », *Le Monde*, 20 octobre 1969.

6. AAC, Bulletin *Asnières spéciale*, 4 novembre 1971.

7. Entretien de l'auteur avec Catherine Nay, Paris, 19 octobre 2022.

8. AAC, Bulletin *Asnières spéciale*, 16 décembre 1971.

9. Raymond Barrillon, *Le Monde*, 8 juillet 1972.

10. AAC, Albin Chalandon, *Le Monde*, 17 mai 1972.

11. Jacques Frémeaux, « La France et les exportations d'armements au Proche-Orient. De la fin de la guerre d'Algérie à la première guerre du Golfe », *Variations*, n° 246, 2007, p. 110-119.

12. Cité dans *Le Monde*, 14 septembre 1972.

13. Georges Pompidou, Conférence de presse, 21 septembre 1972.

14. Cité dans *Le Monde*, 23 septembre 1972.

15. Cité dans *Le Monde*, 19 octobre 1972.

16. Albin Chalandon, *Le Monde*, 15 novembre 1972.

17. *Ibid.*

18. Albin Chalandon, *Le Monde*, 16 novembre 1972.

19. Cité dans *Le Monde*, 21 avril 1972.

20. Cité dans *Le Monde*, 30 novembre 1972.

21. Cité dans *Le Monde*, 8 décembre 1972.

22. AAC, Albin Chalandon, Discours à Arles devant les militants UDR, 16 janvier 1973.

23. AD92, 1154W36, résultats des élections législatives des 4 et 11 mars 1973 dans les Hauts-de-Seine.

8
Dans les couloirs du Parlement

1. AAN, Compte rendu des débats de l'Assemblée nationale, 10 avril 1973.

2. *Ibid.*

3. AAC, Bulletin *Asnières spéciale*, 26 avril 1973.

4. AAN, Compte rendu des débats de l'Assemblée nationale, 24 mai 1973.

5. Cité dans *Le Monde*, 29 juin 1973.

6. AAC, Albin Chalandon, Discours aux assises de l'UDR de Nantes, 20 novembre 1973.

7. AAC, Albin Chalandon, *Asnières spéciale*, 4 août 1973.

8. Édouard Balladur, *La Tragédie du pouvoir. Le courage de Georges Pompidou*, Paris, Fayard, 2013, p. 62.

9. Cité dans *Le Monde*, 8 mai 1974.

10. Cité dans *Le Monde*, 21 mai 1974.

11. Michèle Cotta, *Cahiers secrets de la Cinquième République*, t. I : *1965-1977*, Paris, Fayard, 2007, p. 529.

12. Cité dans *Le Monde*, 5 juin 1974.

13. André Passeron, *Le Monde*, 20 décembre 1974.

14. Albin Chalandon, « Réflexions sur le service militaire », *Le Monde*, 11 janvier 1975.

15. Cité dans *Le Monde*, 17 janvier 1975.
16. Cité dans *Le Monde*, 23 janvier 1975.
17. Maurice Vaïsse (dir.), *Documents diplomatiques français, 1968, 1er janvier-29 juin*, Bruxelles, P.I.E., Peter Lang, 2009, p. 544-545.
18. Maurice Siegel, *Vingt ans, ça suffit*, Paris, Plon, 1975, p. 228.
19. Cité dans *Le Monde*, 14 février 1975.
20. Jean-Michel Quatrepoint, *Le Monde*, 22 avril 1975.
21. AAC, Albin Chalandon, Note interne de l'UDR à destination du Premier ministre, 10 mai 1975.
22. Albin Chalandon, « La régionalisation du monde », *Le Monde*, 30 juillet 1975.
23. Albin Chalandon, « Une boussole pour l'Europe », *Le Monde*, 31 juillet 1975.
24. *Ibid.*
25. Albin Chalandon, « Pour une défense européenne », *Le Monde*, 15 janvier 1976.

9
Un politique à la tête des affaires pétrolières

1. *Le Monde*, 20 janvier 1976.
2. *Ibid.*
3. André Passeron, *Le Monde*, 9 avril 1976.
4. Entretien de l'auteur avec Catherine Nay, Paris, 19 octobre 2022.
5. Hélène Steinmetz, art. cité, p. 39.
6. *Ibid.*
7. Gilles Le Béguec, « La représentation proportionnelle : cent ans de controverses », *Vingtième Siècle, revue d'histoire*, n° 9, 1986, p. 67-80.
8. Matthieu Fulla, « Le programme commun de gouvernement : rupture économique ou artefact politique ? », *in* Alain Bergounioux, Danielle Tartakowsky (dir.), *L'Union sans unité. Le Programme commun de la gauche, 1963-1978*, Rennes, Presses universitaires de Rennes, 2019, p. 67-82.
9. Albin Chalandon, *Le Monde*, 18 janvier 1973.
10. Albin Chalandon, *Le Monde*, 5 octobre 1973.
11. AAN, Compte rendu des débats à l'Assemblée nationale, 10 septembre 1975.
12. Albin Chalandon, *Les Joueurs de flûte. Le rêve économique de la gauche*, Paris, Plon, 1977, p. 12.

13. Gilbert Grandval, « La rose, la faucille, le marteau », *Bulletin de l'Union travailliste*, 10 octobre 1972, cité dans Pierre Manenti, *op. cit.*, p. 139.
14. Albin Chalandon, *op. cit.*, p. 13.
15. Pierre Manenti, *op. cit.*, p. 149-192.
16. Albin Chalandon, *op. cit.*, p. 29.
17. *Ibid.*, p. 40.
18. *Ibid.*, p. 59-60.
19. *Ibid.*, p. 61.
20. *Ibid.*, p. 43.
21. *Ibid.*, p. 80.
22. Pierre Drouin, « La flûte désenchantée », *Le Monde*, 6 décembre 1977.
23. Albin Chalandon, *op. cit.*, p. 86.
24. *Ibid.*
25. *Ibid.*, p. 111.
26. *Ibid.*, p. 139.
27. *Ibid.*, p. 201.
28. *Ibid.*, p. 221.
29. *Ibid.*, p. 242.
30. *Ibid.*, p. 252.
31. Albin Chalandon, *Quitte ou Double*, Paris, Grasset, 1986, p. 150.
32. Entretien de l'auteur avec Catherine Nay, Paris, 9 mars 2022.

10
Le magnat du pétrole

1. Albin Chalandon, Entretien avec Bruno Dethomas, *Le Monde*, 4 janvier 1978.
2. Cité dans *Le Monde*, 13 décembre 1978.
3. AAC, Courrier d'André Giraud à Albin Chalandon, 16 décembre 1978.
4. AAC, Courrier des neuf anciens secrétaires généraux du parti gaulliste à Jacques Chirac, 9 mai 1979.
5. Roger-Vincent Aiello, *Dans les coulisses d'Elf Aquitaine*, Paris, Le Manuscrit, 2010, p. 103-104.
6. Jean-Michel, Quatrepoint, *Le Monde*, 13 juin 1980.
7. Michèle Cotta, *Cahiers secrets de la Cinquième République*, t. II : *1977-1986*, Paris, Fayard, 2008, p. 374.
8. John Carson-Parker, « How Elf works for France », *The New York Times*, 22 novembre 1981.

11
Au service de Mitterrand

1. Cité dans *Le Monde*, 4 juin 1981.
2. Albin Chalandon, *Quitte ou Double*, *op. cit.*, p. 177.
3. *Ibid.*, p. 175.
4. *Ibid.*, p. 220-221.
5. Jean-Pierre Bat, « Le secteur N (Afrique) et la fin de la Guerre froide », *Relations internationales*, n° 165, 2016, p. 43-56.
6. Albin Chalandon, *op. cit.*, p. 227.
7. Daniel Schneider, « L'empire d'Elf Aquitaine », *Le Monde*, 14 juin 1982.
8. Benoît Casaert, « La compétition automobile comme enjeu opérationnel pour l'entreprise publique française : les relations entre la Régie Renault et le secteur pétrolier d'État de 1959 à 1982 », Thèse de doctorat sous la direction de Dominique Barjot, Université de la Sorbonne, 2018, 580 p.
9. Alexandre Moatti, *Alterscience. Postures, dogmes, idéologies*, Paris, Odile Jacob, 2013, p. 71.
10. Daniel Schneidermann, « Le sacré et le secret », *Le Monde*, 30 mars 1984.
11. Entretien de l'auteur avec Fabien Chalandon, Paris, 24 juin 2022.
12. Pierre Lascoumes, « Au nom du progrès et de la nation : les "avions renifleurs". La science entre l'escroquerie et le secret d'État », *Politix, revue des sciences sociales du politique*, n° 48, 1999, p. 147.
13. Guy Porte, « Entretien avec Me Jean Violet », *Le Monde*, 10 janvier 1984.
14. Michel Rouzé, « Les avions renifleurs ou l'irrationalisme appliqué », *Raison présente*, n° 70, 1984, p. 8.
15. Valéry Giscard d'Estaing demande en effet à ce que son Premier ministre Jacques Chirac ne soit pas informé de l'affaire. AAC, « L'affaire des avions renifleurs », manuscrit dactylographié coécrit avec Marie-Célie Guillaume, 3 avril 2002, p. 17.
16. AAC, « L'affaire des avions renifleurs », art. cité, p. 21.
17. Michel Rouzé, art. cité, p. 15.
18. *Ibid.*, p. 18.
19. AAC, « L'affaire des avions renifleurs », art. cité, p. 40.
20. *Ibid.*, p. 54.
21. Albin Chalandon, « Lettre ouverte à François Mitterrand », *Le Monde*, 29 décembre 1983.
22. AAC, « Sur l'affaire des avions renifleurs », art. cité, p. 56.

23. Claude Roire, *Dossier D… comme Dailly : le sénateur, l'argent, la politique*, Paris, A. Moreau, 1987, p. 35-36.
24. Gilberte Beaux, *Une femme libre*, Paris, Fayard, 2006, p. 201-202.
25. Claude Roire, *op. cit.*, p. 42-47.
26. Albin Chalandon, *Quitte ou Double*, *op. cit.*, p. 232-233.
27. *Ibid.*, p. 234-235.
28. *Ibid.*, p. 238.
29. Cité dans Bruno Dethomas, « Le départ de M. Chalandon de la présidence », *Le Monde*, 17 juin 1983.

12
Le retour aux affaires

1. *Le Monde*, 27 octobre 1983.
2. Albin Chalandon, *Le Monde*, 3 novembre 1983.
3. Albin Chalandon, *Le Monde*, 4 novembre 1983.
4. Albin Chalandon, *Le Monde*, 5 novembre 1983.
5. *Ibid.*
6. Albin Chalandon, *Quitte ou Double*, *op. cit.*, p. 227.
7. AAC, Albin Chalandon, Lettre au président de la République, *Le Monde*, 29 décembre 1983.
8. Albin Chalandon, « Pour un référendum », *Le Monde*, 18 février 1984.
9. Pierre Manenti, *op. cit.*, p. 164-169.
10. Albin Chalandon, « Un outil inadapté », *Le Monde*, 12 juillet 1984.
11. Albin Chalandon, « Requiem pour un référendum », *Le Monde*, 5 septembre 1984.
12. Albin Chalandon, « Quelle indépendance pour la Nouvelle-Calédonie ? » *Le Monde*, 10 janvier 1985.
13. Cité dans *Le Monde*, 1er mars 1985.
14. Entretien de l'auteur avec Alex Türk, Paris, 9 décembre 2021.
15. Entretien de l'auteur avec Jacques Vernier, Paris, 31 mai 2021.
16. Cité dans Dominique Nora, « Elf a-t-il fait la fortune de Perrodo ? », *Le Nouvel Observateur*, 28 mai-3 juin 1992.
17. Albin Chalandon, *Quitte ou Double*, *op. cit.*, p. 9.
18. *Ibid.*, p. 24.
19. *Ibid.*, p. 27.
20. *Ibid.*, p. 117.
21. *Ibid.*
22. *Ibid.*, p. 124.

23. *Ibid.*, p. 125.
24. *Ibid.*, p. 129.
25. *Ibid.*, p. 135.
26. *Ibid.*, p. 210 et 257.
27. *Ibid.*, p. 11.
28. *Ibid.*, p. 17-18.
29. *Ibid.*, p. 317.

13
Tohu-bohu place Vendôme

1. Bertrand Le Gendre, *Le Monde*, 28 mars 1986.
2. Entretien de l'auteur avec Gérard Longuet, Paris, 7 septembre 2021.
3. AAC, Albin Chalandon, Lettre aux magistrats, 8 avril 1986.
4. AAC, Albin Chalandon, Conférence de presse au ministère de la Justice, 28 mai 1986.
5. AAC, Albin Chalandon, Discours au congrès de l'Union syndicale des magistrats, Biarritz, 6 juin 1986.
6. Albin Chalandon, *Le Monde*, 6 juin 1986.
7. Cité dans *Le Monde*, 9 août 1986.
8. Léo Hamon, « Les tables de la loi », *Le Monde*, 19 août 1986.
9. Le dossier est d'ailleurs le premier étudié par Albin Chalandon, le 21 mars 1986, à l'occasion d'une réunion avec Pasqua, Pandraud et Toubon, à la suite d'un attentat commis par un Comité de solidarité avec les prisonniers politiques arabes. Voir Jean-Pierre Péret, Charles Villeneuve, *Histoire secrète du terrorisme. Les juges de l'impossible*, Paris, Plon, 1987, p. 10 *et sq*.
10. Henri Nallet, *Tempête sur la Justice*, Paris, Plon, 1992, p. 79.
11. AAN, Fonds Albin Chalandon, Gilles Millet, « Albin Chalandon : la loi du retour », *Libération*, 29 avril 1986.
12. AAC, Intervention devant la fédération départementale du RPR du Nord, 2 décembre 1986.
13. Daniel Soulez-Larivière, *Les Juges dans la balance*, Paris, Ramsay, 1987, p. 215.
14. AAC, Albin Chalandon, Compte rendu dactylographié d'une interview, Europe 1, 12 mai 1987.
15. AAN, Fonds Albin Chalandon, Bertrand de Saint-Victor, « Albin Chalandon au-delà des murs », *Le Quotidien de Paris*, 22 juillet 1987.
16. Entretien de l'auteur avec Alex Türk, Paris, 9 décembre 2021.

17. AAC, Albin Chalandon, Compte rendu dactylographié d'une interview, *France-Soir*, 14 octobre 1987.
18. Albin Chalandon, *Le Monde*, 23 décembre 1987.
19. Albin Chalandon, *Le Monde*, 20 janvier 1988.
20. Pierre Joxe, *Le Monde*, 20 janvier 1988.
21. AAC, Lionel Jospin, Compte rendu dactylographié d'une interview, RTL, 21 janvier 1988.
22. AAC, Compte rendu d'une conférence de Pierre Arpaillange à la Sorbonne, 23 février 1988.
23. AAC, Albin Chalandon, « Mon action pour la Justice, 1986-1988 », Fascicule relié comprenant le compte rendu de sa conférence de presse du 30 mars, 9 mai 1988.
24. *Ibid.*

14
Héritages

1. Cité dans *Le Monde*, 29 avril 1989.
2. Albin Chalandon, cité dans Éric Pelletier, Jean-Marie Pontaut, « La face cachée de Rachida Dati », *L'Express*, 25 octobre 2007.
3. Jérôme Monod, *Les Vagues du temps*, Paris, Fayard, 2009, p. 53.
4. *Ibid.*
5. Entretien de l'auteur avec Catherine Nay, Paris, 10 décembre 2021.
6. Entretien de l'auteur avec Fabien Chalandon, Paris, 24 juin 2022.
7. Citée dans « Albin Chalandon ou l'art de construire », *Valeurs actuelles*, 6 août 2020.

Conclusion

1. Entretien de l'auteur avec Gérard Longuet, Paris, 7 septembre 2021.
2. Entretien de l'auteur avec Pierre de Bousquet de Florian, Paris, 9 septembre 2021.
3. Entretien de l'auteur avec Philippe Ingall-Montagnier, Paris, 23 juin 2022.
4. Jean Mauriac, *L'Après-de Gaulle. Notes confidentielles, 1969-1989*, Paris, Fayard, 2006, p. 503.
5. Entretien de l'auteur avec Alex Türk, Paris, 9 décembre 2021.

BIBLIOGRAPHIE

Livres d'Albin Chalandon

CHALANDON, Albin, LARGENTAYE, Jean (de), ROCHE, Émile, RUEFF, Jacques, *La Réforme du système monétaire*, Paris, France-Empire, 1967, 187 p.

CHALANDON, Albin, *Les Joueurs de flûte. Le rêve économique de la gauche*, Paris, Plon, 1977, 280 p.

—, *Quitte ou Double*, Paris, Grasset, 1986, 320 p.

Mémoires et témoignages de contemporains

ARANDA, Gabriel, *L'État piégé*, Paris, Stock, 1972, 311 p.

ATTALI, Jacques, *Verbatim. Chronique des années 1986-1988*, Paris, Fayard, 2014, 528 p.

BALLADUR, Édouard, *La Tragédie du pouvoir. Le courage de Georges Pompidou*, Paris, Fayard, 2013, 340 p.

BEAUX, Gilberte, *Une femme libre*, Paris, Fayard, 2006, 321 p.

BLOCH-LAINÉ, François, *Profession : fonctionnaire. Entretiens avec Françoise Carrière*, Paris, Seuil, 1976, 256 p.

COTTA, Michèle, *Cahiers secrets de la Cinquième République*, t. I : *1965-1977*, Paris, Fayard, 2007, 880 p.

—, *Cahiers secrets de la Cinquième République*, t. II : *1977-1986*, Paris, Fayard, 2008, 770 p.

DATI, Rachida, *Je vous fais juges. Entretien avec Claude Askolovitch*, Paris, Grasset, 2007, 240 p.
DEBRÉ, Michel, *Trois Républiques pour une France*, t. II : *1946-1958*, Paris, Albin Michel, 1988, 458 p.
—, *Trois Républiques pour une France*, t. III : *1958-1962*, Paris, Albin Michel, 1988, 480 p.
—, *Trois Républiques pour une France*, t. IV : *1962-1969*, Paris, Albin Michel, 1993, 393 p.
—, *Trois Républiques pour une France*, t. V : *1969-1993*, Paris, Albin Michel, 1994, 334 p.
GALLOIS, Pierre-Marie, *Le Sablier du siècle. Témoignages*, Paris, L'Âge d'homme, 1999, 564 p.
GAULLE, Charles (de), *Mémoires d'espoir*, t. I : *Le Renouveau, 1958-1962*, Paris, Plon, 1970, 317 p.
—, *Mémoires d'espoir*, t. II : *L'Effort, 1962-...*, Paris, Plon, 1971, 224 p.
GOETZE, Roger, *Entretiens avec Roger Goetze, haut fonctionnaire des Finances, Rivoli, Alger, Rivoli, 1937-1958*, Paris, Institut de la gestion publique et du développement économique, 2014, 450 p.
GUENA, Yves, *Mémoires d'outre-Gaulle*, Paris, Flammarion, 2010, 323 p.
MARION, Pierre, *La Mission impossible. À la tête des services secrets*, Paris, Calmann-Lévy, 1991, 259 p.
MAURIAC, Jean, *L'Après de Gaulle. Notes confidentielles, 1969-1989*, Paris, Fayard, 2006, 538 p.
MONOD, Jérôme, *Les Vagues du temps*, Paris, Fayard, 2009, 432 p.
MONTANGON, Jean (de), *Un saint-cyrien des années quarante*, Paris, France-Empire, 1987, 290 p.
NAY, Catherine, *Souvenirs, souvenirs*, Paris, Robert Laffont, 2019, 352 p.
—, *Souvenirs, souvenirs*, t. II : *Tu le sais bien, le temps passe...*, Paris, Bouquins, 2021, 425 p.
PALEWSKI, Gaston, *Mémoires d'action*, Paris, Plon, 1987, 320 p.
PEYREFITTE, Alain, *C'était de Gaulle*, Paris, Gallimard, 2002, 1954 p.
POUJADE, Robert, *Avec de Gaulle et Pompidou*, Paris, L'Archipel, 2011, 312 p.
ROBERT, Maurice, *« Ministre » de l'Afrique*, Paris, Seuil, 2014, 413 p.

Biographies de contemporains

ASSOULINE, Pierre, *Monsieur Dassault*, Paris, Balland, 1983, 380 p.
AVANZATO, Gaëtan, *Raymond Mondon, 1914-1970, maire de Metz et ministre de la Nouvelle Société*, Paris, Serpenoise, 2000, 336 p.

CARLIER, Claude, *Marcel Dassault, la légende d'un siècle*, Paris, Perrin, 1992, 563 p.
—, *Dassault, de Marcel à Serge*, Paris, Perrin, 2017, 459 p.
COLLOVALD, Annie, *Jacques Chirac et le gaullisme*, Paris, Belin, 1999, 320 p.
DEMILLY, Stéphane, CHAMPONNOIS, Sylvain, *Henry Potez, une aventure industrielle*, Toulouse, Privat, 2016, 416 p.
DORBIAS, Georges, « Jean Chapon, une grande figure du monde maritime et fluvial », *La Jaune et la Rouge*, n° 749, novembre 2019.
FONVIEILLE-VOJTOVIC, Aline, *Paul Ramadier (1888-1961), élu local et homme d'État*, Paris, Éditions de la Sorbonne, 1993, 786 p.
GARATE, Jean-Philippe (de), *Couve de Murville, 1907-1999*, Paris, L'Harmattan, 2007, 410 p.
JACKSON, Julian, *De Gaulle, une certaine idée de la France*, Paris, Seuil, 2019, 992 p.
MAYER, Denise, *René Mayer : études, témoignages, documents*, Paris, Presses universitaires de France, 1983, 398 p.
ROUSSEL, Éric, *Georges Pompidou*, Paris, Perrin, 2004, 704 p.
—, *Valéry Giscard d'Estaing*, Paris, L'Observatoire, 2018, 576 p.
SAMUEL, Patrick, *Michel Debré, l'architecte du Général*, Paris, Perrin, 2022, 492 p.
SIRINELLI, Jean-François, LE BEGUEC, Gilles, LACHAISE, Bernard (dir.), *Jacques Chaban-Delmas en politique*, Paris, Presses universitaires de France, 2007, 504 p.

Sur la famille Chalandon

ANDRÉ, Charles, *La Banque des quatre saisons. Histoire du Crédit agricole et du Crédit agricole du Sud-Est*, Lyon, Éditions lyonnaises d'art et d'histoire, 1992, 369 p.
BAUX, Jules, *Nobiliaire du département de l'Ain*, Bourg-en-Bresse, Francisque Martin-Bottier, 1862, 510 p.
BOUDON, Jacques-Olivier, *Dictionnaire des évêques français du XIXe siècle*, Paris, Le Cerf, 2021, 892 p.
CARON, François, *La France des patriotes. Histoire de France, 1851-1918*, Paris, Fayard, 2014, 672 p.
CHAIX D'EST-ANGE, Gustave, *Dictionnaires des familles françaises anciennes ou notables à la fin du XIXe siècle*, Paris, Hachette, 1903, 498 p.

KOERNER, Francis, *Histoire de la Drôme de la Restauration à la Première Guerre mondiale*, Paris, Thélès, 2005, 363 p.
LE DUC, Philibert, *Histoire de la Révolution dans l'Ain*, 6 tomes, Bourg-en-Bresse, Francisque Martin-Bottier, 1879-1884, 383 p., 420 p., 500 p., 503 p., 448 p. et 432 p.
MONFALCON, *Histoire monumentale de la ville de Lyon*, vol. VI, Lyon, Firmin Didot, 1866, 480 p.
PALANQUE, Jean-Rémy, *Le Diocèse d'Aix-en-Provence*, Paris, Beauchesne, 1975, 279 p.
ROUX, Louis, *Louise Labé, surnommée La Belle Cordière*, Lyon, Revue de la Province, 1843, 39 p.

Sur la guerre et la Résistance

BAUCHY, Jacques-Henry, *Histoire de la forêt d'Orléans. La forêt des libertés*, Paris, Les Dossiers de l'histoire, 1991, 413 p.
DAINVILLE, Augustin (de), *L'ORA : la résistance de l'armée*, Paris, Lavauzelle, 1974, 386 p.
DURAND, Yves, *Le Loiret dans la guerre 1939-1945. La vie quotidienne sous l'Occupation*, Horvath, Le Coteau, 1983, 232 p.
JOUMAS, Georges, *La Tragédie des lycéens parisiens résistants, 10 juin 1944 en Sologne*, Paris, Corsaire, 2014, 166 p.
MONTAGNON, Pierre, *Les Maquis de la Libération 1942-1944*, Paris, Pygmalion, 2012, 430 p.
NICAULT, Maurice, *Le Berry dans la guerre 1939-1945*, Horvath, Le Coteau, 1995, 167 p.
POLLACK, Guillaume, *L'Armée du silence : histoire des réseaux de résistance en France*, Paris, Tallandier, 2022, 539 p.
POTTON, Jean-François, *La Cour des comptes pendant les années noires, 1939-1945*, Paris, Comité d'histoire de la Cour des comptes, 2010, 168 p.
RAFESTHAIN, Alain, *Le Maquis de Souesmes en Sologne*, Paris, Royer, 1991, 188 p.
VALLOT-MEERT, Jean-Pierre, VALLOT-MEERT, Marie-José, *François Meert, fermier du château de Solterre*, Solterre, Auto-édition, 2009, 11 p.
WIEVIORKA, Olivier, *Histoire de la Résistance, 1940-1945*, Paris, Perrin, 2018, 704 p.

Sur l'aventure aéronautique et bancaire

ABZAC-EPEZY, Claude (d'), « La reconstruction dans l'industrie aéronautique : l'exemple français, 1944-1946 », *Histoire, économie et société*, n° 18-2, 1999, p. 435-449.

BERGER, Luc, « Dassault et les débuts de l'aviation à réaction, Ouragan et Mystère », *Guerres mondiales et conflits contemporains*, n° 238, février 2010, p. 97-155.

BONIN, Hubert, « La Compagnie algérienne, levier de la colonisation et prospère grâce à elle (1865-1939) », *Outre-Mers, Revue d'histoire*, n°s 328-329, 2000, p. 209-230.

—, « Les réseaux bancaires impériaux parisiens », *Publications de la Société française d'histoire des Outre-mers*, n° 6, 2008, p. 447-482.

BONNAUD, Jacques, DROUOT, Guy, *Deux Entreprises publiques devant leur avenir, Air France et SNCF*, Paris, Presses universitaires de France, 1973, 240 p.

CARDONI, Fabien, CARRÉ DE MALBERG, Nathalie, MARGAIRAZ, Michel (dir.), *Dictionnaire historique des inspecteurs des Finances, 1801-2009*, Paris, Comité pour l'histoire économique et financière de la France, 2012, 1 131 p.

CARLIER, Claude, *L'Aéronautique française, 1945-1975*, Paris, Lavauzelle, 1983, 645 p.

CHARPIER, Frédéric, COLLOMBAT, Benoît, SERVENAY, David, *Histoire secrète du patronat de 1945 à nos jours*, Paris, La Découverte, 889 p.

EL-MOSTAFA, Azzou, « La présence militaire américaine au Maroc, 1945-1963 », *Guerres mondiales et conflits contemporains*, n° 210, février 2003, p. 125-132.

GRATHWOL, Robert P., MOORUS, Donita M., *Bricks, Sand and Marble, U.S. Army Corps of Engineers Construction in the Mediterranean and Middle East, 1947-1991*, Washington, Center of Military History and Corps of Engineers, 2009, 694 p.

NOETINGER, Jacques, *Histoire de l'aéronautique française. L'épopée, 1940-1960*, Paris, France-Empire, 1978, 342 p.

WEBER, Henri, *Le Parti des patrons. Histoire du CNPF (1946-1986)*, Paris, Seuil, 1986, 437 p.

Sur le parti gaulliste

AMOUROUX, Henri, *Trois Fins de règne*, Paris, Metvox Histoire, 2018, 448 p.

AUDIGIER, François (dir.), *De Gaulle et le Rassemblement du peuple français*, Actes du colloque de Bordeaux des 12-14 novembre 1997, Paris, Armand Colin, 1998, 864 p.

AUDIGIER, François, LACHAISE, Bernard, LAURENT, Sébastien, *Les Gaullistes, hommes et réseaux*, Paris, Nouveau Monde Éditions, 2013, 603 p.

BERSTEIN, Serge, *Histoire du gaullisme*, Paris, Perrin, 2002, 574 p.

BRUNETEAU, Bernard, « La "participation" paysanne : un héritage gaulliste », *Revue française de science politique*, n° 42-6, 1992, p. 964-980.

—, *Les Paysans dans l'État. Le gaullisme et le syndicalisme agricole sous la Ve République*, Paris, L'Harmattan, 1994, 282 p.

CHARLOT, Jean, *L'UNR, étude du pouvoir au sein d'un parti politique*, Paris, Armand Colin, 1967, 365 p.

—, *Le Gaullisme d'opposition, 1946-1958. Histoire politique du gaullisme*, Paris, Fayard, 1983, 436 p.

CRISOL, Pierre, LHOMEAU, Jean-Yves, *La Machine RPR*, Paris, Fayolle, 1991, 260 p.

DENOËL, Yvonnick, GARRIGUES, Jean, *Histoire secrète de la corruption*, Paris, Nouveau Monde Éditions, 2014, 651 p.

ELGEY, Georgette, *Histoire de la Quatrième République. La République des contradictions, 1951-1954*, Paris, Fayard, 2014, 654 p.

ELGEY, Georgette, COLOMBANI, Jean-Marie, *La Cinquième ou la République des phratries*, Paris, Fayard, 1999, 412 p.

GUÉRY, Louis, *Les Maîtres de l'UNR*, Paris, Éditions du monde ouvrier, 1959, 175 p.

MADELIN, Philippe, *Les Gaullistes et l'Argent*, Paris, L'Archipel, 2001, 471 p.

MANENTI, Pierre, *Histoire du gaullisme social*, Paris, Perrin, 2021, 250 p.

POZZI, Jérôme, *Les Mouvements gaullistes : partis, associations et réseaux*, Rennes, Presses universitaires de Rennes, 2019, 392 p.

PURTSCHET, Christian, *Le Rassemblement du peuple français, 1947-1953*, Paris, Cujas, 1965, 401 p.

Sur les politiques ministérielles d'Albin Chalandon entre 1968 et 1972

BINOCHE, Jacques, *Changer de cap, 1968-1978. Dix années qui ont compromis les chances de la France*, Paris, Seghers, 1977, 212 p.

CARON, François, VAÏSSE, Maurice (dir.), *L'Aménagement du territoire, 1958-1974*, Actes du colloque tenu à Dijon les 21 et 22 novembre 1996, Paris, L'Harmattan, 1999, 394 p.

FRANC, Robert, *Le Scandale de Paris*, Paris, Grasset, 268 p.

FRÈREJEAN, Alain, *C'était Georges Pompidou*, Paris, Fayard, 2011, 448 p.

GRISET, Pascal (dir.), *Georges Pompidou et la Modernité. Les tensions de l'innovation, 1962-1974*, Bruxelles, P.I.E. Peter Lang, 2006, 315 p.

JARCY, Xavier (de), *Les Abandonnés. Histoire des « cités de banlieue »*, Paris, Albin Michel, 2019, 464 p.

LAURENT, Xavier, LENIAUD, Jean-Michel, *Grandeur et Misère du patrimoine, d'André Malraux à Jacques Duhamel*, Paris, École nationale des Chartes, 2003, 315 p.

LEUSSE, Marc (de), NICOLAS, Raymond, *Dossier A… comme architectes*, Paris, Alain Moreau, 1980, 280 p.

LOJKINE, Jean, *La Politique urbaine dans la région parisienne, 1945-1972*, Paris, Mouton, 1972, 281 p.

PRÉVOT, Maryvonne, « Aux origines du BERU. Un bureau d'étude pour une ville plus "humaine", 1957-1977 », *Histoire urbaine*, n° 48, janvier 2017, p. 77-93.

STEINMETZ, Hélène, « Les Chalandonnettes. La production par le haut d'une accession bas de gamme », *Politix*, n° 101, janvier 2013, p. 21-48.

SULEIMAN, Ezra N., *Les Hauts Fonctionnaires et la Politique*, Paris, Seuil, 1976, 232 p.

TOBELEM-ZANIN, Christine, *La Qualité de vie dans les villes françaises*, Rouen, Publications de l'Université de Rouen, 1995, 288 p.

Sur les années « Elf »

AIELLO, Roger Vincent, *Dans les coulisses d'Elf Aquitaine*, Paris, Le Manuscrit, 2010, 274 p.

AUZANNEAU, Matthieu, *Or noir : la grande histoire du pétrole*, Paris, La Découverte, 2021, 942 p.

BELTRAN, Alain (dir.), *A Comparative History of National Oil Companies*, Bruxelles, P.I.E. Peter Lang, 2010, 342 p.

BITEAU, Jean-Jacques, BAUDIN, François, *Géopolitique du pétrole. Historique, genèse, exploration, ressources*, Paris, Dunod, 2017, 400 p.

CASAERT, Benoît, « La compétition automobile comme enjeu opérationnel pour l'entreprise publique française : les relations entre la Régie Renault et le secteur pétrolier d'État de 1959 à 1982 », Thèse de doctorat sous la direction de Dominique Barjot, Université de la Sorbonne, 2018, 580 p.

NOUSCHI, André, *La France et le Pétrole : de 1924 à nos jours*, Paris, Picard, 2001, 451 p.

—, *Pétrole et Relations internationales depuis 1945*, Paris, Armand Colin, 2014, 272 p.

Sur les politiques ministérielles d'Albin Chalandon entre 1986 et 1988

CHABBAL, Jeanne, *Changer la prison. Rôles et enjeux parlementaires*, Rennes, Presses universitaires de Rennes, 2019, 234 p.

DELTEIL, Gérard, *Prisons : la marmite infernale*, Paris, Syros, Alternatives, 1990, 264 p.

LARCAN, Alain, OULMONT, Philippe (dir.), *Charles de Gaulle et la Justice*, Actes du colloque tenu au palais du Luxembourg, Paris, 29-30 novembre 2001, Paris, Cujas, 2003, 319 p.

THIBAULT, Philippe-Michel, *Prisons privées : le défi*, Paris, Albin Michel, 1995, 217 p.

VERNIER, Dominique, *Peines perdues. Faut-il supprimer les prisons ?*, Paris, Fayard, 2002, 308 p.

VILLENEUVE, Charles, PÉRET, Jean-Pierre, *Histoire secrète du terrorisme. Les juges de l'impossible*, Paris, Plon, 1987, 308 p.

Sur les « scandales »

ANGELI, Claude, DELDIQUE, Pierre-Édouard, MESNIER, Stéphanie, *Les Plaisirs du journalisme*, Paris, Fayard, 2017, 288 p.

BARBANEL, Alain, *L'Affaire Chaumet*, Paris, Balland, 1987, 280 p.

BRANCA, Éric, *L'Ami américain*, Paris, Perrin, coll. « Tempus », 2022, 436 p.

BROUSSARD, Philippe, PONTAUT, Jean-Marie, *Les Grandes Affaires de la Ve République. Scandales, écoutes, malversations, morts suspectes*, Paris, Presses de la Cité, 2015, 475 p.

CAMPAGNAC, Élisabeth, NOUZILLE, Vincent, *Citizen Bouygues ou l'histoire secrète d'un grand patron*, Paris, Belfond, 1988, 528 p.

CAMPANA, André, *L'Argent secret. Le financement des partis politiques*, Paris, Arthaud, 1976, 204 p.

COIGNARD, Sophie, LACAN, Jean-François, *La République bananière*, Paris, Belfond, 1989, 406 p.

GEORGEL, Jacques, THOREL, Anne-Marie, *Dictionnaire des affaires : argent et politique*, Paris, Apogée, 1997, 224 p.

LA BROSSE, Julie (de), MASSE-STAMBERGER, Benjamin, *Le Pouvoir et l'Argent. Les grandes affaires, 1960 à 2015*, Paris, Presses de la Cité, 2016, 286 p.

LASCOUMES, Pierre, « Au nom du progrès et de la nation : les “avions renifleurs”, la science entre l'escroquerie et le secret d'État », *Politix, revue des sciences sociales du politique*, n° 48, 1999, p. 129-155.

PÉAN, Pierre, *Affaires africaines*, Paris, Fayard, 1983, 350 p.

—, *V..., enquête sur l'affaire des avions renifleurs*, Paris, Fayard, 2014, 266 p.

PICCO, Pauline, *Liaisons dangereuses. Les extrêmes-droites en France et en Italie (1960-1984)*, Rennes, Presses universitaires de Rennes, 2016, 301 p.

VILLENEUVE, Jeanne, *Le Mythe Tapie, chronique des années quatre-vingt*, Paris, La Découverte, 1988, 348 p.

SÉNAT, David, *La République des conseillers*, Paris, Grasset, 2015, 240 p.

TOURNOUX, Jean-René, *Jamais dit*, Paris, Plon, 1971, 490 p.

WOLTON, Thierry, *Les Écuries de la Ve*, Paris, Grasset, 2014, 324 p.

INDEX

A

Abdallah, Georges : 318.
Aiello, Roger Vincent : 259.
Alba, Paul : 274.
Albrand, Louis : 321.
Alby, Pierre : 258-259, 268.
Alliot-Marie, Michèle : 340.
Anterroches, Alain (d') : 30, 41, 141.
Anthonioz, Marcel : 150, 167, 174.
Aranda, Gabriel : 14, 177, 191-200, 202-204, 323, 351.
Ariès, Jean : 75.
Aron, Raymond : 57.
Arpaillange, Pierre : 330-331.
Arrighi, Pascal : 30-31, 104.
Arrighi, Paul : 120.
Aubert, Emmanuel : 208.
Auriol, Vincent : 46, 81.

B

Badinter, Robert : 312, 315, 317.
Balladur, Édouard : 164, 212, 335, 337.
Barre, Raymond : 231, 242, 248, 255-256, 261, 274-276, 279, 300-301, 330.
Barrillon, Raymond : 191.
Barry, Jacques (de) : 27.
Baruzy, Pierre (de) : 120, 289.
Barzach, Michèle : 317.
Bas, Philippe : 13.
Battesti, Pierre : 104.
Baujard, Charles : 99-100.
Baumel, Jacques : 13, 55, 114, 131.
Baumgartner, Wilfrid : 80, 108.
Bayet, Roland : 130.
Beaucé, Thierry (de) : 331.
Beaumont, Jean (de) : 81.
Beaumont, Paule (de) : 81.
Bécam, Marc : 208.
Beck, Bernard : 271, 279.
Bennetot, Michel (de) : 208.
Bénouville, Pierre (de) : 85-86, 132.
Bensalem, Bachir : 99-100, 105.
Bernard, Jean : 207.
Besse, Georges : 256, 285.
Bétolaud, Robert : 60.
Bettencourt, André : 145.
Beylot, Pierre : 97.

Biaggi, Jean-Baptiste : 104-105.
Bidault, Georges : 45, 54, 83.
Binoche, François : 294.
Bizard, François : 80.
Blanzy, André (de) : 334.
Blum, Léon : 14, 45-46, 62, 234.
Boissieu, Antoine (de) : 77.
Boissieu, Charles-Albert (de) : 77-78, 118, 140-141.
Bollaert, Émile : 96.
Bonaparte, Caroline : 65.
Bonaparte, Louis-Napoléon : 63, 65, 147.
Bonaparte, Napoléon : 65, 147.
Bonassoli, Aldo : 271-272, 274-275, 277-278.
Bongo, Omar : 256.
Bonnemaison, Gilbert : 325.
Bord, André : 221, 225, 229.
Boulin, Robert : 97.
Boulloche, André : 47.
Boumediène, Houari : 248.
Bourgès-Maunoury, Maurice : 83, 96.
Bourgoin, Pierre-Louis : 38-39.
Bousquet de Florian, Pierre (de) : 311, 341-342.
Boussac, Marcel : 173.
Bouthillier, Yves : 40, 96.
Bouygues, Francis : 165.
Boyer, Daniel : 272.
Bréhier, Thierry : 319.
Brice, Georges : 105, 302.
Brodu, Jacques : 32-33.
Bromberger, Merry : 343.
Burgelin, Jean-François : 318, 334.
Burin des Roziers, Étienne : 59.
Bussereau, Dominique : 13.

C

Cambon, Claire : 22-23.
Cambon, Victor : 22-23.
Capitant, René : 111, 116, 138, 143, 311.
Casanova, Jacques : 259.
Castex, Jean : 13.
Cathala, René : 105.
Catroux, Georges : 59.
Ceausescu, Nicolae : 224.
Chaban-Delmas, Jacques : 14, 87, 103, 106, 112-113, 119-120, 147, 164, 169-170, 172-173, 175, 177-178, 182-183, 185-186, 190, 205, 208-210, 213-215, 225, 256, 346.
Chalandon, Alban : 23.
Chalandon, Albin (arrière-grand-père d'Albin) : 20-21.
Chalandon, Antoine-Élisabeth : 20.
Chalandon, Aurèle : 76, 345.
Chalandon, Emmanuel (fils d'Albin) : 76, 345.
Chalandon, Emmanuel (frère d'Albin) : 24, 26, 40-41, 46, 60, 96.
Chalandon, Emmanuel (grand-père d'Albin) : 21-22.
Chalandon, Fabien : 16, 76, 213, 339-342, 345.
Chalandon, Gabriel : 24, 41, 61, 141.
Chalandon, Georges (cousin d'Albin) : 21.
Chalandon, Georges (grand-oncle d'Albin) : 21, 26.
Chalandon, Georges (oncle d'Albin) : 22.
Chalandon, Henry : 21-22.
Chalandon, Jean : 20.
Chalandon, Pierre : 22-23.

Chalandon, Xavier : 21.
Chalendar, Michel (de) : 160.
Chalopin, Bernard : 38.
Chapon, Jean : 171, 270, 341.
Charbin, Paul : 40.
Charbonnel, Jean : 213, 217, 235, 294, 302.
Charbonniaud, Claude : 141, 167.
Charles, Serge : 299-300, 302-303.
Charlot, Jean : 87.
Charpy, Pierre : 233.
Charrière, Christian : 139.
Chasseloup-Laubat, François (de) : 65.
Chasseloup-Laubat, Magdeleine (de) : 64-65.
Chasseloup-Laubat, Prosper (de) : 63.
Chasseloup-Laubat, Yolande (de) : 64.
Chaumet, Jacques : 323-324.
Chaumet, Jean-Baptiste : 323.
Chaumet, Pierre : 323.
Cherrier, Marcel : 50.
Cherrier, René : 51.
Chevènement, Jean-Pierre : 209, 267, 284.
Chinaud, Roger : 228.
Chirac, Abel-François : 71-72.
Chirac, Jacques : 13, 15, 71, 186-187, 213-222, 225, 227, 230-231, 253, 289-291, 301, 310, 312, 316-317, 322, 324, 328, 337-338.
Churchill, Winston : 350.
Claude, Georges : 143.
Claudius-Petit, Eugène : 150.
Clavel, Maurice : 139.
Clément, Pascal : 330.
Clermont-Tonnerre, Thierry (de) : 96.
Cogny, René : 27.
Cointat, Michel : 208.
Colcombet, François-Victor : 312.
Comolli, Jean-Louis : 150.
Constant, Jean : 140.
Cornette, Maurice : 217.
Cornic, Yves : 230.
Corniglion-Molinier, Édouard : 84-85.
Cotta, Michèle : 215, 257.
Coty, René : 83.
Couve de Murville, Maurice : 14, 91, 153, 156, 209, 214, 339.

D

Dailly, Étienne : 281-284, 296, 323.
Daniel, Jean-Pierre : 267.
Dassault, Marcel : 14, 49, 70-74, 79, 84-85, 92, 109, 111, 118, 128, 139-141, 156, 200, 208, 247, 281, 304, 334, 349.
Dassault, Paul : 73.
Dati, Rachida : 335, 338-340, 342.
Davidovna Dadiani, Salomé : 65.
Debré, Michel : 42, 57, 87, 91, 93-96, 113, 119, 123, 131, 133, 136, 149, 151, 153, 172, 209, 213-214, 227, 229, 253, 339, 346.
Debû-Bridel, Jacques : 56.
Dechartre, Philippe : 138.
Defferre, Gaston : 119-120.
Degros, Jean : 302.
Delbecque, Léon : 87, 100-101, 103, 105-106, 120, 124, 134.
Delnatte, Patrick : 302.
Delors, Jacques : 298.
Delouvrier, Paul : 152, 162, 179.

Denis, Claude : 130, 142.
Dermaux, Stéphane : 299-300.
Desbruères, Henri : 120.
Descamps, Jean-Jacques : 300, 331.
Dewavrin, Noëlle : 302, 338.
Dewees, Emmanuel : 302.
Dhinnin, Claude : 302-303.
Diethelm, André : 39.
Dominjon, Georges : 258.
Donnedieu de Vabres, Renaud : 213.
Dorlhac de Borne, Hélène : 320.
Doublet, Maurice : 179.
Dreyfus, Pierre : 96, 268, 284-285.
Dronne, Raymond : 101-102.
Ducatel, Louis : 194.
Duhamel, Georges : 120.
Duhamel, Jacques : 172.
Duhil de Benaze, Jean : 27.
Dumas, Roland : 317, 328.
Dunoyer de Segonzac, André : 27, 29.
Dupic, Louis : 52.
Dupond-Moretti, Éric : 13.
Durand, Pierre : 97.
Durfort-Civrac de Lorge, Hélie (de) : 77.
Durieux, Bruno : 300.
Dusseaulx, Roger : 111.
Dutourd, Jean : 120.
Duverger, Maurice : 49.
Duvillard, Henri : 157.

E

Emmanuelli, Henri : 279.
Empain, Édouard-Jean : 81.
Ezratty, Myriam : 312.

F

Fabius, Laurent : 271, 286-287, 291, 297, 299.
Fau, Jeanne-Marie : 20.
Faure, Edgar : 83, 150, 202, 204-205.
Fautereau, Christophe (de) : 336.
Ferronnière, Jacques : 167.
Figeac, Pierre : 87-88, 121.
Fleck, Maxime : 99-100, 105.
Flers, François (de) : 80, 167.
Foccart, Jacques : 86, 153, 159, 172, 207, 241, 243, 266, 339, 346.
Fontanet, Joseph : 167, 172.
Forgeot, Jean : 81.
Foucaucourt, Henri (de) : 75.
Fouchet, Christian : 58.
Fouchier, Jacques (de) : 167.
Fourcade, Jean-Pierre : 215, 262.
Francès, Jack : 129, 200.
Franc, Robert : 179.
Frank, Bernard : 315.
Frey, Roger : 87, 90, 94, 100, 106, 141, 163, 205, 256, 339, 346.
Furaud, Jacques : 58.

G

Gaillard, Félix : 83.
Galley, Robert : 220.
Gallois, Pierre-Marie : 49.
Gamey, Paul : 80.
Garnier des Garets, François (de) : 141.
Garnier des Garets, Simone (de) : 41.
Gaspar, Roger : 96.
Gaulle, Charles (de) : 13-14, 17, 36-39, 45, 47, 55-59, 70, 80, 83-84, 86, 88, 91-92, 94,

97-98, 102-104, 107-110, 113, 117, 120-123, 129, 132, 138, 147, 149, 151, 153, 155-157, 159, 163, 175, 185, 190, 193, 196, 201, 218-219, 221, 227-228, 232-234, 241-242, 293, 297, 299-300, 303, 307, 310, 348-349, 351.
Gaulle, Charles (de) (petit-fils du Général) : 300-301.
Gaulle, Pierre (de) : 80.
Ghozali, Ahmed : 248.
Ghysel, Michel : 302.
Gicquel, François : 279.
Giraud, André : 242, 247, 251-252, 254-259, 261, 263-264, 268, 277, 279, 288, 337.
Giscard d'Estaing, Anne-Aymone : 137.
Giscard d'Estaing, Valéry : 15, 93, 124, 131-133, 136-137, 164, 167, 169, 172, 176, 181, 186, 188-189, 195, 198, 206, 209, 212-217, 219, 222, 225-226, 228, 231, 242, 247-248, 250, 256, 262, 274, 279-280, 287, 294, 306, 310-311, 320, 346.
Goetze, Roger : 89, 92, 174.
Goldschmidt, Michel : 140-141.
Goldsmith, Jimmy : 282.
Goüin, André : 75.
Goüin, Émile : 75.
Goüin, Eugène : 75.
Gouin, Félix : 45.
Gournay, Marie-Fanny : 302.
Goux, Christian : 294.
Grandval, Gilbert : 111, 116, 202, 235.
Grasset, Yvon : 105.
Guéna, Yves : 13, 217, 229-230, 233, 253.
Guéry, Louis : 87.
Guichard, Olivier : 86, 120, 162, 169, 172, 175, 190, 197, 213, 217, 227, 239, 242, 339.
Guillaumat, Pierre : 240-244, 247, 249, 271, 273-276, 278-279, 281.
Guyot, Marius : 49.

H

Habib-Deloncle, Michel : 114, 124.
Hamon, Léo : 121, 126, 170, 202, 317.
Hanin, Roger : 142.
Harcourt, Armand (d') : 29.
Harcourt, Emmanuel (d') : 29.
Harcourt, Louis (d') : 29.
Henri-Labourdette, Jacques : 159-161.
Herbeuval, Jean-Yves : 302.
Hervé, Edmond : 268.
Horowitz, Jules : 277.
Houphouët-Boigny, Félix : 248.
Houssin, Jacques : 302.
Humann, Georges : 22.
Hurt, John : 137.

I

Isorni, Jacques : 114.

J

Jeanneney, Jean-Marcel : 121, 311.
Jobert, Michel : 212, 227, 242.
Jodot, Philippe : 75.
Jospin, Lionel : 329.
Josse, Robert : 70.
Joxe, Pierre : 329.

K

Kadhafi, Mouammar : 193, 259-261.
Kaspereit, Gabriel : 208.
Kelly, Crosby : 272.
Kennedy, John F. : 194.

L

Labarthe, André : 150.
Labbé, Claude : 197, 208.
Labé, Louise : 20.
Lacouture, Jean : 150.
Lacroix-Saint-Pierre, Pierre : 21.
Lafond, Henri : 79-80, 108, 111, 116-117, 166.
Lagaillarde, Pierre : 110.
Lalonde, Brice : 294.
Lamey, Jean : 282.
Largentaye, Jean (de) : 126, 129.
Lavergne, Robert : 144-145, 191, 198.
Lebrun, Albert : 66.
Lecanuet, Jean : 123, 132, 186, 215, 311.
Leca, Paul-François : 303, 305.
Léchères, Charles : 49.
Leclerc de Hauteclocque, Philippe : 36, 195.
Le Conte, Édouard : 40.
Le Contel, Corentin : 52.
Le Conte, Philippe : 40.
Lefaucheux, Pierre : 29.
Lefèvre, Roger : 130.
Le Floch-Prigent, Loïk : 285.
Lefranc, Pierre : 13, 86.
Legendre, Jacques : 302-303.
Lemaire, Maurice : 90.
Le Pen, Jean-Marie : 113-114, 299.
Le Révérend, Auguste : 74.
Lerousseau, Georges : 137.
Le Tac, Joël : 109, 111, 124.
Lévy, Raymond : 243, 252, 255, 259.
Limouzy, Jacques : 167.
Lippens, Arthur : 70.
Long, Marceau : 241, 323.
Longuet, Gérard : 335.
Loynes, Bernard (de) : 121.
Lozeray, Henri : 50.
Lyautey, Hubert : 64.

M

Malraux, André : 57, 85, 147, 149, 162.
Marcellin, Raymond : 172.
Marcenet, Albert : 101.
Marchais, Georges : 184, 227.
Marchandeau, Paul : 40.
Marchand, Jean-José : 101.
Marenches, Alexandre (de) : 266.
Marie, André : 57.
Marini, Philippe : 311.
Marion, Pierre : 266-267.
Marlière, Olivier : 302-303.
Maroselli, André : 48.
Mars, André : 38.
Massey, Philippe (de) : 109-110.
Massu, Jacques : 83, 110.
Mauriac, Claire : 67.
Mauriac, François : 67.
Mauriac, Jean : 349.
Maurice-Bokanowski, Michel : 127, 129, 150.
Mauroy, Pierre : 281, 286, 296, 299, 333.
Mayer, René : 14, 48, 50, 53-54, 62, 67.
Mazeaud, Pierre : 153.
Maziol, Jacques : 135, 151.

Mendès France, Pierre : 83, 89, 132, 213, 294.
Mercier, Ernest : 61, 79, 81.
Mercier, Gustave : 61.
Mercier, Jacques : 169.
Mercier, Jean : 61.
Mesmin, Georges : 318.
Messmer, Pierre : 13, 190, 196, 205, 214, 229, 339.
Michaux, Bernard : 277.
Michaux, Pierre : 274.
Michelet, Edmond : 23, 87, 103, 172.
Minost, Émile : 80.
Missoffe, François : 106.
Mitterrand, François : 15, 105, 136, 142, 213, 235, 262, 264-266, 268, 279-280, 292-294, 297, 299, 306, 310-311, 317, 320, 326-330, 332, 335.
Mollet, Guy : 83.
Mondon, Raymond : 150, 170.
Monod, Jérôme : 242, 337.
Monory, René : 242, 247-248, 258, 261, 288.
Montalais, Jacques (de) : 123, 149.
Montangon, Henri (de) : 27-31.
Morandat, Yvon : 138, 143.
Morette-Bourny, Jacques : 43.
Moulin, Arthur : 299.
Murat, Achille (arrière-grand-père de Salomé) : 65.
Murat, Achille (père de Salomé) : 63-66, 321.
Murat, Alain : 66.
Murat, Anne-Marie : 65.
Murat, Charles : 67-68.
Murat, François : 66.
Murat, Joachim (1er chef de la famille) : 65.
Murat, Joachim (5e chef de la famille) : 79.
Murat, Joachim (6e chef de la famille) : 67.
Murat, Joachim (7e chef de la famille) : 67.
Murat, Lucien : 65, 96, 118.
Murat, Marie-Célie : 66.
Murat, Nathalie : 79.
Murat, Paul : 67.
Murat, Pauline : 65.
Murat, Philippe : 66.
Murat, Salomé : 16, 63-67, 69, 78, 118, 137, 156, 158, 182, 341, 348.
Murat, Thamar : 65, 77.

N

Nay, Catherine : 16, 158, 173, 215, 342.
Neuwirth, Lucien : 100-101, 108, 124, 132, 208, 217.
N'Guesso, Sassou : 256.
Nicolaÿ, Louis-Jean (de) : 79.
Nicolaÿ, Robert (de) : 79.
Nocher, Jean : 56.
Noël du Payrat, Michel : 28, 159.
Noël, Michel : 94.
Noiret, Roger : 36.
Nora, Simon : 42.
Nungesser, Roland : 152.

O

Ockrent, Christine : 326.
Oilliamson, Élisabeth (d') : 59.
Olav V (roi de Norvège) : 249.
O'Neill, Marc : 30-31, 36-37, 39.
Oraison, Marc : 207.
Oriach, Frédéric : 313.

Ornano, Michel (d') : 222, 227, 230, 241-242.
Ortiz, Joseph : 110.
Ortoli, François-Xavier : 169, 258.

P

Paccou, Charles : 302-303.
Pajot, Marc : 270.
Palewski, Gaston : 57-58.
Palewski, Jean-Paul : 58, 149.
Pallier, Jean : 80.
Pandraud, Robert : 315.
Papon, Maurice : 208-209.
Park, John : 282-283.
Pasqua, Charles : 229, 290, 315, 325.
Passeron, André : 163.
Passet, Benjamin : 30-34, 38-39.
Pavard, Jacques : 255.
Péan, Pierre : 279.
Pecqueur, Michel : 287.
Pellenc, Marcel : 48-49, 51-54.
Peretti, Achille : 150.
Pérez, Carlos Andrés : 253.
Pérouse, Maurice : 42.
Perrodo, Hubert : 303-305, 322-323.
Pesenti, Carlo : 271-273.
Pétain, Philippe : 40, 63-66, 114, 130, 329.
Petsch, Maurice : 60.
Peyrefitte, Alain : 214, 253, 315.
Peyrelevade, Jean : 281.
Peyret, Claude : 208, 213.
Pflimlin, Pierre : 83-85.
Philip, André : 62.
Picard, Pierre : 102-103, 108.
Pierre-Duplaix, Bertrand : 28.
Pinay, Antoine : 59, 88-95, 101, 108, 124, 133, 164, 184, 274-275, 278.
Plagnol, André : 26, 31, 82.
Pleven, René : 83, 172, 311.
Poher, Alain : 153, 163, 281.
Poilay, Edwin : 80.
Poincaré, Raymond : 89.
Poirot, René : 51.
Pompidou, Georges : 13-14, 92, 113, 123, 125, 127-128, 133-134, 137-138, 143, 152-153, 155-157, 163-164, 170, 173, 181-182, 186, 190, 195-196, 201, 208, 212, 218, 232, 281, 297, 310.
Ponton d'Amécourt, Maurice (de) : 42.
Pose, Alfred : 61.
Potez, Henry : 71, 88, 111, 140.
Poujade, Robert : 121, 135, 143, 156, 172, 177-179, 214, 253.
Pourvoyeur, Claude : 302.
Préaumont, Jean (de) : 206.
Pringalle, Claude : 302.
Prouteau, Christian : 326-327, 330.

Q

Quatrepoint, Jean-Michel : 256.

R

Raffarin, Jean-Pierre : 13.
Ramadier, Paul : 14, 46-47, 53, 89, 234, 236.
Ravanel, Jean : 147.
Reille, Evelyne : 118.
Reynaud, Paul : 57.
Riboud, Jean : 292.

Richard, Jacques : 108, 111.
Richter, Marc : 130, 142.
Rivain, Philippe : 131.
Rives-Henrÿs, André : 183.
Robert, Maurice : 243, 249, 266-267.
Rocard, Michel : 142, 187, 233, 299, 331.
Rochechouart de Mortemart, François (de) : 28.
Rochechouart de Mortemart, Louis (de) : 28-29.
Rochechouart de Mortemart, Solange (de) : 28-29, 59.
Roche de la Rigodière, Marie-Louise : 24.
Rochenoir, Victor : 183.
Rohan-Chabot, Hélène (de) : 96.
Rohan-Chabot, Jacques (de) : 96.
Rohan-Chabot, Marie (de) : 65, 96.
Rolland, Hector : 207.
Rondot, Pierre : 82.
Rosen, Léon (de) : 66.
Rothschild, Edmond (de) : 81, 111.
Rothschild, Guy (de) : 81.
Rougier, Jean : 140-141, 323.
Roux, Ambroise : 222.
Rueff, Jacques : 89-92, 97, 101, 126, 129, 160.
Runel, Jean : 153.
Rusk, Dean : 220.
Rutman, Gilbert : 243, 255, 258, 270, 338.

S

Sabatier, Guy : 132.
Sabouret, Yves : 167.
Sadon, Paul-André : 311, 318.
Sainteny, Jean : 86.
Saive, René : 100, 102.
Sandrin, Camille : 191.
Sanguinetti, Alexandre : 184-185, 193, 207, 209, 227, 253.
Sarkozy, Nicolas : 213, 338-339.
Sarraute, Claude : 311.
Sautier, Jean-René : 285.
Sauvagnargues, Jean : 222.
Savary, Alain : 293, 296.
Schneider, Charles : 118.
Schneider, Daniel : 269.
Schneider, Dominique : 118.
Schumann, Maurice : 112, 120, 149, 172.
Schuman, Robert : 48, 52-53.
Séguin, Philippe : 325.
Sère, Claude : 159.
Sérigny, Alain (de) : 99-100, 109, 114.
Seroux, Fernand (de) : 64.
Serreault, Brigitte : 277.
Servan-Schreiber, Jean-Jacques : 173, 186, 202, 215.
Sesmaisons, Jean (de) : 28, 59.
Sesmaisons, Olivier (de) : 59.
Seydoux, Jérôme : 336.
Sibeud, Gérard : 195.
Siegel, Maurice : 220.
Silberzahn, Claude : 334, 341.
Simon-Lorière, Aymeric : 205, 208.
Sindona, Michele : 272.
Sokolovski, Vassili : 66.
Soria, Georges : 54.
Souchal, Roger : 105, 173.
Soulez-Larivière, Daniel : 321.
Soustelle, Jacques : 85-87, 99-103, 107, 112, 124, 134.
Stern, Antoine : 63.
Stern, Lucie : 64.
Stern, Marie-Louise : 64-65.

Stern, Max : 28, 161, 174.
Stirn, Olivier : 294.
Stoléru, Lionel : 306.
Sudreau, Pierre : 161, 190.
Surleau, Frédéric : 53-54, 118.

T

Taittinger, Jean : 157, 217.
Tavernost, Nicolas (de) : 213.
Terray, Jean : 78.
Terrenoire, Louis : 103, 106, 121.
Thomazo, Jean-Robert : 84, 103-104.
Thorez, Maurice : 53.
Tibéri, Jean : 208.
Tillon, Charles : 51.
Tixier-Vignancour, Jean-Louis : 123, 130.
Tomasini, René : 192-193, 206.
Treuille, Cécile : 40.
Treuille, Élisabeth : 40.
Treuille, Marcel : 40.
Triboulet, Raymond : 43, 103, 168.
Tricon, Émile : 127.
Tricot, Bernard : 157.
Tron, Ludovic : 62.
Tropel, Jean : 267, 273.
Truffet, Germaine : 142.
T'Serclaes de Wommersom, Everard (de) : 250, 270.
Türk, Alex : 300, 311, 338, 342, 349.

U

Uckermann, Paul (von) : 33.

V

Vallières, Benno-Claude : 74.
Vallon, Louis : 111, 128, 131, 188.
Vantroyen, Jean : 140.
Vaujour, Michel : 314.
Vauzelle, Michel : 213.
Veil, Simone : 207, 317, 319.
Verneau, Jean : 27.
Vernier, Jacques : 300-302.
Viansson-Ponté, Pierre : 113, 119, 134, 172.
Viet, Jacques : 142.
Villegas de Saint-Pierre-Jette, Alain (de) : 271-276, 278, 280.
Villiers, Georges : 79.
Violet, Jean : 272-275.
Vivien, Robert-André : 132, 144, 167-168, 188, 208.
Vogüe, Melchior-Louis (de) : 78-79.
Vogüe, Robert-Jean (de) : 78.
Vomécourt, Philippe (de) : 39.

W

Walters, Vernon : 283.
Watteau, Jean : 80.
Weck, Philippe (de) : 274-275.
Wendel, François (de) : 22.

Y

Yeiwéné, Yeiwéné : 328.

Z

Ziegler, Henri : 49.

REMERCIEMENTS

Ce livre n'aurait jamais pu voir le jour sans l'accueil et la bienveillance de toute la famille d'Albin Chalandon, qui m'a ouvert grand ses portes dès les prémices de ce projet biographique : Catherine Nay, son épouse, Fabien, Emmanuel et Aurèle Chalandon, ses fils, Jean-Paul Chalandon et Marie-Célie Guillaume, ses neveu et nièce, enfin, Xavier Chalandon, son petit-neveu et généalogiste hors pair.

J'ai une pensée émue et sincère pour les deux derniers compagnons d'armes d'Albin Chalandon dans l'aventure de la Résistance, ultimes survivants du maquis de Lorris, Bernard Chalopin et le général Paul Renaud, qui ont accepté de partager avec moi leurs souvenirs, souvent douloureux, de cette période à la fois héroïque et tragique de notre histoire.

Je voudrais associer à ces remerciements Arnaud Blond et Marie-Pierre Le Men, responsables des archives du musée de Lorris, qui m'ont guidé patiemment dans mes recherches, ainsi que tous les archivistes qui ont contribué à ce projet biographique.

Je salue notamment Charlène Fanchon aux Archives nationales, Jean-Marc Delemazure et Aude Jagut aux archives de l'Assemblée nationale, Estelle Baudet aux archives départementales des Hauts-de-Seine, enfin Marc Scaglione aux archives de Safran.

Je voudrais également remercier mes collègues historiens pour leur aide dans ce projet et leurs conseils toujours précieux dans l'approche de telle ou telle dimension de la carrière incroyable d'Albin Chalandon, des milieux bancaires au secteur pétrolier, en passant par les politiques publiques de la justice, du logement et du tourisme.

Ma gratitude va tout particulièrement à Hubert Bonin, Fabrice Bourrée, Claude Carlier, Sylvain Champonnois, Paul Chopelin, Stéphane Demilly, Frédéric Fogacci, Yann Fossurier, Jean Garrigues, Ousmène-Jacques Mandeng, Arnaud Teyssier, David Valence et Olivier Wieviorka.

Je ne peux m'empêcher d'y associer deux amis chers, trop tôt disparus, Michel Anfrol (†) et Gilles Le Béguec (†), qui m'ont accueilli à la Fondation Charles-de-Gaulle, rue de Solférino, il y a maintenant dix ans. Leurs encouragements et leur détermination à faire vivre la mémoire du gaullisme ont été une boussole… qui continue de m'indiquer le nord !

De manière générale, cet ouvrage s'est enrichi des nombreux témoignages d'amis, collègues, collaborateurs et partenaires d'Albin Chalandon, qui ont contribué à la réussite de ce portrait : Paul Alba, Louis Albrand, Pierre de Bousquet de Florian, Hervé de Charette, Nicolas Dadeshkeliani, Rachida Dati, André Fanton, Philippe Ingall-Montagnier, Gérard Longuet, Pierre Mazeaud, Alain Juppé, Pierre Méhaignerie, Michel de Rosen, Nicolas Sarkozy, Alex Türk, Jacques Vernier, etc.

Je souhaite bien sûr remercier mes amis et parents relecteurs, Éric Freysselinard, Paul Manenti, Alexandre

Neymann, Christian, Monique et Mathieu Ougier, ainsi que les équipes de Perrin, Benoît Yvert et Marion Bolingue, qui m'ont soutenu dans cette aventure littéraire.

Les derniers mots de ces remerciements vont à mon épouse Léa et à mon fils Jules, dont la patience et la tendresse ont été d'une aide incommensurable tout au long de mes recherches et de la rédaction de ce second livre. Qu'ils en soient infiniment remerciés, eux qui ont accepté de partager ma passion pour Charles de Gaulle et le gaullisme.

TABLE

Préface 7

Introduction 13

1. La naissance d'un chef 19
2. L'expérience des cabinets ministériels 45
3. Le temps des affaires 70
4. Au service du Général 93
5. L'aventure ministérielle 125
6. Un baron pompidolien ? 155
7. Grandeur et décadence 177
8. Dans les couloirs du Parlement 204
9. Un politique à la tête des affaires pétrolières 226
10. Le magnat du pétrole 247
11. Cohabitation avec Mitterrand 264
12. Le retour aux affaires 289
13. Tohu-bohu place Vendôme 310
14. Héritages 333

Conclusion 345

Notes 353
Bibliographie 369
Index 379
Remerciements 389

Pour en savoir plus
sur les Éditions Perrin
vous pouvez consulter notre site Internet

www.editions-perrin.fr

lisez!

et nous suivre sur les réseaux sociaux

Editions Perrin

@EditionsPerrin

@editionsperrin

#lisez! engagé
www.lisez.com
Pour plus d'information :
Imprimé sur du papier issu de forêts gérées durablement.

CET OUVRAGE A ÉTÉ ACHEVÉ D'IMPRIMER SUR ROTO-PAGE
PAR L'IMPRIMERIE FLOCH À MAYENNE EN AVRIL 2023
N° d'impression : 102326
Imprimé en France